Die Dritthaftung von Sachverständigen

HAFTUNGS- UND VERSICHERUNGSRECHT

Rechtliche Probleme der vertraglichen
und außervertraglichen Haftung
sowie des Versicherungsrechts

Herausgegeben von
Erwin Deutsch, Hans-Peter Schwintowski
und Jochen Taupitz

Band 7

PETER LANG
Frankfurt am Main · Berlin · Bern · Bruxelles · New York · Oxford · Wien

Tabea Quiring

Die Dritthaftung von Sachverständigen

Nach der Schuldrechtsreform und der Neuregelung des § 839 a BGB

PETER LANG
Europäischer Verlag der Wissenschaften

Bibliografische Information Der Deutschen Bibliothek
Die Deutsche Bibliothek verzeichnet diese Publikation in der Deutschen Nationalbibliografie; detaillierte bibliografische Daten sind im Internet über <http://dnb.ddb.de> abrufbar.

Zugl.: Passau, Univ., Diss., 2005

Gedruckt mit Unterstützung
der FAZit-Stiftung.

D 739
ISSN 0945-3628
ISBN 3-631-55422-2

www.peterlang.de

Meinen lieben Eltern

Vorwort

Diese Arbeit widme ich meinen grandiosen Eltern, deren teils persönliche Erfahrung (Danke, Vati!), überragende Einfälle (Boot; Danke, Mutti!) und immerwährender und bedingungsloser psychischer Rückhalt ganz wesentlich zum Gelingen der Arbeit beigetragen haben.

Mein besonderer Dank gilt natürlich Prof. Dr. Hans-Joachim Musielak, der mir erst die Möglichkeit zur Promotion bot und die Arbeit durch seine Anregungen und Kritik beeinflusst und verbessert hat. Er war immer ansprechbar und besonders zügig mit der Erstellung seines Gutachtens. Für die Anfertigung des Zweitgutachtens danke ich Prof. Dr. Michael Huber.

Für die finanzielle Unterstützung bedanke ich mich bei der Universität Passau mit ihrem „Programm Chancengleichheit für Frauen in Forschung und Lehre" und bei der Fazit-Stiftung Gemeinnützige Verlagsgesellschaft GmbH für den Druckkostenzuschuss zur Veröffentlichung dieser Arbeit.

Herzlich bedanken möchte ich mich auch bei meiner übrigen Familie und meinen Freunden, die mich mit Gesprächen, Rückhalt und Korrekturlesen motiviert und unterstützt haben.

Tabea Quiring
Berlin, im April 2006

Inhaltsverzeichnis

Einleitung

Die in dieser Arbeit behandelte Frage bezieht sich auf zwei Bereiche: Der erste betrifft die Haftung von privat bestellten Sachverständigen gegenüber Dritten, d.h. gegenüber Personen, die nicht ihre Vertragspartner und somit nicht die Auftraggeber ihrer Gutachten sind. Der zweite Bereich umfasst die Haftung gerichtlich bestellter Sachverständiger gegenüber den Prozessparteien. In beiden Bereichen hat sich in neuerer Zeit die Rechtslage weiterentwickelt. Die Aktualität der Problematik der Haftung privat bestellter Sachverständiger zeigt sich darin, dass diesbezüglich etliche Entscheidungen des BGH ergangen sind[1] und Dritthaftungskonstellationen auch weiterhin bis vor den BGH getragen werden.[2] Darüber hinaus ist zum 01.01.2002 das Gesetz zur Modernisierung des Schuldrechts vom 26.11.2001[3] in Kraft getreten, welches durch seine Änderungen des Zweiten Buches des BGB (Recht der Schuldverhältnisse), insbesondere den allgemeinen Teil des Schuldrechts betreffend, auch die dogmatischen Grundlagen derjenigen Rechtsinstitute berührt, die für eine Haftung des Sachverständigen gegenüber Nichtvertragspartnern herangezogen werden. Dies sind in erster Linie der Vertrag mit Schutzwirkung für Dritte und die Haftung aus culpa in contrahendo, wie im Verlauf der Arbeit bei der Erörterung der Haftungsgrundlagen eingehend dargelegt werden wird. Die vormals sehr umstrittene Haftung der gerichtlichen Sachverständigen dagegen hat durch das Zweite Gesetz zur Änderung schadensersatzrechtlicher Vorschriften vom 19.07.2002[4] eine gesetzliche Regelung erfahren, die am 01.08.2002 als neuer § 839 a BGB in Kraft getreten ist.

Die Haftung des privat bestellten Sachverständigen ist vor allem dort problematisch, wo sich ein Nichtvertragspartner des Sachverständigen auf sein Gutachten verlässt und dadurch Schäden erleidet. In der überwiegenden Zahl der Fälle wird es sich dabei um reine Vermögensschäden handeln, wenn z. B. im Vertrauen auf die Richtigkeit der gutachterlichen Aussagen finanzielle Dispositionen vorgenommen werden. Damit fällt die Problematik in das Spannungsfeld zweier noch sehr ungeklärter und unscharfer Rechtsfelder: Der außervertragliche Ersatz primärer Vermögensschäden und die Berufshaftung, insbesondere im Bereich der Auskunftshaftung.

---

[1] BGH NJW 1984, 355; BGH NJW 1982, 2431 und BGH JZ 1985, 951; BGH NJW 1987, 1758; BGHZ 127, 378; BGH JZ 1998, 624; BGHZ 145, 187; BGH NJW 2001, 512; BGH NJW 2001, 514; BGH NJW 2001, 3115; BGH NJW-RR 2003, 1035; vgl. die Untersuchung der neueren Rechtsprechung unter Teil A: Zweites Kapitel - I.2.b.

[2] Z. B. jüngst BGH, Urt. v. 13.2.2003 – IX ZR 62/02 in NJW-RR 2003, 1035.

[3] BGBl. I 2001, 3138.

[4] BGBl. I 2002, 2674.

Der gerichtliche Sachverständige wird vom Gericht ernannt und arbeitet für dieses, um eine Grundlage für die Entscheidungsfindung zu schaffen. Kommt es zu keinem Vergleich zwischen den Parteien, trifft das Gericht auf der Basis des Gutachtens eine Entscheidung. Die ihrem Empfinden nach ungerechtfertigt unterlegene Partei wird dann nach Mitteln und Wegen suchen, doch noch zu ihrem Recht zu kommen. Dazu kommt ein Vorgehen gegen den Sachverständigen in Betracht, der mit der Erstellung seines möglicherweise fehlerhaften Gutachtens einen nicht unerheblichen Beitrag zu der „unrichtigen" Entscheidung geleistet hat. Auch hierbei dürfte es sich in der Mehrzahl der Fälle um den Ersatz reiner Vermögensschäden handeln, da die unterlegene Partei durch das ihr ungünstige Urteil in der Regel finanzielle Einbußen erleidet, z. B. bei einem gegen sie ergangenen Zahlungsurteil.

Der gerichtlich bestellte Sachverständige wird vom Gericht zur Ergänzung der eigenen nicht ausreichenden Sach- und Fachkunde hinzugezogen. Seine Beziehung zum Gericht ist öffentlich-rechtlicher Natur.[5] Der privat bestellte Sachverständige wird vertraglich mit der Erstellung eines Gutachtens beauftragt. Er haftet seinem Auftraggeber und auch außerhalb des Vertrages stehenden Dritten daher rein privatrechtlich. Daran ändert sich auch nichts, wenn ein Sachverständiger privat beauftragt wird, ein Gutachten zu erstellen, das in einem Prozess verwendet werden soll. Dies ist dann Bestandteil des Parteivorbringens.[6] Der Gutachter wird dadurch aber nicht zum gerichtlichen Sachverständigen.

Da die beiden Bereiche also von ihrer dogmatischen Erfassung her grundlegend verschieden sind, werden diese Fragen getrennt voneinander in zwei Teilen behandelt. Der erste Teil wird sich mit der Haftung privat bestellter Sachverständiger gegenüber Dritten befassen. Hierbei wird die Behandlung dieser Rechtsfrage durch die neuere Rechtsprechung berücksichtigt und ein besonderes Augenmerk auf die Auswirkungen gelegt, die das Schuldrechtsmodernisierungsgesetz möglicherweise auf diesen Problemkreis hat. Der zweite Teil stellt die bisherige Behandlung der Haftungsproblematik des gerichtlichen Sachverständigen in Rechtsprechung und Schrifttum dar und analysiert anschließend die neue gesetzliche Regelung und ihre Folgen.

---

5 BGHZ 59, 310 (311); *Blomeyer*, Schadensersatzansprüche des im Prozess Unterlegenen wegen Fehlverhaltens Dritter, S. 162 ff.; *Hopt*, Schadensersatz aus unberechtigter Verfahrenseinleitung, S. 286.

6 *Rosenberg/Schwab/Gottwald*, § 120 Rn. 14.

Teil A: Die Haftung des privat bestellten Sachverständigen gegenüber Nichtvertragspartnern

Erstes Kapitel - Einführung in die Problematik

I. Sachverhaltsbeschreibung

Die Problematik der Haftung von privat bestellten Sachverständigen gegenüber Nichtvertragspartnern ergibt sich aus der Dreiecksbeziehung zwischen Gutachter, Auftraggeber und einem Dritten. Der Auftraggeber unterhält mit dem Dritten eine geschäftliche Beziehung oder strebt eine solche an. Er gibt bei dem Sachverständigen ein Gutachten in Auftrag, das dem Dritten vorgelegt wird. Ist das Gutachten fehlerhaft und vertraut der Dritte auf dessen Richtigkeit, lässt er sich bei seinen Vermögensdispositionen von dem Gutachten leiten und erleidet dadurch einen Vermögensschaden.

Typische Fälle solcher Art sind z. B. Darlehensfälle: Der Auftraggeber ist Darlehensnehmer und legt dem Dritten als Darlehensgeber das von ihm in Auftrag gegebene Gutachten zur Bewertung seiner Kreditsicherheiten vor. Der Dritte macht das Gutachten zur Bewertungsgrundlage für die Festsetzung der Kredithöhe. Auch in Verkaufsfällen kommt es zu einer solchen Dreieckskonstellation: Der Verkäufer gibt ein Gutachten über das Kaufobjekt in Auftrag und legt es dem Käufer bei den Vertragsverhandlungen vor. Bei diesen typischen Fällen der Sachverständigenhaftung gegenüber Dritten wird erkennbar, dass zwischen dem Auftraggeber und dem Dritten meist ein Interessengegensatz wirtschaftlicher Art besteht.

Würden beide Vertragspartner (Auftraggeber und Dritter) das Gutachten in Auftrag geben, wäre die Rechtslage eindeutig. Beide wären dann Vertragspartner des Sachverständigen und hätten bei einem fehlerhaften Gutachten Ansprüche wegen Schlechterfüllung des Gutachtervertrages. Andererseits wären auch beide als Gesamtschuldner zur Entlohnung des Sachverständigen verpflichtet. Meist wird das Gutachten aber von nur einem der Vertragspartner in Auftrag gegeben. Der andere wird nicht noch zusätzlich für ein eigenes Gutachten zahlen wollen und verlässt sich auf das vorhandene Gutachten. Er ist also bezüglich des Vertrages zwischen dem Gutachter und dem Auftraggeber Dritter.

Dieses Dreiecksverhältnis kann hinsichtlich des Kontaktes zwischen dem Gutachter und dem Dritten von unterschiedlicher Intensität sein. Zunächst ist denkbar, dass zwischen dem Sachverständigen und dem Dritten keinerlei Kontakt zustande kommt. Der Sachverständige erstellt sein Gutachten und händigt es seinem Auftraggeber aus, welcher es dann dem Dritten vorlegt (sog. „Drittweitergabe“[7]). Ein Kontakt zwischen Sachverständigem und Dritten kann z. B. dadurch hergestellt werden, dass der Gutachter, meist auf Veranlassung des Auftraggebers hin, dem Dritten das Gutachten direkt übersendet. Teilweise kommt es vor, dass der Dritte eventuell noch weitere Fragen hat und sich direkt bei dem Sachverständigen rückversichert. Solche Fälle eines bestehendes Kontaktes werden auch mit dem Schlagwort „Auskunftskontakt“[8] bezeichnet. Noch intensiver ist schließlich der Kontakt, wenn der Gutachter von seinem Auftraggeber gebeten wird, an den Vertragsverhandlungen teilzunehmen.

II. Gesetzliche Regelung: § 675 Abs. 2 BGB

1. Historischer Hintergrund der Vorschrift: Die Auskunft als Gefälligkeit

Blickt man unbefangen ins Gesetz, mag sich manchem die Frage stellen, warum die Haftung für Gutachten ein so umstrittenes Problemfeld darstellt. Denn das BGB ist in seiner Wertung recht eindeutig. § 675 Abs. 2 BGB[9] besagt, dass derjenige, der einem anderen einen Rat oder eine Empfehlung erteilt, grundsätzlich nicht schadensersatzpflichtig wird, wenn der andere durch die Befolgung des Rates oder der Empfehlung einen Schaden erleidet. Nur dort, wo die Erteilung des Rates auf einem Vertragsverhältnis beruht, eine unerlaubte Handlung darstellt oder eine Verantwortlichkeit aus einer sonstigen gesetzlichen Bestimmung folgt, soll eine Schadensersatzpflicht bestehen.

Historisch geht diese Vorschrift auf das sog. „mandatum tua gratia“ des römischen Rechts zurück: eine Auskunft sollte grundsätzlich unverbindlich sein, wenn das Geschäft nur im Interesse des Auskunftsempfängers lag.[10] Der für seine Angelegenheiten eigenverantwortliche Empfänger sollte selbst entscheiden,

---

7 *Lammel*, AcP 179 (1979), 337 (338 f.); *Altenburger*, WM 1994, 1597 (1599, 1608 f.).

8 *Lorenz*, FS für Larenz, 1973, 575 (589); *Altenburger*, WM 1994, 1597 (1599, 1609 ff.).

9 § 676 BGB a.F. wurde durch das Überweisungsgesetz v. 21.7.1999 (BGBl. I S. 1642; in Kraft getreten am 14.08.1999) mit einer geringfügigen Einfügung („oder einer sonstigen gesetzlichen Bestimmung“) zum neuen § 675 Abs. 2 BGB.

10 *Kaser*, Römisches Privatrecht, § 44 I 2; vgl. auch: *Lorenz*, FS für Larenz, 1973, 575 (578 f.).

ob er sein Verhalten nach dem Rat einrichten wollte oder nicht. Jedenfalls sollte weder er noch der Ratgeber durch ihn verpflichtet werden und der Empfänger sollte seinen dadurch verursachten Schaden selbst tragen.[11] Doch schon im römischen Recht kam es entscheidend auf die Interessenlage an. Denn lag das Geschäft zumindest auch im Interesse des Raterteilenden, konnte es als verbindlicher Auftrag angesehen werden.[12]

§ 675 Abs. 2 BGB liegt der Rechtsgedanke zu Grunde, dass eine Auskunft[13] in der Regel aus Gefälligkeit gegeben wird und deshalb als solche nicht als Willenserklärung oder Rechtsgeschäft eingestuft werden kann, da es dem Auskunftgeber insoweit an einem „Willen, sich zu obligiren, gewöhnlich fehlt".[14] Andererseits sollte die berufsmäßige oder gewerbliche Auskunftserteilung von diesem Rechtsgedanken ausgenommen sein und unter den Vorbehalt der sich aus einem Vertragsverhältnis ergebenden Verantwortlichkeit fallen. Die Gesetzesverfasser gingen dabei ausdrücklich von der Möglichkeit aus, dass sich eine Haftung aufgrund eines stillschweigend geschlossenen Auskunftsvertrages ergeben kann.[15]

Die Vorschrift scheint also ein Regel-Ausnahme-Verhältnis zu begründen, nach dem für eine Auskunftserteilung grundsätzlich nicht gehaftet wird. Allerdings gilt dies nach der eben dargestellten Gesetzesgeschichte nur für nicht berufsmäßig erteilte Auskünfte im Bereich der Gefälligkeiten. Dort führt die bloße Auskunftserteilung im Zweifel nicht zum Abschluss eines Auskunftsvertrages.[16] Wird allerdings eine berufsmäßige oder gewerbliche Auskunft erteilt, so geschieht dies nach Ansicht der Gesetzesverfasser verbindlich im Rahmen eines Vertragsverhältnisses. Für professionelle Auskünfte ist die Vorschrift folglich rein deklaratorisch,[17] indem sie feststellt, dass bei Bestehen eines Vertrages vertraglich und / oder auch aus unerlaubter Handlung gehaftet wird, wenn dort die Tatbestandsvoraussetzungen erfüllt sind.

Der hinter dieser Vorschrift stehende Rechtsgedanke der Gesetzesverfasser passt demnach nicht auf die hier interessierenden Fälle der Dritthaftung: Weder gibt der Sachverständige die Auskunft gegenüber dem Dritten aufgrund eines zwischen ihnen bestehenden Vertragsverhältnisses ab, noch erfolgt die Auskunftser-

---

[11] Staudinger/*Wittmann*, § 676 BGB, Rn. 1.

[12] MüKo/*Seiler*, § 676 BGB, Rn. 1.

[13] Auch die Auskunfterteilung fällt nach einhelliger Meinung unter § 675 Abs. 2 BGB, so schon Motive II, S. 554; siehe auch z. B. RGZ 148, 286 (293).

[14] Mot. II, 554 ; vgl. Prot. II 380: „Wer eine Empfehlung oder einen Rath ertheile, wolle damit keine Garantiepflicht übernehmen, sondern nur eine Gefälligkeit erweisen".

[15] Mot. II, 555; *Mugdan* II, 310, 960.

[16] Staudinger/*Wittmann*, § 676 BGB, Rn. 3, 5.

[17] MüKo/*Seiler*, § 676 BGB, Rn. 2; vgl. auch *Hirte*, Berufshaftung, S. 175 f.

teilung bzw. Gutachtenerstattung aus reiner Gefälligkeit. Trotzdem sollen die verschiedenen Tatbestände des § 675 Abs. 2 BGB aus Gründen der Verdeutlichung kurz erläutert werden.

2. Haftung aufgrund eines Vertragsverhältnisses

Als erster Grund, warum ein Raterteilender zum Schadensersatz verpflichtet sein kann, wird in § 675 Abs. 2 BGB das Vertragsverhältnis genannt. Beruht die Erteilung eines Rates, einer Auskunft bzw. eines Gutachtens auf einem Vertrag, so stellt sich die Frage, um was für einen Vertrag es sich handelt. Wichtig ist die Einordnung von Gutachten als werk- oder dienstvertragliche Leistung für die Anwendung des jeweiligen Haftungssystems. Während beim Dienstvertrag die allgemeinen Regelungen des Leistungsstörungsrechts anwendbar sind, nach denen dem Vertragspartner gegenüber nur für schuldhafte Pflichtverletzungen gehaftet wird[18], haftet man für Mängel des Werkes im Rahmen eines Werkvertrages bei nicht erfolgter Nacherfüllung (§§ 634 Nr. 1, 635 BGB) verschuldensunabhängig nach §§ 634 Nr. 2, 637 Abs. 1 BGB auf Aufwendungsersatz für eine Selbstvornahme des Bestellers. Außerdem kann der Besteller unabhängig von einem Verschulden des Werkunternehmers nach §§ 634 Nr. 3, 636, 323, 326 Abs. 5 BGB vom Vertrag zurücktreten oder stattdessen gemäß § 638 Abs. 1 BGB die Vergütung mindern. Bei Verschulden haftet der Unternehmer nach §§ 634 Nr. 4 i.V.m. §§ 280 Abs. 1 und 3, 281 Abs. 1, 283, 311 a BGB auf Schadensersatz statt der Leistung.

Gutachten können in den verschiedensten Zusammenhängen erstellt werden. In erster Linie ist an die Gutachtenerstellung durch öffentlich bestellte und vereidigte Sachverständige zu denken, die sich aus allen möglichen Berufsgruppen rekrutieren.[19] Darüber hinaus gibt es aber auch die Erstellung von Gutachten durch Rechtsanwälte, Steuerberater, Wirtschaftsprüfer oder ähnliche Personen (vorrangig Angehörige vermögenssorgender Berufe) im Rahmen ihrer normalen beruflichen Tätigkeit. Das Rechtsverhältnis, aufgrund dessen solche Personen tätig werden, ist größtenteils ein dienstvertragliches (§§ 611 ff. BGB) oder ein entgeltliches Geschäftsbesorgungsverhältnis i.S.d. § 675 Abs. 1 BGB, dessen Grundlage ein Dienstvertrag bildet. Einzelne Tätigkeiten oder Tätigkeitsbereiche dieser Berufe werden jedoch auch werkvertraglich behandelt. Das sind beim Steuerberater z. B. die Erstellung oder Überprüfung der Buchführung des Mandanten[20], die Aufstellung des Jahresabschlusses[21] und die Erstellung von Steuer-

---

[18] Früher für die sog. Schlechterfüllung im Rahmen der positiven Forderungsverletzung, jetzt aufgrund der Schuldrechtsreform nach § 280 Abs. 1 und 3 BGB i.V.m. § 281 Abs. 1 BGB.

[19] Z. B. Grundstücksschätzer und -vermesser, Kunstexperten, Architekten, Bausachverständige usw.

[20] OLG Celle DStR 1974, 290 (291).

erklärungen[22] oder steuerlichen Gutachten[23]. Der Architektenvertrag wird seit der Grundsatzentscheidung des Bundesgerichtshofes vom 26. November 1959[24] grundsätzlich als Werkvertrag angesehen, wobei im Einzelfall unter Berücksichtigung aller Umstände geprüft werden muss, ob die geschuldete Tätigkeit als erfolgsbezogen eingestuft werden kann.[25] Auch beim Wirtschaftsprüfer unterliegt der eigentliche Kernbereich seines Berufs, die Prüfungstätigkeit, dem Werkvertragsrecht. Hier wird gemeinhin angenommen, dass der geschuldete Erfolg die Durchführung einer ordnungsgemäßen Prüfung ist.[26] Es fällt auf, dass die Rechtsprechung bei der Erstellung von Gutachten durch Angehörige solcher vermögenssorgender Berufe, unabhängig von den der sonstigen Tätigkeit zu Grunde liegenden Rechtsnormen, nicht auf Dienstvertragsrecht zurückgreift, sondern stattdessen Werkvertragsrecht heranzieht.[27]

Die Begutachtung einer Sache bzw. eines Sachverhalts verfolgt immer den Zweck, eine verlässliche Aussage zu treffen, von der dann weitere Entscheidungen abhängig gemacht werden können. Bei einem Gutachten kommt es also immer auf die als Schlussfolgerung der getätigten Beobachtungen oder der festgestellten Fakten gemachte Aussage an. Diese ist dabei von so wesentlicher Bedeutung, dass man sie als geschuldeten Erfolg ansehen muss. Die Anfertigung eines Gutachtens stellt also immer eine werkvertragliche Leistung dar. Gleich welches Rechtsverhältnis der allgemeinen Tätigkeit der hier betrachteten Personen zu Grunde liegt, unterfällt die Haftung für Gutachten daher immer dem Werkvertragsrecht.[28] Bezüglich der Haftung gegenüber Dritten muss man dies für den Fall der Bejahung einer vertraglichen oder vertragsähnlichen Haftungskonstruktion berücksichtigen.

3. Haftung aufgrund unerlaubter Handlung

Die andere Möglichkeit, um für Rat, Auskunft oder Gutachten zu einer Schadensersatzpflicht zu gelangen, ist, dass die Erteilung eine unerlaubte Handlung darstellt (vgl. § 675 Abs. 2 BGB). Da das Vermögen keines der in § 823 Abs. 1 BGB geschützten Rechtsgüter darstellt, begründet eine falsche Auskunft, die sich nachteilig auf das Vermögen des die Auskunft Befolgenden auswirkt,

---

21 BGH WM 1988, 763 (764).
22 KG NJW 1977, 110 (110).
23 BGH ZIP 1983, 81 (88).
24 BGHZ 31, 224 (226 f.) und seither ständige Rechtsprechung.
25 Vgl. dazu *Musielak*, Grundkurs BGB, Rn. 653.
26 Palandt/*Sprau*, Einf v § 631 BGB, Rn. 28, 32.
27 BGH NJW 1965, 106; BGHZ 67, 1 (4); 127, 378 (384).
28 *Honsell*, JuS 1976, 621 (621 f.); *Ady*, ZGS 2002, 237 (241); Palandt/*Sprau*, Einf v § 631 BGB, Rn. 24; vgl. auch BGH NJW 1976, 1502.

grundsätzlich keinen Deliktsanspruch. Anders ist dies nur, wenn die fehlerhafte Gutachtenerstellung eine Schutzgesetzverletzung i.S.d. § 823 Abs. 2 BGB darstellt, wobei hier vor allem die Vermögensdelikte des StGB in Betracht kommen (z. B. § 263 StGB), oder bei einer durch ein falsches Gutachten verursachten vorsätzlichen sittenwidrigen Schädigung gemäß § 826 BGB. Das Vermögen ist also grundsätzlich nur gegen wissentliche Schädigungen geschützt. Dem entspricht auch die allgemeine Meinung, die dem begrenzten Rechtsgüterkatalog des § 823 Abs. 1 BGB und dem Fehlen einer deliktischen Generalklausel im BGB die grundsätzliche Absage an eine Haftung für fahrlässig verursachte primäre Vermögensschäden entnimmt.[29]

4. Haftung aufgrund einer sonstigen gesetzlichen Bestimmung

Eine Haftung aufgrund einer sonstigen gesetzlichen Bestimmung kann sich ergeben aus bereicherungsspezifischen Haftungsvorschriften insbesondere im Wertpapier- und Anlagegeschäft, z. B. § 44 BörsG (unrichtige Prospektangaben bei Wertpapieremissionen), § 15 Abs. 6 WpHG (Insiderhandel).[30]

5. Bedeutung der gesetzlichen Regelung für die Haftung gegenüber Dritten

Da es hier um die Haftung gegenüber Nichtvertragspartnern des Sachverständigen geht, der Sachverständige seine Auskünfte und Gutachten aber auch nicht aus reiner Gefälligkeit abgibt, und darüber hinaus das Vermögen deliktsrechtlich grundsätzlich nur gegen wissentliche Schädigungen geschützt ist, erfasst - wie oben dargestellt - § 675 Abs. 2 BGB die hier problematisierten Fälle nicht. Aus all dem entsteht zunächst sowohl für das Vertrags- als auch für das Deliktsrecht bzgl. der Haftung gegenüber Dritten der Eindruck, Gutachter und Sachverständige haften nur in Ausnahmefällen und ansonsten handele es sich um einen weitgehend haftungsfreien Raum.

Dieser Eindruck verflüchtigt sich aber bei einem Blick auf die Judikatur zu diesem Thema. Das RG und der BGH haben gerade anhand von Fällen der Sachverständigenhaftung gegenüber Dritten verschiedene Rechtsinstitute erheblich weiterentwickelt und ausgedehnt. Zunächst nahm das RG in solchen Fällen einen stillschweigend geschlossenen Auskunftsvertrag an.[31] Der BGH folgte dem zunächst, ging aber mit der Zeit dazu über, eine Haftung des Sachverständigen

---

[29] Z. B. Soergel/*Zeuner*, vor § 823 BGB, Rn. 3, § 823 BGB, Rn. 47; *Canaris*, FS für Larenz, 1983, 27 (81 ff.); *Kreuzer*, AcP 184 (1984), 81 (86 ff.).

[30] Palandt/*Sprau*, § 675 BGB, Rn. 41.

[31] Siehe unten Teil A: Zweites Kapitel - I.1.a.aa.

gegenüber Dritten auf die Konstruktion des Vertrages mit Schutzwirkung für Dritte zu stützen.[32] Gerade dieser Ansatz ist vom BGH erheblich fortentwickelt und ausgeweitet worden.[33] Aber auch das gewohnheitsrechtlich anerkannte - und inzwischen in § 311 Abs. 2 und 3 BGB[34] geregelte - Institut der culpa in contrahendo ist als Grundlage der Haftung von Sachverständigen gegenüber Dritten angewandt worden.[35] Darüber hinaus hat die Rechtsprechung in einer Reihe von Fällen die Erfordernisse an eine Tatbestandserfüllung des § 826 BGB im Verhältnis zum Wortlaut erheblich gesenkt. Der in § 826 BGB geforderte Schädigungsvorsatz, für den grundsätzlich dolus eventualis ausreicht,[36] muss sich nicht auf eine bestimmte Person beziehen, sondern nur allgemein die Schädigung anderer Personen mit umfassen.[37] Auch hinsichtlich des Sittenverstoßes sind die Anforderungen an eine Tatbestandserfüllung zurückgeschraubt worden: Es genügt insofern schon, dass ein Sachverständiger durch ein leichtfertig bzw. grob fahrlässig erstelltes unrichtiges Gutachten die Möglichkeit gesetzt hat, dass Dritte einen Schaden erleiden.[38] Manche Autoren vertreten daher die Auffassung, dass durch die Judikatur aus der Haftung für bewusste, sittenwidrige Schädigung de facto eine Haftung für grobe Fahrlässigkeit geworden ist.[39] Die Fortentwicklung und Ausdehnung dieser Rechtsinstitute durch die Rechtsprechung sind in der Literatur teils begrüßt, teils heftig kritisiert worden. Die Entwicklung dieser Rechtsprechung nachzuvollziehen, die verschieden Auffassungen in der Literatur darzustellen, ihre jeweiligen Vorzüge und Schwachstellen zu analysieren und mögliche Auswirkungen der Schuldrechtsreform auf die erheblichen dogmatischen Ansatzpunkte herauszuarbeiten, soll Aufgabe der vorliegenden Arbeit sein.

III. Rechtspolitische Aspekte

Nachdem die ursprüngliche gesetzliche Regelung also eher gegen eine Dritthaftung von Sachverständigen spricht, stellt sich die Frage, ob und warum eine solche Haftung notwendig ist. In den von der Rechtsprechung entschiedenen Fällen, die auf unterschiedlichen Konstruktionen beruhend eine Haftung in der Re-

---

[32] Siehe unten Teil A: Zweites Kapitel - I.1.b.dd.

[33] Siehe unten Teil A: Zweites Kapitel - I.2.

[34] Eingefügt durch das Gesetz zur Modernisierung des Schuldrechts vom 26.11.2001, in Kraft seit dem 01.01.2001, BGBl. I 2001, 3138.

[35] Siehe unten Teil A: Zweites Kapitel - I.2.b.ff.

[36] BGH NJW 2000, 2896 (2897); Palandt/*Sprau*, § 826 BGB, Rn. 10.

[37] *Döbereiner/von Keyserlingk*, Rn. 175; eingehend unten Teil A: Zweites Kapitel - II.2.b.

[38] BGH NJW 1991, 3282 (3283); eingehend unten Teil A: Zweites Kapitel - II.2.a.

[39] Z. B. *Honsell*, JuS 1976, 621; *Lang*, AcP 201 (2001), 453 (481) spricht in diesem Zusammenhang sogar von der „Denaturierung des § 826 BGB".

gel bejahen,[40] finden sich keine Ausführungen dazu, warum eine Haftung des Gutachters auch Dritten gegenüber erforderlich sei. Aber auch die Vertreter der Literatur, die die von der Rechtsprechung gewählten Konstruktionen mehrheitlich scharf kritisieren und selbst die verschiedensten Lösungsansätze anbieten[41], gehen durchweg davon aus, dass der Experte unter bestimmten Voraussetzungen Dritten gegenüber haften soll.[42] Insoweit besteht also Einigkeit. Es sind folgende Gründe, die für eine Dritthaftung des Sachverständigen sprechen:

1. Angewiesenheit auf fremde Information und fehlende Überprüfbarkeit

Infolge der immer weiter voranschreitenden Arbeitsteilung und damit einhergehenden Spezialisierung ist das für eine Investition oder ein ähnliches Geschäft erforderliche Wissen nur bei immer weniger Personen vorhanden, eben bei den Spezialisten. Da es aber wegen der erhöhten Komplexität des Marktes erforderlich ist, um geschäftliche Entscheidungen wirtschaftlich sinnvoll zu treffen, ergibt sich daraus eine Angewiesenheit des Auskunfts- oder Gutachtenempfängers auf das Wissen des Experten.[43] Außerdem ist ein Gutachten vom Empfänger regelmäßig aufgrund des Wissens- und Erfahrungsvorsprungs des Fachmanns nicht nachprüfbar. Die Überprüfung einer Auskunft oder eines Gutachtens erfordert nämlich gerade das Wissen, was man durch die Information erst zu erfahren hofft. Die Nützlichkeit von Auskünften und Informationen erweist sich regelmäßig erst im Nachhinein, nämlich dann, wenn man sie zuvor zur Grundlage von Vermögensdispositionen gemacht hat. Auch bezüglich eines - wirtschaftlich ohnehin nicht sinnvollen - Zweitgutachtens stünde man wieder vor dem gleichen Problem der fehlenden Überprüfbarkeit.[44] Die fehlende Nachprüfbarkeit des Gutachtens verstärkt die Abhängigkeit des Empfängers von der Information des Experten und führt außerdem dazu, dass sich der Empfänger vor einer möglichen Fehlerhaftigkeit des Gutachtens nicht schützen kann. Durch die Haftung des Sachverständigen wird diese Schutzlosigkeit des Gutachtenempfängers kompensiert,[45] da wenigstens sein durch ein unrichtiges Gutachten verursachter Schaden im Nachhinein ausgeglichen wird. Darüber hinaus ist zu berücksichtigen, dass der Gutachter bei der Erstellung seiner Expertise die möglicherweise relevanten Informationen am besten überblicken und daher auch die Wahrscheinlichkeit eines Schadenseintritts einschätzen und am ehesten kontrollieren kann. Daraus wird gefolgert, dass eben den Gutachtern das Risiko von

---

40 Vgl. die unter Teil A: Zweites Kapitel folgende Darstellung der Rechtsprechung.

41 Vgl. unten Teil A: Drittes Kapitel.

42 Vgl. unten Teil A: Viertes Kapitel - I.

43 *Damm*, JZ 1991, 373; *Musielak*, Haftung für Rat, Auskunft und Gutachten, S. 6.

44 *Köndgen*, Selbstbindung ohne Vertrag, S. 147.

45 *Müller*, Auskunftshaftung, S. 32.

falschen Informationen auferlegt werden müsse, da sie den Schaden am ehesten verhindern könnten.[46]

2. Sicherung der Objektivität

Außerdem wird die Dritthaftung als ein Korrektiv für die finanzielle Abhängigkeit des Gutachters von seinem Mandanten und damit als Sicherung der Objektivität des Gutachtens angesehen[47]: Der Gutachter wird in der Regel nur von seinem Mandanten beauftragt und entlohnt. Um sicherzustellen, dass er das Gutachten trotzdem objektiv und unparteilich anfertigt, soll ihm eine Haftung auch gegenüber dem von seinem Gutachten betroffenen Dritten drohen. *Wiegand* geht sogar davon aus, dass die Verneinung der Haftung geradezu zur Unsorgfältigkeit erziehen würde, „da Nachlässigkeiten zu Lasten des Dritten zumeist den Vertragspartner begünstigen“[48].

3. Steuerung zukünftigen Verhaltens: Prävention

Auch die Steuerung des zukünftigen Verhaltens der Sachverständigen wird als Argument für eine Haftung gegenüber Dritten vorgebracht.[49] Durch die Gefahr einer Schadensersatzpflicht soll für den Gutachter ein Anreiz geschaffen werden, sorgfältig zu arbeiten, objektive und richtige Gutachten zu erstatten und so die Entstehung einer Schadensersatzpflicht zu vermeiden. Allerdings setzt eine solche Präventionswirkung voraus, dass die Folgen eines schädigenden Verhaltens den Schädiger persönlich treffen.[50] Für professionell arbeitende Gutachter wird aber in der Regel die Berufshaftpflicht etwaige durch fehlerhafte Gutachten verursachte Schäden begleichen, wenn der Gutachter nicht vorsätzlich gehandelt hat (vgl. § 152 VVG). Somit treffen die Folgen eines unrichtigen Gutachtens den Experten nur mittelbar, nämlich durch infolge eines Schadensfalls eventuell erhöhte Versicherungsprämien. Da der Gutachter die so entstehenden Mehrkosten über eine höhere Gagenforderung wieder ausgleichen und an seine Kunden weitergeben kann, wird der Haftungsgrund der Prävention in diesem Zusammenhang unterschiedlich beurteilt und zum Teil sogar ganz abgelehnt.[51]

---

[46] *Hirte*, Berufshaftung, S. 323, spricht in diesem Zusammenhang von den Gutachtern als „cheapest cost avoider“; *Jost*, Vertragslose Auskunfts- und Beratungshaftung, S. 226 f.

[47] *Ebke/Scheel*, WM 1991, 389 (397) für den Wirtschaftsprüfer.

[48] *Wiegand*, Sachwalterhaftung, S. 173.

[49] *Jost*, Vertragslose Auskunfts- und Beratungshaftung, S. 214 f.; *Nißl*, Die Haftung des Experten für Vermögensschäden Dritter, S. 174.

[50] *Hirte*, Berufshaftung, S. 320.

[51] Für den Wirtschaftsprüfer *Ebke/Scheel*, WM 1991, 389 (397) und *Ebke*, Wirtschaftsprüfer und Dritthaftung, S. 276 ff.; kritisch auch *Müller*, Auskunftshaftung, S. 35 f.

4. Versicherbarkeit von Schäden durch den Gutachter

Ein weiterer Grund für die Notwendigkeit einer Dritthaftung von Sachverständigen kann darin bestehen, dass sie das Risiko falscher Auskünfte am leichtesten versichern können, während der Gutachtenempfänger dazu normalerweise nicht in der Lage ist.[52] Tritt im Falle eines Vermögensschadens infolge eines fehlerhaften Gutachtens die Berufshaftpflichtversicherung ein, so führt dies dazu, dass der Geschädigte einen Schuldner hat, der über genügend finanzielle Mittel verfügt.[53] Es ist so gewährleistet, dass der Geschädigte jeweils vollen Ausgleich erhält, ohne dass der Schädiger zu eventuell ruinösen Ersatzzahlungen verpflichtet ist. Der Schadensausgleich wird so auf eine größere Gemeinschaft verteilt, nämlich auf die aller Versicherungsnehmer.

Auch der BGH rechtfertigt in seiner Entscheidung vom 23.1.1985 die Dritthaftung des Gutachters unter ausdrücklichem Hinweis auf seinen Versicherungsschutz.[54] Hierzu ist anzumerken, dass der Sinn der Berufshaftpflichtversicherung darin besteht, den Versicherten (also den Gutachter) abzusichern und ihm trotz der möglicherweise durch ihn verursachten Schäden seine wirtschaftliche Existenz zu erhalten. Es stellt sich also die Frage, ob die Versicherbarkeit, das heißt die Begrenzung der Haftungsrisiken des Gutachters, als Grund für die drittbezogene Ausweitung seiner Haftung dienen kann, obwohl dies nicht der eigentliche Sinn einer Berufshaftpflichtversicherung ist. Durch die Ausweitung der Haftung und eine damit einhergehende Steigerung der Haftungsfälle wird die Versicherung des Gutachters zunehmend belastet. Sie kann aber ihr Ziel der Existenzsicherung des Experten nur erreichen, wenn die Versicherungssumme alle Schadensfälle deckt. Bei einer Ausweitung der Dritthaftung kann das zu immer höheren Versicherungsprämien und unter Umständen sogar dazu führen, dass Versicherungen es aufgrund unkalkulierbar gewordener Haftungsrisiken schließlich ablehnen, Angehörige der hier relevanten Berufe zu versichern.[55] Damit entfiele dann die Versicherbarkeit von Schäden, die durch fehlerhafte Gutachten verursacht werden ganz. Führt man also die Versicherbarkeit von Schäden als Grund für eine Haftungsausweitung an, begibt man sich in eine „Haftungsspirale“ an dessen Ende eben dieser Grund nicht mehr existiert. Vielmehr muss die Versi-

---

52 *Grunewald*, JZ 1982, 627 (630); *Jost*, Vertragslose Auskunfts- und Beratungshaftung, S. 227.

53 *Hübner*, VersR 1991, 497 (500) äußert den Verdacht, dass Verträge mit Drittschutzwirkung („die in der Praxis meist als Grundlage für die Dritthaftung von Sachverständigen dienen, vgl. dazu unten Teil A: Zweites Kapitel - I.2) dann angenommen werden, wenn Banken oder Versicherungen den Vermögensschäden zu ersetzen haben.

54 BGH JZ 1985, 951 (952).

55 *Ebke/Scheel*, WM 1991, 389 (397); *Müller*, Auskunftshaftung, S. 34.

cherbarkeit solcher Schäden erhalten bleiben, was im Umkehrschluss dazu führt, dass sie Grund für eine sinnvolle Begrenzung der Haftung ist.[56]

5. Schlussfolgerung

Der in seiner Wirkung umstrittene Grund der Prävention und die leichtere Versicherbarkeit von Schäden durch den Gutachter rechtfertigen aus den oben angeführten Gründen eine Haftung des Sachverständigen gegenüber Dritten für sich allein gesehen sicher nicht. Aus der Gesamtschau der genannten Gründe - insbesondere die Angewiesenheit auf fremde Information und die Sicherung der Objektivität des Gutachters - ergibt sich aber doch die rechtspolitische Notwendigkeit einer Dritthaftung, die sich letztlich auch in der diesbezüglichen Einigkeit von Rechtsprechung und Literatur wiederspiegelt. Trotzdem ist festzuhalten, dass eine solche Haftung nicht uferlos ausgeweitet werden darf, schon um die Versicherbarkeit von solchen Schäden zu erhalten. Bei dem Hinweis auf die leichtere Versicherbarkeit durch die Sachverständigen muss zudem darauf hingewiesen werden, dass z. B. Banken ihr Kreditausfallrisiko ebenso leicht versichern können, wie Sachverständige die Risiken, die sich aus fehlerhaften Gutachten ergeben. Es ist folglich nicht ersichtlich, warum die Sachverständigen Banken gegenüber genauso streng haften sollen wie anderen Dritten. Außerdem ist zu berücksichtigen, dass es sich in Gutachterfällen oft um Geschäfte mit einem hohen Spekulationsniveau handelt, und dass es nicht sein kann, dass die Risiken des Spekulierenden durch eine Haftung des hinzugezogenen Sachverständigen minimiert werden und er dadurch für seine eigenen wirtschaftlichen Entscheidungen keine individuelle Verantwortung mehr übernehmen muss.[57] *Zöllner* stellt in diesem Zusammenhang die Tendenz fest, dass im Haftungsrecht allgemein die Grundsätze der Selbstverantwortung immer mehr verlassen werden und die Haftungsrisiken zunehmend denjenigen aufgebürdet werden, die sich gegen sie versichern können. So werde die privatrechtliche Haftung durch eine kollektive (der Gemeinschaft der Versicherungsnehmer) ersetzt,[58] weil man für jeden Schaden einen zahlungskräftigen Schuldner sucht. *Hübner* geht sogar davon aus, dass es Sinn und Zweck der Sachverständigenhaftung gegenüber Dritten ist, denjenigen für den Schaden aufkommen zu lassen, der am zahlungskräftigsten ist - die Berufshaftpflichtversicherung.[59]

---

[56] Auch *Philippsen*, Dritthaftung des privat beauftragten Gutachters, S. 31, geht davon aus, dass eine Dritthaftung des Sachverständigen restriktiv gehandhabt werden muss, um die Versicherbarkeit der Gutachtertätigkeit zu erhalten.

[57] *Littbarski*, NJW 1984, 1667 (1670).

[58] *Zöllner*, AcP 188 (1988), 85 (95 f.).

[59] *Hübner*, VersR 1991, 497 (500).

Insgesamt lässt sich also festhalten, dass zwar grundsätzlich eine rechtspolitische Notwendigkeit besteht, Sachverständige gegenüber Dritten für fehlerhafte Gutachten haften zu lassen. Das Bedürfnis nach einer Haftung wird ferner bestätigt durch einen rechtsvergleichenden Blick über die Landesgrenzen hinaus: *Lorenz* weist darauf hin, dass in allen betrachteten ausländischen Rechtsordnungen[60] eine Dritthaftung von Sachverständigen existiert, sie aber auch in allen Rechtsordnungen Schwierigkeiten bereitet.[61] Ebenso notwendig wie eine Haftung ist aber auch eine sinnvolle Begrenzung derselben, um die privatrechtliche Selbstverantwortung und die Versicherbarkeit solcher Schäden zu erhalten und damit die wirtschaftliche Existenz von Sachverständigen und Gutachtern zu sichern.

---

[60] Er untersucht in FS für Larenz, 1973, 575 die Sachverständigenhaftung in Deutschland (584 ff.), Österreich (594 ff.), der Schweiz (600 ff.), Frankreich (604 ff.) und England bzw. Nordamerika (608 ff.).

[61] *Lorenz*, FS für Larenz, 1973, 575 (618).

Zweites Kapitel - Die Behandlung der Problematik in der höchstrichterlichen Rechtsprechung

I. Vertragliche Haftungsgrundlagen

Für die Haftung des Sachverständigen gegenüber Personen, die das (fehlerhafte) Gutachten nicht in Auftrag gegeben haben, kommen zunächst vertragliche Haftungsgrundlagen in Betracht. Dies sind vor allem der stillschweigende Auskunftsvertrag,[62] den schon der Gesetzgeber bei der berufsmäßigen Erteilung von Auskünften für möglich gehalten hat,[63] und der Vertrag mit Schutzwirkung für Dritte.[64]

1. Haftung aus stillschweigendem Auskunftsvertrag

Eine Haftung des Sachverständigen gegenüber demjenigen, der sich auf sein Gutachten bzw. seine Auskunft verlässt, kann sich zunächst aus einem zwischen ihnen geschlossenen Auskunftsvertrag ergeben. Ist ausdrücklich ein Vertrag geschlossen worden, der als Leistungspflicht die Begutachtung eines Sachverhalts und als Gegenleistung die entsprechende Entlohnung festlegt, handelt es sich um einen Gutachter- oder Auskunftsvertrag, der bei schuldhaft fehlerhaften Auskünften zur Haftung gegenüber dem Vertragspartner führt. Sind Gutachten oder Auskünfte nicht Vertragsgegenstand, werden sie aber innerhalb einer bestehenden oder anlässlich einer angebahnten Geschäftsverbindung abgegeben, so folgt die Haftung für unrichtige Angaben bei Verletzung vertraglicher Nebenpflichten aus §§ 241 Abs. 2 i.V.m. 280 Abs. 1, 3, 282 BGB,[65] bei Pflichtverletzungen im Vorfeld eines Vertrages aus § 311 Abs. 2 BGB i.V.m. §§ 280 Abs. 1, 3, 282 BGB nach den Grundsätzen der culpa in contrahendo.[66]

Hier geht es aber um die Haftung des Sachverständigen gegenüber Dritten, d.h. gegenüber anderen als dem Auftraggeber seines Gutachtens. Typisch sind in diesem Zusammenhang Fälle, in denen ein Dritter den Sachverständigen um Auskunft über ein Gutachten ersucht, das er für einen anderen erstellt hat (sog.

---

[62] Dazu im Folgenden Teil A: Zweites Kapitel - I.1.
[63] Mot. II, S. 555; *Mugdan* II, S. 310, 960; vgl. oben Teil A: Erstes Kapitel - II.1.
[64] Siehe unten Teil A: Zweites Kapitel - I.2.
[65] Vor dem Schuldrechtsmodernisierungsgesetz folgte diese Haftung aus positiver Forderungsverletzung (p.F.V.), vgl. Soergel/*Häuser/Welter*, § 676 BGB, Rn. 45; RGZ 27, 118; BGH WM 1969, 247.
[66] Palandt/*Sprau*, § 675 BGB, Rn. 40.

„Einmalkontakt“ oder „Auskunftskontakt“), oder in denen dem Dritten das von dem Sachverständigen für seinen Auftraggeber erstellte Gutachten vorgelegt wird (sog. „Drittweitergabe“ [67]). Ein solcher Dritter, der sich auf das Gutachten des Sachverständigen verlässt oder diesen um eine Auskunft über das Gutachten bittet, schließt in der Regel keinen ausdrücklichen Vertrag mit dem Gutachter. In Betracht kommt dann aber ein stillschweigend geschlossener Auskunftsvertrag, bei dem in der Bitte um Auskunft das konkludente Angebot, in der Auskunftserteilung die konkludente Annahme des Angebots liegen könnte.

a. „Einmalkontakt“ bzw. „Auskunftskontakt“

Untersucht werden sollen zuerst die Fälle, in denen ein Dritter den Sachverständigen außerhalb einer bestehenden oder angestrebten vertraglichen Verbindung um eine Auskunft bittet. Dies kann eine einfache Aussage über einen Mandanten oder auch eine Auskunft über ein von dem Experten für seinen Auftraggeber erstelltes Gutachten betreffen.

aa. Ältere Rechtsprechung

In der Tat hat die frühere Rechtsprechung diese Dritthaftungsfälle in der Weise gelöst, dass sie zwischen Gutachter und Drittem einen stillschweigend geschlossenen Auskunftsvertrag angenommen hat. Als Leitentscheidung hierfür ist der Fall RGZ 52, 365 aus dem Jahre 1902 anzuführen: Hier hatte ein Notar[68] auf Veranlassung seines Mandanten einer Bank eine unrichtige Auskunft über die Belastung eines Grundstücks des Mandanten gegeben. Die Bank hatte ihm daraufhin ein hypothekarisch gesichertes Darlehen gewährt, mit dem sie in der Zwangsversteigerung ausfiel. Das RG nahm einen stillschweigend geschlossenen Auskunftsvertrag zwischen dem Notar und der Bank an und führte dazu aus: „Wenn jemand, zu dessen Berufsgeschäften es gehört, anderen in Geschäften der fraglichen Art beratend zur Seite zu stehen, und der erfahren hat, dass ein anderer in einer solchen Angelegenheit einer zuverlässigen Auskunft bedarf, diesem dann in einem an denselben gerichteten Schreiben eine Auskunft über den erheblichen Punkt gibt, so schließt er eben dadurch den betreffenden Vertrag mit dem Auskunft Begehrenden ab.“[69] In RGZ 101, 297 aus dem Jahre 1921, ebenso ein Fall des Auskunftskontaktes, findet sich folgender, in späteren Entscheidungen immer wieder zitierte Begründungssatz: „In Beantwortung der

---

[67] Die Begrifflichkeit des „Einmalkontaktes“ und der „Drittweitergabe“ geht – so weit ersichtlich – zurück auf *Lammel*, AcP 179 (1979), 337 (338 f.).

[68] Für einen solchen Fall wäre heute § 19 BNotO heranzuziehen.

[69] RGZ 52, 365 (367).

Frage liegt der Abschluss eines Auskunftsvertrages."[70] Das RG hat diese einmal eingeschlagene Richtung in Folgeentscheidungen weitergeführt.[71] Dabei sei nicht entscheidend, ob der Auskunftserteilende gegen Vergütung handele,[72] vielmehr müsse darauf abgestellt werden, ob er die für die Auskunft nötige Fachkenntnis habe,[73] ob die Auskunft in den Kreis seiner Berufsgeschäfte falle[74] und er erkennen könne, dass der Anfragende die Auskunft zur Grundlage von vermögensrelevanten Entscheidungen machen wolle.[75]

Der BGH setzte diese reichsgerichtliche Rechtsprechung fort und bekräftigte sie in einer Grundsatzentscheidung schon im Jahre 1952. Unter ausdrücklicher Bezugnahme und teils wörtlicher Übernahme der Begründungen des RG[76] ließ er einen Wirtschaftsprüfer und Juristen aus einem stillschweigend geschlossenen Auskunftsvertrag haften und führte dazu aus: „Es genügt, dass der Beklagte zu der Klägerin in Beziehungen getreten ist, die, wenn sie einmal vorliegen, nach Maßgabe der bürgerlichen Rechtsordnung als vertragliche anzusehen und dementsprechend in ihren Auswirkungen zu beurteilen sind."[77] Dies ist für den Auskunftskontakt zu einer ständigen Rechtsprechung des Bundesgerichtshofes geworden und kann folgendermaßen zusammengefasst werden: Ein stillschweigend geschlossener Auskunftsvertrag kann nach einer Gesamtwürdigung der Umstände des Einzelfalls angenommen werden, wenn die Auskunft für den Empfänger erkennbar von erheblicher Bedeutung ist und er sie zur Grundlage wesentlicher Vermögensdispositionen machen will. Dies gilt insbesondere, wenn der Auskunftgebende besonders sachkundig ist oder ein eigenes wirtschaftliches Interesse hat.[78]

Aktuelle Entscheidungen belegen, dass der BGH diese Fälle des einmaligen Auskunftskontaktes auch weiterhin über den konkludenten Auskunftsvertrag löst.[79] Dies betrifft als größte Fallgruppe vor allem die Bankauskünfte, bei denen

---

70 RGZ 101, 297 (301).

71 Z. B. RG JW 1927, 1145; RG JW 1928, 1134; RGZ 114, 289; RGZ 126, 50; RGZ 131, 239; RG JW 1933, 510.

72 RG JW 1918, 90 (91); RG JW 1928, 1134 (1135); demgegenüber wurde eine Entlohnung in RG JW 1905, 138 noch für erforderlich gehalten.

73 RG JW 1927, 1145.

74 RG Recht 1912 Nr. 2228; RG JW 1928, 1134; zu diesem Kriterium ausführlich *Huber*, FS für von Caemmerer, 1978, 359 (368 f.).

75 RG JW 1918, 90 (91); RG JW 1933, 510.

76 RGZ 101, 297 (301); RG JW 1928, 1134.

77 BGHZ 7, 371 (374 f.).

78 Beispielhaft seien genannt: BGH WM 1962, 1110; BGH WM 1964, 117; BGH WM 1976, 498; BGH NJW 1979, 1595; BGHZ 100, 117; BGH ZIP 1999, 275.

79 Z. B. BGHZ 74, 103 (106); BGHZ 100, 117 (118 f.); BGH NJW-RR 1998, 1343; BGH ZIP 1999, 275.

ein Auskunftsvertrag zwischen der Bank und dem Anfragenden zustande kommen soll. Da in dieser Arbeit aber schwerpunktmäßig die Dritthaftung von Sachverständigen thematisiert werden soll, kann auf die rechtlichen Folgen für eine Bank bei falscher Auskunftserteilung nicht detailliert eingegangen werden.[80] Betrachtet werden soll daher der stillschweigende Vertragsschluss und die Argumentation der Gerichte zur Begründung der Dritthaftung von Sachverständigen in diesen Fällen.

bb. Stillschweigender Vertragsschluss?

Ein stillschweigend geschlossener Auskunftsvertrag kommt nach §§ 145 ff. BGB – wie jeder Vertrag – durch die Annahme eines hierauf gerichteten Angebots zustande. Ob in den Gutachterfällen zwei konkludente Willenserklärungen gegeben sind und welche Bedeutung ihnen beizumessen ist, bestimmt sich nach den allgemeinen Regeln der Auslegung. In den Sachverhalten, in denen ein Dritter einen Sachverständigen um Auskunft über ein von ihm (für einen anderen Auftraggeber) erstelltes Gutachten bittet, könnte in dieser Bitte um Auskunft das Angebot, in der darauf erfolgenden Auskunft die Annahme des Angebots zum Abschluss eines Auskunftsvertrages liegen.

Die Bejahung eines Vertragsangebotes durch den Anfragenden bereitet dabei weit weniger Schwierigkeiten als die der Annahme. Dafür, dass der Anfragende ein Angebot für einen rechtsverbindlichen Auskunftsvertrag abgegeben hat, sprechen schon die Indizien: Er wendet sich an einen Sachkundigen mit besonderer Qualifikation und beruflicher Stellung, um eine verlässliche Auskunft zu erlangen. Er hat sie auch für verlässlich gehalten, wenn er sie dann später zur Grundlage von vermögensrelevanten Entscheidungen gemacht hat. Und selbst wenn er zum Zeitpunkt der Anfrage kein Vertragsangebot abgeben wollte oder ihm dies nicht bewusst war, so wird er das doch spätestens nach Schadenseintritt und anlässlich der Inanspruchnahme des Sachverständigen beteuern, wobei die eben genannten Indizien auf ein Angebot schließen lassen. Das Vorhandensein einer auf den Abschluss eines Auskunftsvertrages gerichteten Willenserklärung des Anfragenden lässt sich schwerlich widerlegen, wenn er durch diesen keine Verpflichtung eingeht, sondern im Gegenteil nur Vorteile daraus zieht, nämlich die Erlangung einer verlässlichen Auskunft.

Problematischer ist die Annahme durch den Sachverständigen. Er müsste objektiv, d.h. nach den allgemeinen Auslegungsgrundsätzen für Willenserklärungen, erklärt haben, das Angebot des Anfragenden annehmen zu wollen. Darüber hin-

[80] Vgl. dazu *Musielak*, WM 1999, 1593 ff.; *ders.* in: Bankgeheimnis und Bankauskunft, S. 9 (22 ff.).

aus müsste dieser objektiv zu bestimmende Erklärungsinhalt von einem dementsprechenden Willen (Handlungs-, Erklärungs- und Geschäftswillen) getragen sein. Von den Kritikern dieser Rechtsprechung zum stillschweigenden Auskunftsvertrag wird immer wieder vorgebracht, dass es sich bei der Annahme eines solchen Vertrages um eine juristische Fiktion handele.[81] Der Sachverständige wolle sich nicht vertraglich binden;[82] ihm einen solchen Willen zu unterstellen hieße, den Grundsatz der Privatautonomie für die Haftungsbegründung zu verlassen.[83] *Medicus* formuliert anschaulich: „Der Sachverständige haftet nicht mehr wo er will, sondern wo er soll."[84]

Damit wird in Abrede gestellt, dass der Sachverständige so genannten „Rechtsbindungswillen" besitzt. Dieser ist Teil der subjektiven Voraussetzungen einer Willenserklärung und wird in verschiedenen Bedeutungen verwendet. Teilweise wird er als Bestandteil des Geschäftswillens verstanden, wenn einerseits der auf eine bestimmte Rechtsfolge gerichtete Wille als „Rechtsfolgewille", und der Wille, sich durch dieses bestimmte Rechtsgeschäft zu binden, als „Rechtsbindungswille" bezeichnet wird.[85] Im vorliegenden Zusammenhang wird mit dem Begriff des „Rechtsbindungswillens" aber der Wille beschrieben, überhaupt eine rechtliche Bindung eingehen zu wollen. Dann gehört er zum Erklärungsbewusstsein.[86] Das Erklärungsbewusstsein wird aber nach ganz überwiegender Ansicht nicht mehr zu den konstitutiven Elementen einer Willenserklärung gezählt. Eine Willenserklärung ist zumindest schon dann gegeben, wenn der Erklärende bei Anwendung der im Verkehr erforderlichen Sorgfalt hätte erkennen müssen, dass sein Verhalten als rechtsgeschäftlich erheblich angesehen werden könnte.[87] Selbst wenn der Sachverständige also tatsächlich nicht den Willen hat, eine rechtliche Bindung einzugehen, hindert dies das Zustandekommen eines kon-

---

[81] So schon *Laband*, DJZ 1903, 259 (262) in Reaktion auf RGZ 52, 265: „Die Annahme eines stillschweigend abgeschlossenen Vertrages ist mit großer Vorsicht zu behandeln; sie ist in der Regel eine willkürliche Fiktion und ein schlechter Notbehelf der juristischen Konstruktion."; ebenso *Ebke/Scheel*, WM 1991, 389 (391); *Huber*, FS für von Caemmerer, 1978, 359 (368, 370); *Lorenz*, FS für Larenz, 1973, 575 (591 f.); *Lammel*, AcP 179 (1979), 337 (341); *Honsell*, JuS 1976, 621 (625 f.); *Schlechtriem*, FS für Medicus, 1999, 529 (538).

[82] *Stoll*, FS für Flume, 1978, Bd. I, 741 (765 f.); *Lorenz*, FS für Larenz, 1973, 575 (591 f.); *Lammel*, AcP 179 (1979), 337 (341).

[83] *Ebke/Scheel*, WM 1991, 389 (391).

[84] *Medicus*, Bürgerliches Recht, Rn. 371.

[85] Vgl. *Musielak*, Grundkurs BGB, Rn. 55, der sich aufgrund dieser Vieldeutigkeiten überzeugend gegen eine Verwendung des Begriffes „Rechtsbindungswille" ausspricht.

[86] *Musielak*, WM 1999, 1593 (1594); *ders.* VersR 1977, 973 (974).

[87] Vgl. nur Palandt/*Heinrichs*, Einf v § 116 BGB, Rn. 17.

kludenten Auskunftsvertrages mit dem Dritten nicht.[88] Ein solcher wäre dann nur nach § 119 Abs. 1 Alt. 2 BGB als Erklärungsirrtum anfechtbar, was zur Folge hätte, dass der Sachverständige nach § 122 BGB Schadensersatz zu zahlen hätte.[89] Aus diesem Grund hilft das Abstellen auf den so genannten Rechtsbindungswillen nicht weiter. Da diesem Begriff außerdem keine eindeutige Bedeutung zugeordnet werden kann, sollte von seiner Verwendung zur Vermeidung von Missverständnissen abgesehen werden.[90]

Es kommt also entscheidend nicht auf die innere Einstellung des Sachverständigen, sondern auf den objektiven Erklärungswert seines Verhaltens an, der nach dem Horizont des Empfängers zu bestimmen ist. Es ist zu fragen, welche Bedeutung der Empfänger dem Verhalten des Sachverständigen, also der angefragten Auskunftserteilung, beimessen darf.[91] Dabei ist zu berücksichtigen, dass er dem Verhalten des Sachverständigen nicht einfach den für ihn günstigsten Sinn beilegen darf, sondern unter Einbeziehung aller ihm bekannten Umstände sorgfältig prüfen muss, was der Auskunftgebende gewollt hat.[92] Der Auskunftsempfänger darf hierbei davon ausgehen, dass ein Sachverständiger zu einer einmal gegebenen Auskunft steht. Denn ein Fachmann, der im Themenbereich seines Spezialwissens Auskunft gibt, wird schon aus Glaubwürdigkeits- und Werbungsgründen die gegebene Auskunft nicht grundlos wieder relativieren wollen, sondern in seiner Eigenschaft als Experte auf diesem Gebiet dahinterstehen. Mit der Auskunft erklärt er daher konkludent, dass er die Auskunft nach bestem Wissen gegeben hat und sie für richtig hält.

Ob der Empfänger aber annehmen darf, der Sachverständige wolle über diese Glaubwürdigkeitskomponente hinaus auch rechtlich für die Richtigkeit der gegebenen Auskunft einstehen, ist eine andere Frage. Insofern ist eine Abgrenzung zur bloßen Gefälligkeit vorzunehmen. Unproblematisch sind die Fälle, in denen der Anfragende den Sachverständigen für die Auskunft bezahlt, denn dann kann zwischen beiden eine Vertragbeziehung angenommen werden. Anders verhält es sich in den hier zu untersuchenden Fällen, in denen solche Auskünfte in der Regel unentgeltlich erteilt werden. Dann wird zwischen dem

---

[88] Die Theorie der sog. Erklärungsfahrlässigkeit gilt auch für schlüssiges Verhalten, vgl. BGHZ 109, 171 (177); zu diesem Ergebnis kommt bezüglich Bankauskünften auch *Musielak*, WM 1999, 1593 (1594); *ders.* in Bankgeheimnis und Bankauskunft, 1986, S. 9 (32).

[89] Diesbezüglich weist *Schaub*, AcP 202 (2002), 757 (788) darauf hin, dass der über § 122 BGB zu erlangende Schadensersatz der Höhe nach auf den Wert einer fehlerfreien Beratung begrenzt wäre, also regelmäßig nicht den gesamten, durch den Abschluss eines Folgevertrages verursachten Schadens erfassen würde.

[90] Vgl. Fn. 85.

[91] Palandt/*Heinrichs*, § 133 BGB, Rn. 9, 11.

[92] BGH NJW 1981, 2295 (2296); *Larenz/Wolf*, BGB AT, § 28 Rn. 16.

Sachverständigen und dem Dritten keine synallagmatische Verbindung angestrebt, die als Indiz dafür dienen könnte, dass der Sachverständige eine auf einen Vertragsschluss gerichtete Willenserklärung abgibt. Die Rechtsprechung hat mehrfach betont, dass diese Unentgeltlichkeit kein Hindernis für einen Vertragsschluss darstelle.[93] Wegen des fehlenden Entgelts für die Auskunftsverteilung bedarf es aber deutlicher Anhaltspunkte dafür, dass der Experte nicht nur das Informationsbedürfnis des Anfragenden sondern auch sein Sicherungsinteresse befriedigen will. Andernfalls kann aus objektiver Empfängersicht nicht davon ausgegangen werden, dass der Sachverständige sich vertraglich binden und damit ein Haftungsrisiko auf sich nehmen will, das gänzlich unvergolten bleibt. Denn die Unentgeltlichkeit mag zwar die Annahme eines Vertragsschlusses zwischen Auskunftgeber und Empfänger nicht ausschließen, sie stellt aber ein wesentliches Merkmal für eine unverbindliche Gefälligkeit dar.[94] Deshalb müssen bei einer unentgeltlich erteilten Auskunft die Indizien, die den Auskunftsempfänger auf eine rechtsverbindliche Willenserklärung des Auskunftgebers schließen lassen, um so schwerer wiegen, um den aus der Unentgeltlichkeit folgenden Anschein der Unverbindlichkeit für einen objektiven Beobachter[95] zu widerlegen. Lassen sich aber solche Indizien finden, könnte der Empfänger der Auskunft bei verständiger Würdigung aller Umstände dem Verhalten des Sachverständigen die Bedeutung beilegen, er wolle auch rechtlich für die Information einstehen. Wie oben ausgeführt nimmt die Rechtsprechung einen stillschweigenden Auskunftsvertrag dann an, wenn die Auskunft für den Empfänger erkennbar von erheblicher Bedeutung ist und er sie zur Grundlage wesentlicher Vermögensdispositionen machen will. Dies gilt insbesondere, wenn der Aus-

---

93 BGH DB 1964, 145; BGH WM 1969, 36; BGH LM Nr. 29 zu § 676; BGH WM 1983, 263 (264); BGH DB 1985, 1464 = JZ 1985, 951.

94 *Musielak*, Grundkurs BGB, Rn. 45; so auch schon *Friedländer*, JW 1928, 1134 (1135) in Anmerkung zu einem reichsgerichtlichen Urteil über die Auskunft eines Rechtsanwalts über Vermögenswerte seines Mandanten: „Und die Frage der Entgeltlichkeit ist zwar nicht ausnahmslos, aber doch in aller Regel, gleichbedeutend mit der Frage der Vertragsmäßigkeit. Eine vertragsmäßige Dienstleistung des Rechtsanwalts ist im Zweifel nur gegen Honorar zu erwarten (§ 612 BGB); wenn also die Partei nach den Umständen des Falles eine entgeltliche Leistung gar nicht erwartete und gar nicht wollte, so hat sie auch eine vertragsmäßige Leistung nicht erwartet. Die Unentgeltlichkeit ist gewissermaßen ein Symptom der Vertragslosigkeit; die Feststellung, ob die Partei eine Rechnung erwartete und erwarten durfte, ist regelmäßig die Probe aufs Exempel“; vgl. auch BGH LM Nr. 11 zu § 676 BGB (unter B II 2 a der Gründe), wo die Unentgeltlichkeit einer Auskunft als Argument gegen einen Vertragsschluss gewertet wird.

95 Der Begriff des „objektiven Beobachters“ wurde erstmals in der Grundsatzentscheidung des BGH zur Abgrenzung von Gefälligkeiten zu rechtsverbindlichen Willenserklärungen gebraucht, BGHZ 21, 102 (106 f.); vgl. dazu *Musielak*, Grundkurs BGB, Rn. 42, 45.

kunftsgebende besonders sachkundig ist oder ein eigenes wirtschaftliches Interesse hat.[96]

Ein solches Indiz, das aus der Sicht eines objektiven Beobachters eine Willenserklärung des Sachverständigen nahe legen würde, könnte die vom RG begründete und vom BGH weitergeführte Rechtsprechung zu den außerhalb eines Vertragsverhältnisses erteilten Auskünften sein, durch die die Gerichte regelmäßig einen stillschweigenden Auskunftsvertrag bejaht haben.[97] Dies würde aber zu einem Zirkelschluss führen: Es ist ja gerade diese Rechtsprechung, die hier auf dem Prüfstand steht. Außerdem ist das Problemfeld der Auskunftshaftung immer noch stark umstritten, was die anhaltende Vielzahl solcher bei Gericht anhängig gemachter Fälle belegt,[98] so dass dies nicht als Indiz für eine gewollte vertragliche Bindung des Sachverständigen dienen kann.

Von der Rechtsprechung wird unter anderem ein eigenes wirtschaftliches Interesse des Sachverständigen als Anhaltspunkt für den Abschluss eines Auskunftsvertrages angesehen.[99] Dieses Interesse kann nicht in der Vergeltung seiner Leistung liegen, da solche Auskünfte regelmäßig unentgeltlich erteilt werden. Dann kommt aber kein weiteres eigenes Interesse in Betracht als das, durch die Auskunft über das Gutachten den Gutachtenzweck seines Mandanten weiter zu verfolgen. Berücksichtigt man, dass in der Mehrzahl der Fälle die wirtschaftlichen Interessen des Mandanten und des Dritten als (zukünftiger) Vertragspartner des Mandanten gegenläufig sind und dass der Sachverständige durch seine Auskunft die Zwecke des Mandanten fördert, so folgt daraus, dass auch die Interessen des Sachverständigen und des Dritten in der Regel gegenläufig sind. Warum sollte der Sachverständige aber dann durch die Auskunftserteilung konkludent erklären, für eine etwaige Fehlerhaftigkeit seiner Auskunft einstehen zu wollen? Das hieße, sich einem doppelten Haftungsrisiko auszusetzen: Ist das Gutachten bzw. die Auskunft hierüber für seinen Mandanten zu günstig, könnte er von dem Dritten in Anspruch genommen werden; ist es dagegen für seinen Mandanten zu ungünstig, könnte dieser Schadensersatz von ihm verlangen. Diese Interessengegenläufigkeit ist auch dem Dritten als potentiellem Vertragspartner des Mandanten bekannt. Daher kann dieser Umstand im Regelfall der unentgeltlich erteilten Auskunft nicht auf eine Vertragsannahme hindeuten.

Des Weiteren ist zu untersuchen, ob es für den Empfänger der Auskunft ein Indiz für die vertragliche Bindungsbereitschaft des Sachverständigen sein kann,

---

96 Vgl. oben Teil A: Zweites Kapitel - I.1.a.aa, insb. bei Fn. 78.

97 Vgl. die Nachweise oben Fn. 71, 78.

98 Auch *Musielak*, WM 1999, 1593 (1596) geht davon aus, dass durch die Rechtsprechung noch keine dementsprechende Verkehrssitte begründet worden ist.

99 BGH WM 1964, 117 (118); BGH NJW 2080 (2082) m.w.N.

dass die Auskunft erkennbar für ihn von erheblicher Bedeutung ist und er sie zur Grundlage wesentlicher Entschlüsse machen will, wie es der BGH als Voraussetzung für einen konkludent geschlossenen Auskunftsvertrag fordert.[100] Allerdings dürfte dieses Kriterium für beinahe alle von einem Fachmann eingeholten Auskünfte erfüllt sein.[101] Außerdem besitzt die Auskunft nicht für den Auskunftgebenden, sondern für den Empfänger der Auskunft erhebliche Bedeutung. Die Bedeutung für den Empfänger stellt also an sich keinen Umstand da, aus dem der Empfänger ableiten kann, das Verhalten des Sachverständigen stehe einer Annahme des Vertragsangebotes gleich. Wusste der Auskunftgeber allerdings von der erheblichen Bedeutung seiner Auskunft für den Empfänger oder konnte er diese wenigstens erkennen,[102] könnte dies aus der Sicht eines objektiven Beobachters jedoch als Indiz für eine Willenserklärung des Sachverständigen gewertet werden. Das gilt insbesondere, wenn dieser in Kenntnis der Bedeutung der Auskunft für den Empfänger diese ohne jeden Vorbehalt erteilt. Dann könnte der nicht zum Ausdruck kommende Wille des Sachverständigen, im Falle einer falschen Information nicht haften zu wollen, unbeachtlich sein. Die Erkennbarkeit der erheblichen Bedeutung der Auskunft für den Empfänger ist ein grundsätzlich taugliches Kriterium, aus der Sicht eines objektiven Beobachters aus dem Verhalten des Sachverständigen auf eine Willenserklärung zu schließen. Denn sie knüpft daran an, wie der Auskunftgeber die Situation einschätzen konnte, in der er mit dem Geschädigten in Berührung kam. Trotzdem muss dieses Kriterium für eine aus dem Verhalten des Sachverständigen abzuleitende Willenserklärung mit Umsicht gehandhabt werden. Es sollte vor allem darauf geachtet werden, wie die Situation sich für den Auskunftgeber bei Erteilung der Auskunft tatsächlich dargestellt hat und nicht wie sie sich nachträglich dem Gericht im späteren Prozess darstellt. So kann sich im Einzelfall die Auskunftssituation tatsächlich so darstellen, dass aus dem Verhalten des Sachverständigen auf das Vorliegen des objektiven Erklärungswertes einer Willenserklärung geschlossen werden kann.

Allerdings ist bei einer solchen Auslegung im Einzelfall nicht nur die erkennbare Bedeutung der Auskunft für den Empfänger heranzuziehen, sondern es müssen in einer Gesamtschau alle vorliegenden Indizien gegeneinander abgewogen werden. Dabei gebietet es der Grundsatz von Treu und Glauben, auch die Inte-

---

[100] BGH WM 1962, 1110 (1110 f.); BGH BB 1964, 1273; BGH WM 1985, 450 (451).

[101] Soweit ersichtlich ist in noch keiner Entscheidung der Gerichte der Vertragsschluss an diesem Merkmal gescheitert; vgl. auch *Altenburger*, WM 1994, 1597 (1600).

[102] *Wiegand*, Sachwalterhaftung, S. 82 f. weist darauf hin, dass sich aus der Rechtsprechung zum stillschweigenden Auskunftsvertrag nicht eindeutig ergebe, ob die *positive Kenntnis* des Auskunftgebers von der Bedeutung der Auskunft für den Empfänger oder nur die *Erkennbarkeit* verlangt wird, was im Streitfall unter Berücksichtigung der Beweislast zu erheblich unterschiedlichen Ergebnissen führen könne.

ressen des Sachverständigen angemessen zu berücksichtigen. Es ist insbesondere auch zu beachten, wie sich die Interessenlage bei der Auskunftserteilung für den Empfänger der Auskunft darstellt. Diesem dürfte in der Regel bekannt oder doch jedenfalls erkennbar sein, dass der Sachverständige, der im Auftrag eines anderen ein Gutachten erstellt hat und darüber an einen Dritten eine Auskunft erteilt, einem anderen als seinem Vertragspartner nicht für die Richtigkeit der Auskunft haften will. Der einer Haftung entgegenstehende Wille des Sachverständigen bleibt also nicht – etwa wie ein geheimer Vorbehalt i.S.d. § 116 BGB – im Verborgenen, sondern dürfte für den Auskunftsempfänger regelmäßig erkennbar sein. Zusätzlich weiß der Empfänger der Auskunft auch, dass er diese ohne finanzielle Gegenleistung erlangt, er also seinerseits keinerlei Risiko oder Verpflichtung eingeht und dass seine Interessen in der Regel zu denen des Auftraggebers gegenläufig sind. Gerade unter Berücksichtigung dieser Umstände kann er aber nicht ohne weiteres annehmen, der Auskunftgeber wolle ihm für die Richtigkeit der unentgeltlich erlangten Auskunft einstehen.

Als Ergebnis der Abwägung dieser typischerweise in Konstellationen eines einmaligen Auskunftskontaktes vorliegenden Indizien, die aus der Sicht eines objektiven Betrachters teils für (erkennbare Bedeutung der Auskunft für den Empfänger) teils gegen (insbesondere Unentgeltlichkeit der Auskunft) eine Willenserklärung auf Seiten des auskunftgebenden Sachverständigen sprechen und teilweise gar keine Indizwirkung entfalten (grundsätzlich fehlendes wirtschaftliches Interesse des Auskunftgebers), kann Folgendes festgehalten werden:

Im Regelfall wird aus der Sicht des Empfängers nicht aus dem Verhalten des Sachverständigen auf die konkludente Annahme seines Vertragsangebotes geschlossen werden können. Insbesondere die erkennbare Bedeutung der Auskunft für den Empfänger kann angesichts der ebenfalls erkennbaren Interessen des Sachverständigen und der Unentgeltlichkeit der Auskunft allein nicht für einen solchen Schluss genügen. Vielmehr tritt der Empfänger grundsätzlich im eigenen Interesse an den Fachmann heran. Deshalb wäre es seine Sache, von dem Fachmann eine eindeutige Erklärung zu verlangen und so einen unmissverständlichen Vertragsschluss herbeizuführen.[103] Tut er dies nicht, kann unter Berücksichtigung aller Umstände dem reinen Auskunftserteilen durch den Sachverständigen regelmäßig nicht der objektive Erklärungswert beigemessen werden, er nehme ein von dem Empfänger konkludent abgegebenes Vertragsangebot an. Für die Annahme eines stillschweigenden Vertragsschlusses müssten besondere

[103] So auch *Canaris*, Bankvertragsrecht, S. 65 f., Rn. 88. Auch der BGH in DB 1962, 1003 wies auf die Eigenverantwortlichkeit des Auskunftsempfängers hin und stellte fest, dass es diesem freistehe, „ob er das Gutachten als Ausgangspunkt für solche Verhandlungen gelten ließ oder nicht". Bemerkenswert ist außerdem, dass der BGH in NJW 1973, 321 (323) aus eben diesen Gründen einen stillschweigenden Auskunftsvertrag ablehnte.

Indizien sprechen, die im Einzelfall den Schluss auf eine rechtsverbindliche Erklärung des Sachverständigen rechtfertigen.

Grundsätzliche Kritik an dem Schluss auf eine Willenserklärung aus konkludentem Handeln in derartigen Fällen übt auch *Lammel*:[104] Dieses Vorgehen versage immer dort, wo es um objektiv mehrdeutiges Verhalten gehe; dies sei bei der unentgeltlichen Auskunftserteilung außerhalb eines Vertrages der Fall, da schon § 675 Abs. 2 BGB zeige, dass die Auskunft jeglicher rechtlicher Verbindlichkeit entbehren könne. Auch wenn § 675 Abs. 2 BGB, wie oben dargelegt,[105] nicht als restriktive Auslegungsregel hinsichtlich des Abschlusses von Auskunftsverträgen begriffen werden kann und der Gesetzgeber gerade für die beruflich erteilten Auskünfte auch die Möglichkeit stillschweigender Vertragsschlüsse in Betracht zog, so ist *Lammel* doch zuzugeben, dass die unentgeltliche Auskunftserteilung außerhalb bestehender Verträge schon aufgrund ihrer starken Umstrittenheit objektiv nicht als eindeutiges Verhalten gewertet werden kann. Auch dies ist ein Grund, warum der Empfänger bei verständiger Würdigung aller ihm bekannten Umstände aus objektiver Sicht einer Auskunft in der Regel nicht die Bedeutung einer Willenserklärung im Sinne einer Vertragsannahme des Sachverständigen beilegen kann.[106] Ein stillschweigender Auskunftsvertrag kommt in den Fällen des einmaligen Auskunftskontakts also ohne Hinzutreten besonderer Umstände grundsätzlich nicht zustande.

cc. Bewertung der Argumentation der Rechtsprechung

Bei genauer Betrachtung der Argumentation insbesondere des RG fällt auf, dass eine Prüfung des eigentlichen Vertragsschlusses, also Angebot und Annahme eines stillschweigenden Auskunftsvertrages, nicht erfolgt. Insbesondere wird nicht benannt, welches Verhalten des Sachverständigen aus einem objektiven Empfängerhorizont als eine rechtsverbindliche Erklärung angesehen werden kann. Vielmehr hat die Rechtsprechung einen Katalog von Indizien entworfen, aus deren Vorhandensein sich die Gesamtumstände ergeben, die den Schluss auf die Existenz einer stillschweigend vereinbarten vertraglichen Bindung erlauben sollen. Diese eben untersuchten Indizien sind die erkennbare erhebliche Bedeutung der Information für den Dritten; die Tatsache, dass er die Auskunft erkennbar zur Grundlage wesentlicher Entscheidungen machen will; die besondere Sachkunde und berufliche Position des Sachverständigen; ein eigenes wirt-

---

[104] AcP 179 (1979), 337 (341).

[105] Siehe Teil A: Erstes Kapitel - II.1.

[106] Schon die Entscheidung des Reichsgerichts in JW 1915, 19 (auf die sich die Grundsatzentscheidung BGHZ 21, 102 berief – vgl. dazu Fn. 95) stellte für den Schluss aus einem Verhalten auf eine Willenserklärung die Voraussetzung auf, dass dann das Verhalten jedenfalls unzweideutig sein müsse.

schaftliches Interesse des Sachverständigen und sein Verhalten bei der Auskunftserteilung.[107]

Dass diese Indizien allenfalls für ein konkludentes Vertragsangebot auf Seiten des Anfragenden tauglich sind und für eine stillschweigende Annahme durch den Sachverständigen im Regelfall gerade nicht ausreichen, wurde eben dargelegt.[108] Die Gerichte entscheiden über die Existenz eines Auskunftsvertrages also anhand der objektiven Interessenlage, wie sie in diesen Indizien zum Ausdruck kommt. Dies wird vor allem auch in einigen Entscheidungen deutlich, in denen zusätzlich auf die „Verkehrsauffassung" und ein nicht näher definiertes „Verkehrsbedürfnis" zur Begründung eines Auskunftsvertrages verwiesen wird.[109] Eine besondere Bedeutung wird dabei immer wieder auf die berufliche Position und Sachkunde des Sachverständigen gelegt.[110] Abgestellt wird darauf, ob die Erteilung der Auskunft im Rahmen der Berufsausübung gelegen habe bzw. ob sie in den Kreis der Berufsgeschäfte des Auskunftgebenden falle.[111] Entscheidendes Kriterium ist hier also meist nicht eine existierende Willenserklärung des Sachverständigen, sich vertraglich binden zu wollen, sondern die Zugehörigkeit der erteilten Auskunft zu seinem Berufskreis.[112] Insbesondere in Fällen, in denen die Rechtsprechung eine Dritthaftung von Sachverständigen abgelehnt hat, wird deutlich, dass die mit Öffentlichkeits- und Vertrauenswirkung ausgestattete Berufsstellung wohl das entscheidende Kriterium für eine Haftung ist. In solchen Fällen wurde nämlich nicht ein entsprechender Vertragsschluss verneint, sondern zur Ablehnung der Haftung darauf hingewiesen, dass die entsprechende Auskunft nicht zu den Berufstätigkeiten der Experten gehöre.[113] Haftungsgrund ist also nicht ein zwischen den Beteiligten geschlossener Auskunftsvertrag, sondern das aus der beruflichen Stellung und besonderen Sachkunde folgende Bedürfnis nach einer Haftung. Dies wird besonders deutlich in einer Entscheidung des RG, in der es ausdrücklich auf das Erfordernis eines Vertragswillens beim auskunftgebenden Rechtsanwalt und Notar verzichtete und stattdessen feststellte, die Rechtsordnung verlange es, dass in diesen Fällen nach Vertragsrecht gehaftet werde.[114] Wer aber als Richter ein Bedürfnis des Rechtsverkehrs zu ken-

[107] Siehe oben Teil A: Zweites Kapitel - I.1.a.aa.

[108] Siehe Teil A: Zweites Kapitel - I.1.a.bb.

[109] BGH WM 1986, 711 (712); BGH NJW 1986, 180 (181); BGH BB 1964, 1273.

[110] Vgl. *Huber*, FS für von Caemmerer, 1978, 359 (363 f.; 368 f.), der dies schon für die frühen Entscheidungen eindrucksvoll belegt.

[111] So schon die Leitentscheidung des RG in RGZ 52, 365 (367), vgl. das Zitat oben unter Teil A: Zweites Kapitel - I.1.a.aa; ebenso RG JW 1928, 1134; BGHZ 7, 371 (377).

[112] Darauf weisen auch *Lammel*, AcP 179 (1979), 337 (340) und *Lorenz*, FS für Larenz, 1973, 575 (591) hin; vgl. auch *Jost*, Vertragslose Auskunfts- und Beratungshaftung, S. 45; *Hopt*, AcP 183 (1983), 608 (618).

[113] RG Recht 1912 Nr. 2228; RG Recht 1912 Nr. 3460.

[114] RG JW 1933, 510.

nen meint und es als Auslegungsmittel heranzieht, präjudiziert damit schon das Auslegungsergebnis.[115] Das Verkehrsbedürfnis ist daher als Auslegungsmittel zur Begründung eines stillschweigenden Auskunftsvertrages ungeeignet. Auch deshalb ist die Argumentation der Rechtsprechung zum konkludenten Auskunftsvertrag nicht überzeugend und folglich abzulehnen.

Abschließend ist noch auf eine besondere Problematik hinzuweisen, die sich für Auskünfte von Rechtsanwälten ergibt. Holt nämlich ein Dritter bei einem Anwalt eine Auskunft über dessen Mandanten ein, der gleichzeitig sein (potentieller) Geschäftspartner ist, und ginge man davon aus, dass dies zum Abschluss eines stillschweigenden Auskunftsvertrages zwischen dem Dritten und dem Anwalt führte, so beginge der Anwalt mit der Auskunftserteilung einen nach § 356 StGB strafbaren Parteiverrat. Hat der Anwalt nämlich erst einen der Vertragspartner beraten, so darf er selbst mit dessen Zustimmung nicht auch für den Vertragsgegner tätig werden.[116] Solche Konstellationen mögen nicht sehr häufig vorkommen, dennoch sind solche Fälle zur Entscheidung des RG und des BGH gelangt. Die ältere Rechtsprechung hat hierbei einen stillschweigenden Auskunftsvertrag zwischen dem Anwalt und dem Geschäftspartner des Mandanten angenommen.[117] Es kann dem Anwalt nicht unterstellt werden, er habe sich durch den Abschluss eines solchen Auskunftsvertrages strafbar machen wollen. Außerdem entstünden durch die Konstruktion eines stillschweigenden Auskunftsvertrages mit einem Rechtsanwalt auch Honorar- bzw. Gebührenverpflichtungen des Auskunftsempfängers, die bei der Schadensersatzpflicht des Sachverständigen im Rahmen der Vorteilsausgleichung berücksichtigt werden müssen.[118] Auch hieran zeigt sich, dass die Konstruktion eines stillschweigenden Vertrages bei Auskunftserteilung zur Haftungsbegründung grundsätzlich ungeeignet sein dürfte.

dd. Neuere Rechtsprechung

Gerade in der neueren Rechtsprechung zum konkludenten Auskunftsvertrag in Fällen des Einmalkontakts scheint sich eine Tendenz zu verfestigen, die der zu eilfertigen Annahme eines stillschweigenden Vertrages entgegenwirken soll. Schon im Jahr 1978 hat der BGH in einer Entscheidung, in der es um die Aus-

---

[115] *Ebke/Fechtrup*, JZ 1986, 1112 (1115); *Wiegand*, Sachwalterhaftung, S. 73 ff.; vgl. auch *von Bar*, Verkehrspflichten, S. 232.

[116] *Tröndle/Fischer*, § 356 StGB, Rn. 7, 13.

[117] So z. B. RGZ 52, 365; RG JW 1928, 1134; BGH NJW 1972, 678; ablehnend BGH NJW 1991, 32; BGH WM 1978, 576; zu diesem Fall ausführlich *Jost*, Vertragslose Auskunfts- und Beratungshaftung, S. 51 ff.; vgl. auch BGHZ 7, 371; *Honsell*, FS für Medicus, 1999, 211 (228).

[118] Hierauf weist zutreffend *Späth*, DStR 1996, 400 (403) hin.

kunft eines Rechtsanwalts ging, klargestellt, dass die Annahme eines Auskunftsvertrages nur ausnahmsweise und nur dann bejaht werden könne, wenn die im Einzelnen festgestellten Umstände deutlich für den Verpflichtungswillen des Rechtsanwalts sprechen.[119] Dies ist in der Literatur als Rückkehr des Bundesgerichtshofes „auf den Boden der Rechtsgeschäftslehre“ bezeichnet worden.[120] In neueren Entscheidungen hat auch der BGH mehrfach betont, dass eine vertrauensstiftende berufliche Stellung, eine besondere Sachkunde des Experten und die erkennbare Bedeutung der Auskunft für den Empfänger zwar Indizien für einen Vertragsschluss seien, die als solche aber für den Schluss auf eine Willenserklärung des Auskunftgebenden nicht ausreichten. Entscheidend sei im Rahmen der notwendigen Auslegung vielmehr, ob die Gesamtumstände unter Berücksichtigung der Verkehrsauffassung und des Verkehrsbedürfnisses den Schluss zuließen, dass beide Teile nach dem objektiven Inhalt ihrer Erklärungen die Auskunft zum Gegenstand vertraglicher Rechte und Pflichten gemacht hätten.[121]

Als weitere Umstände, die aus der Sicht eines objektiven Betrachters den Schluss auf eine Willenserklärung des Sachverständigen tragen können, hat der BGH insbesondere das Verhalten des Sachverständigen bei der Auskunftserteilung gewertet, wenn dieser z. B. versuche, als unabhängiger Ratgeber Vertrauen zu erheischen,[122] ungefragt das Versprechen eigener Nachforschungen abgebe[123] oder wenn er Zusicherungen mache, die einer Garantieübernahme gleichkämen.[124] Umgekehrt könne auch die eigene Sachkunde des Auskunftsempfängers gegen einen Vertragsschluss sprechen.[125] Auch die Interessenlage der Parteien und etwaige bestehende rechtliche Verbindungen zwischen ihnen müssten berücksichtigt werden.[126]

Die hier exemplarisch angeführten Entscheidungskriterien stellen naturgemäß keinen abschließenden Katalog dar. Es ist aber zu begrüßen, dass der BGH die Sachkunde des Auskunftgebenden und die erkennbare besondere Bedeutung der Auskunft für den Empfänger nicht mehr pauschal für den Schluss auf eine Wil-

---

119 BGH WM 1978, 576 (577); diese Entscheidung war nach BGH NJW 1972, 678 die zweite Revisionsentscheidung in diesem Fall. Bemerkenswert ist, dass in der ersten Revisionsentscheidung ein stillschweigender Auskunftsvertrag zwischen Anwalt und Gläubigern seines Mandanten noch ausdrücklich für möglich gehalten wurde.

120 *Vollkommer*, Anwaltshaftungsrecht, S. 128, Rn. 229.

121 BGH WM 1985, 1531 (1532); BGH WM 1988, 1828 (1829); BGH NJW 1992, 2080 (2082); BGH WM 1992, 1246 (1246); 1812 (1815).

122 BGH WM 1986, 711 (712).

123 BGH WM 1965, 287 (288).

124 BGHZ 7, 371 (377).

125 BGH WM 1992, 1031 (1035).

126 BGH WM 1990, 1554 (1554 f.).

lenserklärung des Sachverständigen ausreichen lässt. Wenn auf diesem Wege im Einzelfall tatsächliche Kriterien gefunden werden können, die aus der Sicht des Empfängers deutlich für einen Verpflichtungswillen des Sachverständigen sprechen, kann die Annahme eines stillschweigenden Auskunftsvertrages in Fällen des Einmalkontaktes u. U. gerechtfertigt sein. Zu hoffen bleibt aber, dass diese restriktiven Vorgaben des BGH für die Annahme eines stillschweigenden Auskunftsvertrages von den Gerichten ernst genommen und nicht nur als „Leerformel" verwendet werden, ohne im konkreten Fall ausdrücklich die Umstände festzustellen, die den Schluss auf eine Willenserklärung rechtfertigen sollen. Dann würde nämlich das Ziel dieser vom BGH zusätzlich benannten Kriterien verfehlt, dass darin bestehen soll, die unangemessene Ausweitung der Vertragshaftung zu verhindern.[127]

b. „Drittweitergabe"

Unter Drittweitergabe versteht man solche Fälle, in denen jemand ein Gutachten bei einem Sachverständigen in Auftrag gibt und dieses dann einem Dritten vorlegt. Auch diese Fälle wurden von der Rechtsprechung mittels konkludenten Abschlusses eines Auskunftsvertrages zwischen Sachverständigem und Dritten gelöst.[128] Problematisch war hier insbesondere, dass der Sachverständige nicht immer konkrete Kenntnis sowohl von der Weitergabe seines Gutachtens als auch von der Person des Dritten hatte. Deshalb konnte von einer Willenserklärung seinerseits nicht ohne weiteres ausgegangen werden. Bezeichnend ist hierbei, dass die Gerichte gerade in solchen Fällen die Anspruchsgrundlage, aus welcher der Sachverständige haften soll, nicht eindeutig benennen. Vielmehr finden sich in den entsprechenden Urteilen Formulierungen wie: die Schadensersatzpflicht des Sachverständigen ergebe sich „nach Vertragsgrundsätzen"[129], „nach den Regeln des Vertragsrechts"[130], aus einem „vertragsähnlichen Vertrauensverhältnis"[131] oder „nach Vertragsgrundsätzen trotz Fehlens einer ausdrücklichen vertraglichen Vereinbarung"[132].

Ebenso wie in den oben dargestellten Fällen des einmaligen Auskunftskontaktes[133] kann auch in den Fällen der Drittweitergabe mangels besonderer Umstän-

---

[127] BGH NJW 1992, 2080 (2082).

[128] Vgl. RGZ 114, 289; BGHZ 12, 105; BGH WM 1962, 579; 1963, 913; 1965, 287; 1969, 470; 1976, 498; 1979, 578; 1982, 1201; 1985, 1520; OLG München BB 1956, 866; OLG Köln DB 1967, 1409.

[129] BGH WM 1965, 287 (287).

[130] OLG München BB 1956, 865 (866).

[131] OLG Köln DB 1967, 1409 (1409).

[132] BGH NJW 1972, 678 (680).

[133] Siehe oben Teil A: Zweites Kapitel - I.1.a.bb.

de, die auf den objektiven Tatbestand einer Willenserklärung des Sachverständigen schließen lassen, kein konkludent geschlossener Auskunftsvertrag zwischen diesem und dem anfragenden Dritten angenommen werden. Denn wenn der sich auf das Gutachten bzw. die Auskunft verlassende Dritte schon bei direktem Kontakt mit dem Sachverständigen unter verständiger Würdigung aller Umstände aus der Sicht eines objektivierten Empfängerhorizonts nicht davon ausgehen darf, der Sachverständige wolle rechtlich für die Richtigkeit seiner Auskunft einstehen, dann gilt das erst recht in Fällen, in denen der Dritte das Gutachten von jemand anderem als dem Sachverständigen vorgelegt bekommt. Trotzdem ist mittels verschiedener Konstruktionen auch hier versucht worden, die Existenz eines stillschweigend geschlossenen Auskunftsvertrages zu begründen. Diese sollen im Folgenden untersucht werden.

aa. Auskunftsvertrag „mit dem, den es angeht“

Zum Teil ist für die Fälle der Drittweitergabe von Gutachten und Auskünften sogar ein stillschweigend zustande kommender Auskunftsvertrag „mit dem, den es angeht“ diskutiert worden. Das OLG Hamm und das OLG Köln haben mit Hilfe dieser Konstruktion die Haftung von Architekten bejaht, die unrichtige Baufortschrittsanzeigen gemacht hatten.[134] Der BGH hält eine solche Konstruktion zwar rechtlich für möglich, erklärt es aber praktisch für nahezu ausgeschlossen, dass jemand eine derart weitgehende Haftung gegenüber jedem beliebigen noch unbekannten Dritten übernehmen wolle.[135]

Ein solcher Wille, der zu unüberschaubaren Haftungsrisiken führen könnte, ist in der Tat lebensfremd. Denn ein Vertragsangebot „an den, den es angeht“ könnte von jedem Beliebigen angenommen werden, was zu einer Vervielfachung der Gläubigerzahl des Sachverständigen führen würde. Vielmehr wird sich ein Vertragsangebot als solches höchstens an einen zumindest bestimmbaren und überschaubaren Personenkreis richten, wenn es nicht ohnehin nur an eine konkrete Person gerichtet ist. *Lorenz* weist außerdem darauf hin, dass eine schuldrechtliche Verpflichtung gegenüber Unbekannt eigentlich schon nicht mehr als zweiseitiges Rechtsgeschäft begriffen werden könne, da eine willentliche Eingehung planbarer Pflichten und damit das Wesen des Schuldvertrags dann nicht mehr erkennbar wäre.[136]

---

[134] OLG Hamm WM 1987, 851 (851 f.); OLG Köln NJW-RR 1988, 335 (336).

[135] BGHZ 12, 105 (109); BGH DB 1970, 1631; vgl. dazu *Locher*, NJW 1969, 1567 (1568), der einen stillschweigenden „Auskunftsvertrag für denjenigen, den es angeht“ annimmt, wenn ein Kunstsachverständiger dem späteren Verkäufer eines Bildes ein Gutachten zu Verkaufszwecken erstellt.

[136] *Lorenz*, FS für Larenz, 1973, 575 (593).

Deshalb sollte die Konstruktion eines Vertrages „mit dem, den es angeht“ nur in Ausnahmefällen angenommen werden. Ein solcher Ausnahmefall lag auch ihrer Entwicklung zu Grunde: Der Vertrag „mit dem, den es angeht“ ist als Ausnahme zum Offenkundigkeitsprinzip im Stellvertretungsrecht konzipiert worden, wo es dem Vertragspartner bei Bargeschäften des täglichen Lebens regelmäßig gleichgültig ist, mit wem er den Vertrag schließt, da er ja sofort erfüllt wird.[137] Hier handelt es sich aber nicht um ein solches Bargeschäft des täglichen Lebens; vielmehr soll aus dem Auskunftsvertrag eine Haftung des Sachverständigen hergeleitet werden, die unter Umständen erst mit erheblicher zeitlicher Verzögerung, nämlich nach Schadenseintritt bei dem Dritten, realisiert werden soll. Dem Vorschlag, eine Haftung des Sachverständigen mittels eines Auskunftsvertrages „mit dem, den es angeht“ zu begründen, kann demnach nicht gefolgt werden.

bb. Botenstellung des Auftraggebers

In den Fällen der Drittweitergabe besteht kein unmittelbarer Kontakt zwischen Sachverständigem und Auskunftsempfänger, vielmehr wird die Auskunft bzw. das Gutachten für den Auftraggeber erstellt und durch diesen an den Dritten weitergegeben. Es wäre daher denkbar, den Auftraggeber als Erklärungsboten des Sachverständigen anzusehen, der dessen auf einen Auskunftsvertrag gerichtete Willenserklärung übermittelt. Ein Bote gibt im Unterschied zu einem Vertreter keine eigene Willenserklärung ab, sondern fungiert ausschließlich als Überbringer einer fremden Willenserklärung. Ob jemand als Bote oder als Vertreter handelt, richtet sich nach seinem äußeren Auftreten. Auf das Innenverhältnis mit demjenigen, den die rechtsgeschäftlichen Folgen seines Handelns treffen sollen, kommt es demgegenüber nicht an.[138]

Abgesehen davon, dass schon bei unmittelbarem Kontakt der Dritte mangels besonderer Umstände regelmäßig nicht auf eine Willenserklärung des Sachverständigen schließen darf[139] und dies bei Übermittlung durch eine andere Person nur umso mehr gelten muss, spricht auch folgende Überlegung gegen eine Botenstellung des Auftraggebers: Er hat an der Auskunft und ihrer Weitergabe an den Dritten ein gesteigertes eigenes Interesse, was sich schon darin zeigt, dass er derjenige ist, der für die Auskunftserteilung zahlt. Dann kann er aber nicht als bloßer Übermittler einer fremden Willenserklärung angesehen werden. Das würde der vorliegenden Interessenlage nicht gerecht. Die Auskunft oder das Gutachten wird von dem Sachverständigen zur Erfüllung seiner Verpflichtung

---

[137] BGH NJW 1955, 587 (590); *Larenz/Wolf*, BGB AT, § 46 Rn. 37, 42; Staudinger/*Schilken*, Vorb. zu § 164 BGB, Rn. 53; Soergel/*Leptien*, Vor § 164 BGB, Rn. 31.
[138] MüKo/*Schramm*, vor § 164 BGB, Rn. 42 f.; *Musielak*, Grundkurs BGB, Rn. 816.
[139] Vgl. oben Teil A: Zweites Kapitel - I.1.a.bb.

gegenüber dem Auftraggeber erstellt. Ihn ihr kann nicht zugleich ein Angebot zum Abschluss eines neben dem Auskunfts- oder Gutachtenvertrag zu schließenden weiteren Auskunftsvertrages gesehen werden.[140] Der Auftraggeber ist folglich nicht als Bote des Sachverständigen anzusehen.

cc. Vertragsschluss durch Stellvertreter

Teilweise ist für die Fälle fehlenden Kontakts zwischen Sachverständigem und Drittem vorgeschlagen worden, einen stillschweigenden Auskunftsvertrag anzunehmen, der durch den Auftraggeber des Gutachtens als Stellvertreter für den Dritten geschlossen wird.[141] In dem eigenen Angebot des Auftraggebers zum Abschluss eines Gutachtenvertrages soll dann gleichzeitig ein auf einen Auskunftsvertrag mit dem Dritten gerichtetes Angebot zu sehen sein. Bedenken hinsichtlich des Offenkundigkeitsprinzips begegnen die Befürworter dieser Lösung mit dem Argument, dass es nach § 164 Abs. 2 BGB nicht erforderlich sei, den in Aussicht stehenden Geschäftsherrn namentlich zu bezeichnen. Vielmehr genüge es, wenn sich aus den Umständen ergebe, dass der Erklärende nicht in eigenem Namen handeln wolle. Ferner müsse der Sachverständige, selbst wenn er von der Weitergabe des Gutachtens keine positive Kenntnis habe, bei verständiger Würdigung der Umstände und der verkehrsüblichen Praxis damit rechnen, dass sein Gutachten zumindest auch zur Vorlage bei Dritten dienen werde.[142]

Dem ist entgegenzuhalten, dass der Auftraggeber des Gutachtens sich regelmäßig als Mandant des Sachverständigen versteht, und nicht zugleich als Sprecher bzw. Stellvertreter des Dritten. Auch wenn es der Stellvertretung an sich nicht entgegensteht, wenn der Vertreter gleichzeitig für sich selbst und für einen anderen handelt,[143] so stellt sich doch gerade in Gutachterfällen die Frage, warum der Auftraggeber des Gutachtens den Willen haben sollte, gleichzeitig als Vertreter des Dritten zu fungieren. Er hat doch, z. B. bei Gutachten, die als Grundlage einer Kreditvergabe dienen sollen, nur das Interesse, dass er den von ihm gewünschten Kredit bekommt. Ob der Sachverständige dann der kreditgebenden Bank haften soll, indem er mit ihr - auf welche Weise auch immer - einen (konkludenten) Auskunftsvertrag abschließt, dürfte ihm gleichgültig sein. Warum sollte er aber dann gegenüber dem Sachverständigen als Stellvertreter der Bank

---

[140] Vgl. zu der Botenstellung des Auftraggebers auch *Musielak*, WM 1999, 1593 (1595) für den Bereich der Bankauskünfte, der eine Botenstellung ebenfalls nur dann für möglich hält, wenn bei einer Bankauskunft nicht schon ein stillschweigender Auskunftsvertrag zwischen der auskunftgebenden Bank und dem direkten Empfänger zustande kommt.

[141] *Altenburger*, WM 1994, 1597 (1610 f.); angedeutet auch in BGH WM 1980, 527 (528).

[142] *Altenburger*, WM 1994, 1597 (1610).

[143] Palandt/*Heinrichs*, § 164 BGB, Rn. 1; MüKo/*Schramm*, § 164 BGB, Rn. 17; BGH WM 1988, 874 (875).

auftreten? Dem Kreditnehmer einen solchen Willen zu unterstellen erscheint unrealistisch. Und auch der Sachverständige wird das Verhalten des Auftraggebers kaum in dem Sinne verstehen, dass dieser nicht nur ein Gutachten in Auftrag geben, sondern zugleich auch als Stellvertreter eines oder mehrerer Dritter auftreten wolle. Zudem würden auf Seiten des Sachverständigen in dieser Konstruktion aus einem rechtlich relevanten Verhalten gleich zwei Verträge folgen: In der Erfüllung des Vertrages mit dem Mandanten läge nämlich gleichzeitig die Annahme eines konkludenten, stellvertretend abgegebenen Angebots.

Darüber hinaus führe man sich vor Augen, was die konsequente Anwendung dieses Vorschlags in der Praxis für Folgen hätte: Für einen Wirtschaftsprüfer oder Steuerberater hieße das, dass er in allen Fällen, in denen er seinem Mandanten ein Gutachten als Grundlage für eine Kreditentscheidung erstellt, konkludente Auskunftsverträge mit allen Banken schlösse, mit denen sein Mandant Kreditverhandlungen aufnimmt. Denn der Auftraggeber des Gutachtens würde als Stellvertreter der jeweiligen Bank handeln, und dies sogar, ohne dass dem Wirtschaftsprüfer oder Steuerberater bekannt sein muss, welche Banken als Kreditgeber in Frage kommen. Hinsichtlich seiner praktischen Auswirkungen wäre ein solcher stellvertretend geschlossener Vertrag von einem Auskunftsvertrag „mit dem, den es angeht" kaum zu unterscheiden. Daher ist die Annahme eines durch den Auftraggeber als Stellvertreter für den Dritten stillschweigend geschlossenen Auskunftsvertrages abzulehnen. Die gleichen Bedenken sprechen ebenso gegen einen Vertragsschluss durch den Auftraggeber als Stellvertreter des Sachverständigen.

dd. Hinweis auf die neuere Rechtsprechung

Für die Fälle der Drittweitergabe eines Gutachtens hat der BGH schon früher auch einen Vertrag mit Schutzwirkung für Dritte in Betracht gezogen. Einen solchen hat er aber wegen der fehlenden Fürsorgepflicht des Auftraggebers des Gutachtens gegenüber dem Dritten bzw. wegen des diesbezüglich fehlenden „Wohl-und-Wehe"-Verhältnisses regelmäßig abgelehnt.[144] Dieses verlangte für die Einbeziehung Dritter in den Schutzbereich eines Vertrages, dass dem Gläubiger gegenüber dem Dritten eine Fürsorgepflicht mit personenrechtlichem Einschlag oblag, aufgrund derer er an dessen Schutz für den Schuldner erkennbar besonders interessiert war.[145]

Ein Fürsorgeverhältnis ist aber bei der Weitergabe von Gutachten, insbesondere wenn es um Verkäufe oder Kreditvergaben geht, nicht festzustellen. Dort stehen

[144] BGH WM 1973, 141 (143); BGH WM 1976, 498 (499).
[145] MüKo/*Gottwald*, § 328 BGB, Rn. 111; Soergel/*Hadding*, Anh. § 328 BGB, Rn. 15.

sich Auftraggeber des Gutachtens und Dritter im rein geschäftlichen Bereich als (potentielle) Vertragspartner gegenüber. Eine darüber hinausgehende besondere personenrechtliche Bindung zwischen ihnen besteht in der Regel nicht. Mittlerweile verzichtet der BGH jedoch auf das Erfordernis eines Wohl-und-Wehe-Verhältnisses zwischen Gläubiger und Drittem und löst nunmehr die Fälle der Drittweitergabe eines Gutachtens nicht mehr über den stillschweigend geschlossenen Auskunftsvertrag, sondern über die Einbeziehung des Dritten in den Schutzbereich des Gutachtervertrages. Diese Rechtsprechung soll im Folgenden eingehend untersucht werden:

2. Haftung aus Vertrag mit Schutzwirkung für Dritte

a. Einführung zum Vertrag mit Schutzwirkung für Dritte

Das Rechtsinstitut des Vertrages mit Schutzwirkung für Dritte geht zurück auf die grundlegende Entscheidung des RG vom 5.10.1917[146]. Es ging hier um einen Schaden, den ein Familienangehöriger eines Mieters aufgrund eines Mangels der Mietsache erlitt. Das RG sah den Mietvertrag als Vertrag zugunsten Dritter i.S. des § 328 BGB an. Es stellte dabei insbesondere auf die für den Vermieter erkennbare Absicht des Mieters ab, beim Abschluss des Mietvertrages auch die Interessen der mit ihm zusammenlebenden Angehörigen zu wahren und ihnen bezüglich der Mangelhaftigkeit der Mietsache dieselben Rechte gegenüber dem Vermieter zu verschaffen, die dem Mieter selbst zustehen.[147] In dieser Entscheidung wurde erstmals festgestellt, dass Gegenstand der Drittberechtigung nach § 328 BGB nicht nur ein Forderungsrecht sein kann, sondern dass sich diese auch aus der Verletzung von Schutzpflichten ergeben kann.[148]

Auch der BGH leitete die Drittschutzwirkung zunächst aus §§ 328 ff. BGB ab, bevor er in der sog. „Capuzol-Entscheidung" die drittschützende Wirkung auf den „Sinn und Zweck des Vertrages" und die „Grundsätze von Treu und Glauben"[149] stützte. Zurückgehend auf *Larenz*[150] wurde für solche Fälle die Terminologie des „Vertrages mit Schutzwirkung für Dritte" gebräuchlich. Sie betrafen ursprünglich Verträge aus dem Bereich der Miete, der Personenbeförderung, der ärztlichen Betreuung, des Werk- und Dienstvertrages[151] und erfassten zunächst

---

[146] RGZ 91, 21.
[147] RGZ 91, 21 (24).
[148] *Bayer*, JuS 1996, 473 (473 f.).
[149] BGH NJW 1959, 1676 (1676 f.).
[150] *Larenz*, NJW 1956, 1193.
[151] *Gernhuber*, FS für Nikisch, 1958, 249 (253 ff.); *ders.* JZ 1962, 553 m.w.N.

nur den Ersatz von Personenschäden.[152] Dabei war das entscheidende Kriterium für die Einbeziehung Dritter in den vertraglichen Schutzbereich, dass „deren Ergehen den Gläubiger selbst berührt, weil er seinerseits ihnen gegenüber zu Schutz und Fürsorge verpflichtet ist, wie der Vater gegenüber Angehörigen der Familie und wie der Unternehmer gegenüber seinen Arbeitnehmern".[153] Dieses Kriterium wurde im Folgenden mit dem Schlagwort des „Wohl-und-Wehe"[154] bekannt, für das der Gläubiger dem Dritten gegenüber verantwortlich war.[155] Zum Teil wurde auch von einer Fürsorgepflicht mit personenrechtlichem Einschlag[156] gesprochen, die dem Gläubiger gegenüber dem Dritten oblag. Aus dieser Sachlage folgte das für den Schuldner erkennbare Interesse des Gläubigers an der Einbeziehung des Dritten in den vertraglichen Schutzbereich.[157] Dabei wird durch die Erstreckung der vertraglichen Schutzwirkungen auf einen Dritten der schuldrechtliche Relativitätsgrundsatz durchbrochen, der besagt, dass durch ein Schuldverhältnis grundsätzlich nur die an ihm Beteiligten berechtigt und verpflichtet werden.[158]

Nachdem zuerst nur Personenschäden nach den Grundsätzen des Vertrages mit Schutzwirkung für Dritte ersetzt wurden, dehnte die Rechtsprechung dieses Institut später auch auf Sachschäden aus,[159] die vorher nur mit Hilfe der Grundsätze über die Drittschadensliquidation ersetzbar waren.[160] Im Folgenden wurde auch der Ersatz reiner Vermögensschäden über den Vertrag mit Schutzwirkung für Dritte bejaht. Dies geschah zum ersten Mal in der sog. „Testaments-Entscheidung" vom 6.7.1965[161], die bezeichnenderweise ein Berufshaftungsfall eines Anwalts war. Hier hatte der Erblasser einen Rechtsanwalt mit der Errichtung seines Testaments beauftragt, durch das seine Tochter zur Alleinerbin eingesetzt werden sollte. Durch Verschulden des Anwalts kam es vor dem Tod des Erblassers nicht mehr zur Errichtung des Testaments, so dass der Tochter nur der gesetzliche Erbteil zufiel. Sie verlangte daraufhin Schadensersatz von dem

---

152 *Hübner*, VersR 1991, 497; Staudinger/*Jagmann*, § 328 BGB, Rn. 86, der dies im Anschluss an *Lorenz*, JZ 1966, 143 allerdings nur für einen „dogmengeschichtlichen Zufall" hält.

153 So der BGH in der Capuzol-Entscheidung, NJW 1959, 1676 (1677).

154 So erstmals *Larenz*, NJW 1956, 1193 (1194).

155 Aus der Rechtsprechung z. B.: BGHZ 51, 91 (96); BGHZ 56, 269 (273); BGH NJW 1970, 38 (40).

156 Soergel/*Hadding*, Anh. § 328 BGB, Rn. 15; *Hübner*, VersR 1991, 497 (498).

157 *Hirth*, Ausgleich von Drittschäden, S. 126.

158 *Neuner*, JZ 1999, 126 (128); *Keitel*, S. 94 m.w.N.

159 BGHZ 49, 350 (354 f.) = NJW 1968, 885; BGH VersR 1968, 375; vgl. auch BGH NJW 1985, 489 (490).

160 *Damm*, JZ 1991, 373 (378); *Urban*, „Vertrag" mit Schutzwirkung für Dritte und Drittschadensliquidation, S. 6.

161 BGH NJW 1965, 1955 = JZ 1966, 141 (m. Anm. Lorenz).

Rechtsanwalt. In den darauf folgenden Anwaltsfällen wurde die Ersatzfähigkeit von reinen Vermögensschäden bestätigt,[162] wobei jeweils das Vorhandensein einer familienrechtlichen Nähebeziehung kennzeichnend war, da ausnahmslos nächste Angehörige des Mandanten geschädigt wurden.

Auch in den hier thematisierten Sachverständigenfällen geht es um den Ersatz reiner Vermögensschäden. Allerdings besteht im Unterschied zu den vorgenannten Anwaltsfällen zwischen dem Auftraggeber und dem sich auf das Gutachten verlassenden Dritten normalerweise kein „Wohl-und-Wehe"-Verhältnis. Dieses Kriterium stand daher einer Einbeziehung des Dritten in den Schutzbereich des Gutachtervertrages regelmäßig entgegen. So lehnten die Gerichte in den Gutachterfällen aus diesem Grund auch lange die Erstreckung der vertraglichen Schutzpflichten auf Dritte ab.[163]

b. Neuere Entwicklung in der Rechtsprechung

Die neuere Rechtsprechung ist gekennzeichnet durch eine stetige Ausweitung des Anwendungsbereiches des Vertrages mit Schutzwirkung für Dritte.[164] Insbesondere die Voraussetzung des Wohl-und-Wehe-Verhältnisses verlor schrittweise an Bedeutung, so dass der Kreis der potentiell drittgeschützten Personen erheblich erweitert wurde.

Erstmals relativiert wurde das Erfordernis einer Fürsorgepflicht zwischen Vertragsgläubiger und Drittem in der sog. „Lastschrift-Entscheidung"[165], in der ein Gläubiger von der Bank seines Schuldners Schadensersatz verlangte, weil sie die Bank des Gläubigers nicht rechtzeitig über nicht mehr einlösbare Lastschriften informiert hatte. Der BGH begründete dies damit, dass die Voraussetzung eines Wohl-und-Wehe Verhältnisses „unnötig eng [sei], wenn es sich – wie hier – um Massengeschäfte eines bestimmten Typs mit einem einheitlich praktizierten Verfahren handelt, das dem Rechtsverkehr in großem Stile unter Inanspruchnahme des Vertrauens auf sach- und interessengerechte Abwicklung angeboten wird".[166] Im Folgenden wurde das Institut des Vertrages mit Schutzwirkung für Dritte insbesondere an Gutachterfällen weiterentwickelt und ausgewei-

[162] BGH JZ 1966, 141; BGH NJW 1977, 2073; LG Köln NJW 1981, 351; LG München NJW 1983, 1621; OLG Hamm MDR 1986, 1026; BGH NJW 1988, 200; BGH DB 1995, 1854.
[163] BGH WM 1962, 933 (934); BGH NJW 1973, 321; BGH BB 1976, 855.
[164] *Schmitz*, DB 1989, 1909 (1912); *Martiny*, JZ 1996, 19; vgl. zur Entwicklung des Vertrages mit Schutzwirkung für Dritte in der Rechtsprechung zusammenfassend auch BGHZ 133, 168 (170-173) = NJW 1996, 2927 (2928 f.).
[165] BGHZ 69, 82 = NJW 1977, 1916.
[166] BGHZ 69, 82 (86).

tet. Dies soll der nachfolgende Überblick über die neuere höchstrichterliche Rechtsprechung verdeutlichen.

aa. Der Verzicht auf das Wohl-und-Wehe Erfordernis: BGH Urt. v. 2.11.1983 - IVa ZR 20/82[167] - „Käufergruppe – Fall“

In dieser Entscheidung stützt der BGH erstmals die Schadensersatzpflicht eines Sachverständigen gegenüber einem Dritten, der nicht sein Vertragspartner geworden ist, auf das Institut des Vertrages mit Schutzwirkung für Dritte.

Ein Interessent hatte für den Kauf eines Hausanwesens bei einem Sachverständigen ein Wertgutachten über das Objekt in Auftrag gegeben und dabei unmissverständlich deutlich gemacht, dass entweder er selbst oder eine „hinter ihm stehende Käufergruppe“ das Anwesen erwerben wolle. Dieses kaufte dann nicht der Auftraggeber, sondern der spätere Kläger, der bei der Erteilung des Auftrags zugegen war und seinem Entschluss das - fehlerhafte - Gutachten zu Grunde gelegt hatte.

Der BGH befasste sich hier ausdrücklich mit der Frage, ob Schutzpflichten des Gutachters auch zugunsten solcher Personen begründet werden können, deren Wohl und Wehe nicht seinem Vertragspartner anvertraut ist. Dies hatte er zuvor noch verneint.[168] Hier sah der BGH aber als entscheidendes Argument die Tatsache an, dass die Vertragsparteien aufgrund der Privatautonomie in beliebiger Weise bestimmen könnten, „welche Personen in den Schutzbereich des Vertrages einbezogen werden sollen; sie können den Schutzbereich auch auf solche Personen erstrecken, deren Wohl und Wehe keinem der beiden Vertragspartner anvertraut ist“[169]. Die Wohl-und-Wehe-Formel betreffe lediglich die Frage, „unter welchen Voraussetzungen allein aufgrund der objektiven Interessenlage – d.h. also ohne einen konkreten Anhaltspunkt in ausdrücklichen Parteierklärungen oder im sonstigen Parteiverhalten – die stillschweigende Vereinbarung einer Schutzpflicht für Dritte anzunehmen ist“[170]. Als weiteres Kriterium für die Dritthaftung von Sachverständigen gab der BGH zu bedenken, dass auch die Interessen des Sachverständigen berücksichtigt werden müssten und dieser nicht in unzumutbarer Weise mit Schadensersatzpflichten gegenüber Dritten belastet werden dürfe.[171] Allerdings relativierte der BGH diese Aussage gleich wieder, in dem er annahm, dass die potentiellen Schäden, die einer Käufergruppe bei dem

[167] BGH NJW 1984, 355.
[168] BGH NJW 1973, 321 (322).
[169] BGH NJW 1984, 355.
[170] BGH NJW 1984, 355 (356).
[171] BGH NJW 1984, 355 (356).

Erwerb eines Hauses infolge eines falschen Gutachtens entstehen könnten, wohl nicht höher seien als die des Auftraggebers als Einzelperson.

Der BGH bezog hier also den Grundstückskäufer unter Verzicht auf das Wohl-und-Wehe Verhältnis, gestützt auf einen hypothetischen Parteiwillen in den Schutzbereich des Gutachtervertrages mit ein und begründete so eine Schadensersatzpflicht des Sachverständigen gegenüber dem Käufer.

bb. Die Einbeziehung Dritter mit gegenläufigen Interessen: BGH Urt. v. 28.4.1982 - IVa ZR 312/80[172] und BGH Urt. v. 23.1.1985 - IVa ZR 66/83[173] - „Konsul – Fall“

Dieser Fall gelangte zweimal vor den Bundesgerichtshof, der beide Male die den Kläger abweisenden Berufungsurteile aufhob und an das OLG München zurückverwies. Den Entscheidungen lag folgender Sachverhalt zu Grunde:

Ein öffentlich bestellter und vereidigter Sachverständiger hatte im Auftrag der Eigentümerin (Firma P) ein Wertgutachten über ein Grundstück erstellt. Die Firma P stellte der dänischen Firma N unter Berufung auf das Gutachten die Lieferung von Fertighäusern in Aussicht, falls sie ihr zu einem Kredit von 15 Millionen DM verhelfen könne. Die Firma N legte das Gutachten dem dänischen Handelsministerium vor, um eine staatliche Garantie für das Darlehen zu erwirken. Das Handelsministerium wiederum schaltete als Bank die spätere Klägerin ein. Darüber hinaus beauftragte der dänische Exportkreditrat den dänischen Konsul in M., bei dem Sachverständigen und späteren Beklagten Auskünfte einzuholen. Zwischen dem Exportkreditrat und der Klägerin bestand die Ansprache, dass der Konsul auch im Interesse der Klägerin handeln sollte. Der Konsul erklärte dem Beklagten auch ausdrücklich, dass sich ein dänisches Unternehmen durch eine Garantie oder durch Kredithingabe an dem Vorhaben beteiligen wolle.

Der sehr vielschichtige Sachverhalt zeichnet sich dabei für die hier interessierende Problematik der Sachverständigenhaftung durch zwei Besonderheiten aus. Zum einen fordert hier eine Bank Schadensersatz, der das Gutachten nicht vom Auftraggeber selbst, sondern erst als drittes Glied in einer Kette von sich auf das Gutachten verlassenden Parteien vorgelegt wird. Zum anderen wurde hier erstmals eine Schutzpflicht zugunsten eines Dritten angenommen, dessen Interessen im Verhältnis zu denen des Gutachtenauftraggebers gegensätzlich waren. Die ursprüngliche Voraussetzung der Wohl-und-Wehe-Formel, die verlangte, dass

[172] BGH NJW 1982, 2431.
[173] BGH JZ 1985, 951.

dem Vertragspartner gegenüber dem zu schützenden Dritten eine Schutz- oder Fürsorgepflicht obliegen müsse,[174] wurde schon im oben dargestellten Käufergruppe-Fall aufgegeben. Allerdings war ein weiteres Kriterium für die Begründung drittschützender Pflichten von Sachverständigen die Tatsache, dass die Interessen des Auftraggebers und des Dritten gleichlaufend waren.[175]

Im ersten der beiden hier ergangenen Urteile verlor der BGH jedoch kein Wort über ein fehlendes Wohl-und-Wehe-Verhältnis, geschweige denn über die Gegensätzlichkeit der Interessen. Er ging lediglich davon aus, dass die Lösung der Haftungsfrage über den Vertrag mit Schutzwirkung zugunsten Dritter zu suchen sei.[176] Darüber hinaus ist die Urteilsbegründung des BGH unklar. Offen bleibt nämlich, ob als Anknüpfungspunkt für die drittschützende Wirkung der Gutachtervertrag zwischen der Firma P und dem Sachverständigen oder aber der vom Gericht angenommene (stillschweigende) Auskunftsvertrag zwischen dem Sachverständigen und dem dänischen Staat, vertreten durch den Konsul, dienen soll. Dass der BGH immer wieder auf die Erklärungen und das Verhalten des Konsuls verweist[177], deutet darauf hin, dass dem konkludent abgeschlossenen Auskunftsvertrag drittschützende Wirkung beigemessen werden soll.

Diese Annahme wird bestätigt durch das zweite Revisionsurteil.[178] Einen stillschweigend geschlossenen Auskunftsvertrag nahm der BGH hier an, weil für den Auskunftgeber erkennbar gewesen sei, dass die Auskunft für den Empfänger von erheblicher Bedeutung gewesen sei und von ihm zur Grundlage wesentlicher Maßnahmen auf wirtschaftlichen, rechtlichen oder tatsächlichen Gebieten gemacht werden sollte.[179] Verstärkend komme hinzu, dass der Auskunftgeber über besondere Sachkunde verfügte.[180] [181] In diesem zweiten Urteil wird auch ausdrücklich auf die Problematik der Gegenläufigkeit der Interessen eingegangen.[182] Diese wird vom BGH für die Einbeziehung der klagenden Bank in den Schutzbereich des stillschweigenden Auskunftsvertrages für unschädlich erklärt.

---

174 Vgl. oben Teil A: Zweites Kapitel - I.2.a und Fn. 155.

175 Darauf ausdrücklich hingewiesen wurde z. B. in BGH NJW 1973, 321 (322); auch im Käufergruppe-Fall waren die Interessen gleichlaufend, BGH NJW 1984, 355; siehe oben Teil A: Zweites Kapitel - I.2.b.aa.

176 BGH NJW 1982, 2431.

177 Die Begründung des BGH stellt im Wesentlichen auf die ausdrückliche Erklärung des Konsuls dem Sachverständigen gegenüber ab, dass seine Auskunft für die Entscheidung über die Kreditvergabe benötigt werde, vgl. BGH NJW 1982, 2431.

178 BGH JZ 1985, 951.

179 BGH JZ 1985, 951.

180 BGH JZ 1985, 951.

181 Diese Begründung für einen stillschweigend geschlossenen Auskunftsvertrag entspricht der oben, Teil A: Zweites Kapitel - I.1.a, dargestellten Argumentationsweise.

182 BGH JZ 1985, 951 (952), dort Punkt II. 2.

Begründet wird dies mit der beruflichen Stellung öffentlich bestellter Sachverständiger, die gerade durch ihre gutachterliche Tätigkeit in die Lage kommen könnten, Sorgfaltspflichten gegenüber mehreren Personen mit unterschiedlichen Interessenrichtungen beachten zu müssen.[183] Für die Einbeziehung des Dritten in den vertraglichen Schutzbereich erklärt der BGH wiederum[184] den Willen der Vertragsparteien für entscheidend.

Somit relativiert der BGH nicht nur die Bedeutung der Wohl-und-Wehe-Formel für den Vertrag mit Schutzwirkung zugunsten Dritter, sondern bezieht ohne Zögern mit Hilfe des (hypothetischen) Parteiwillens auch solche Dritte in den Schutzbereich des Vertrages mit ein, deren Interessen denen der Vertragsparteien widerstreiten.[185]

cc. Die weitere Ausdehnung des personellen Schutzbereiches: BGH Urt. v. 26.11.1986 - IV ZR 86/85[186] - „Hausbank – Fall“

Im vom BGH entschiedenen sog. „Hausbank-Fall“ hatte ein Steuerberater im Auftrag des Geschäftsführers und Alleingesellschafters einer GmbH einen Zwischenabschluss erstellt und diesen sowohl an den Geschäftsführer M selbst, wie auf dessen Veranlassung hin auch an V, den Käufer der Geschäftsanteile der GmbH, übersandt. V legte den Zwischenabschluss seiner Bank vor, die ihm daraufhin zur Kaufpreisfinanzierung einen Kredit gewährte, mit dem sie später im Konkurs der GmbH und des V ausfiel. Zusätzlich hatte noch eine Sparkasse eine Bürgschaft für den Kredit übernommen. Die Bank verklagte den Steuerberater aus eigenem und von der Sparkasse abgetretenen Recht auf Schadensersatz.

Der BGH setzte seine Rechtsprechung fort und urteilte, dass die Bank trotz fehlenden Wohl-und-Wehe Verhältnisses und trotz gegenläufiger Interessen des Auftraggebers und der Bank in den Schutzbereich des Vertrages zwischen Auftraggeber (Geschäftsführer und Alleingesellschafter) und Steuerberater einbezogen sei. Auch die Begründung deckte sich mit vorangegangenen Entscheidungen[187] und stellte methodisch auf den hypothetischen Parteiwillen ab. Zusätzlich betonte der BGH noch die berufliche Stellung und besondere Sachkunde des Gutachters: „Wer bei einer Person, die über eine besondere, vom Staat anerkannte Sachkunde verfügt (z. B. bei öffentlich bestellten Sachverständigen, ...

---

[183] BGH JZ 1985, 951 (952).
[184] Unter Bezugnahme auf BGH NJW 1984, 355 f.
[185] Vgl. auch BGH NJW-RR 1989, 696.
[186] BGH NJW 1987, 1758.
[187] Vgl. die Besprechung von BGH NJW 1984, 355 und BGH NJW 1985, 951 bzw. 1982, 2431 unter Teil A: Zweites Kapitel - I.2.b.aa und Teil A: Zweites Kapitel - I.2.b.bb.

Steuerberatern), ein Gutachten oder eine gutachtliche Äußerung ... bestellt, um davon gegenüber Dritten Gebrauch zu machen, ist in der Regel daran interessiert, dass die Ausarbeitung die entsprechende Beweiskraft besitzt“[188]. Dies sei nur bei einem Einstehenmüssen des Sachverständigen auch gegenüber dem Dritten gewährleistet.

Die Weiterentwicklung der Rechtsprechung des Bundesgerichtshofes liegt im vorliegenden Fall darin, dass nicht nur ein Nichtvertragspartner des Sachverständigen, dem das Gutachten vom Auftraggeber übergeben wird, sondern sogar noch eine weitere Partei (die Bank) in den Schutzbereich des Gutachtervertrages miteinbezogen wird, der das Gutachten erst vom Nichtvertragspartner bzw. Dritten (hier Käufer V) vorgelegt wird. Es handelt sich also um eine weitere Ausdehnung des personellen Schutzbereichs.[189] Der BGH gibt aber auch zu bedenken, dass der Kreis der unter die Schutzpflicht fallenden Personen nicht uferlos ausgeweitet werden dürfe; es sei vielmehr erforderlich, dass die Schutzpflicht auf eine überschaubare, klar abgrenzbare Personengruppe beschränkt werde. Hier sei dies aber zulässig, da sich in diesem Fall der Schutzbereich nur auf den Käufer und einen etwaigen Geldgeber des Käufers erstrecke. [190]

dd. Die Nichtanwendbarkeit des Grundsatzes, dass dem Dritten keine weitergehenden Ansprüche zustehen können als dem Vertragspartner, vgl. § 334 BGB: BGH Urt. v.10.11.1994 - II ZR 50/4[191] – „Dachboden – Fall“

Im sog. „Dachboden-Fall“, der dem BGH 1994 zur Entscheidung vorlag, sollte ein Bausachverständiger im Auftrag der Eigentümerin eines Hausgrundstücks ein Wertgutachten erstellen, das für Verkaufszwecke benötigt wurde. Dies wurde dem Sachverständigen bei Auftragserteilung mitgeteilt. Der Sachverständige übersah, dass der Dachboden des Hauses erhebliche Mängel aufwies, weil der als Vertreter agierende Sohn der Verkäuferin darauf hinwirkte, den schwer zugänglichen Dachboden nicht zu besichtigen und die ihm bekannten Mängel den Mitarbeitern des Sachverständigen arglistig verschwieg. Der Käufer des Hausgrundstücks verlangte Schadensersatz von dem Sachverständigen.

---

[188] BGH NJW 1987, 1758 (1759).

[189] Anders *Hopt*, der annimmt, dass nach der Rechtsprechung des BGH zwischen dem Steuerberater und dem Käufer V ein stillschweigender Auskunftsvertrag zustande gekommen ist, so dass Käufer V nicht mehr Dritter und die Bank in den Schutzbereich des Vertrages zwischen dem Steuerberater und V mit einbezogen ist; vgl. NJW 1987, 1745 (1746).

[190] BGH NJW 1987, 1758 (1760).

[191] BGHZ 127, 378 = JZ 1995, 306 = NJW 1995, 392.

Der BGH legte den Gutachtervertrag wiederum dahingehend aus, dass der Käufer (trotz gegenläufiger Interessen) grundsätzlich in den Schutzbereich des Vertrages miteinbezogen sei. Zur Begründung verwies er auf vorangegangene Entscheidungen[192] und wiederum ausdrücklich auf die besondere Sachkunde des Sachverständigen, die in der Öffentlichkeit eine Erwartungshaltung an die Zuverlässigkeit seiner Gutachtenerstellung hervorrufe.[193] Das Berufungsgericht hatte aber angenommen, dass dem Kläger wegen der arglistigen Herbeiführung der Unrichtigkeit des Gutachtens durch den Auftraggeber kein Schadensersatzanspruch zustehe. Der Auftraggeber könne aufgrund seines Verhaltens selbst keinen Anspruch gegen den Sachverständigen geltend machen, so dass der Sachverständige das arglistige Verhalten seines Vertragspartners entsprechend § 334 BGB auch dem Kläger entgegenhalten könne.[194]

Der BGH erkannte unter Bezugnahme auf seine frühere Rechtsprechung[195] zwar den Grundsatz an, wonach dem Dritten, der seine Rechte aus den Vertragsbeziehungen der unmittelbaren Vertragspartner herleitet, keine weitergehenden Rechte zustehen als dem unmittelbaren Vertragspartner des Schädigers. Dies wird aus dem Rechtsgedanken des § 334 BGB und dem Grundsatz von Treu und Glauben (§ 242 BGB) hergeleitet. Anschließend führt der BGH jedoch aus, dass der den echten Vertrag zugunsten Dritter betreffende § 334 BGB – auch stillschweigend – abbedungen werden könne, was sich insbesondere aus der Natur des Vertrages ergeben könne.[196] Die Abbedingung (des Rechtsgedankens) des § 334 BGB folge hier aus dem besonderen Vertrauen, das ein Kaufinteressent regelmäßig in die Zuverlässigkeit und Sachkunde eines anerkannten Sachverständigen und damit auch in die Richtigkeit seines Gutachtens habe. Das Vertrauen solle insbesondere dann geschützt sein, wenn der Verkäufer wertmindernde Umstände unredlich zu verschleiern suche.[197]

Der Schutzbereich des Gutachtervertrages wird zugunsten Dritter hier also nochmals ausgeweitet, so dass dem Dritten sogar weitergehende Ansprüche zustehen können als dem Auftraggeber des Sachverständigen, wenn dies durch besonders schutzwürdiges Vertrauen des Dritten geboten erscheint.

---

[192] BGH NJW-RR 1989, 696; BGH NJW 1987, 1758 (1759 f.) – Hausbank-Fall; BGH NJW-RR 1986, 484 (486) – Konsul-Fall.

[193] BGHZ 127, 378 (381 f.).

[194] Vgl. OLG Köln, NJW-RR 1988, 335.

[195] Z. B. BGHZ 33, 247 (250); BGH NJW 1965, 1757 (1759); BGH NJW 1975, 867 (868 f.).

[196] BGH JZ 1995, 306 (307); vgl. hierzu auch *Medicus*, JZ 1995, 308 (309), der den § 334 BGB bei Verträgen mit Schutzwirkung für Dritte grundsätzlich für nicht anwendbar hält, so dass er gar nicht erst abbedungen werden müsste; ähnlich auch *Ziegltrum*, Der Vertrag mit Schutzwirkung für Dritte, S. 212 ff.

[197] BGHZ 127, 378 (386).

ee. Die fortgesetzte Ausdehnung des personellen Schutzbereiches: BGH Urt. v. 13.11.1997 - X ZR 144/94[198] – „Bürgschaftsfall"

Eine Bank hatte in dem zu entscheidenden Fall aufgrund eines fehlerhaften Gutachtens eines Bausachverständigen ihren Kunden einen grundpfandrechtlich gesicherten Kredit eingeräumt. Ein Teil des Kredits wurde zusätzlich durch eine Bürgschaft einer weiteren Bank abgesichert. Die Fehlerhaftigkeit des Gutachtens beruhte hauptsächlich darauf, dass die Kunden der Bank als Auftraggeber des Gutachtens dem Sachverständigen falsche Angaben über die Mieterträge gemacht hatten, die er ungeprüft seinem Gutachten zu Grunde legte.

Der BGH hatte zunächst zu klären, ob aufgrund des überwiegenden Mitverschuldens (§ 254 BGB) der Kreditnehmer, das zum Ausschluss etwaiger Ansprüche ihrerseits gegen den Sachverständigen führte, auch die kreditgebende Bank mit ihren Ansprüchen fehlgehe. Die Frage war also wieder, ob der Grundsatz zur Anwendung kommt, dass dem geschädigten Dritten nicht weitergehende Ansprüche zustehen als dem Vertragspartner selbst. Auch hier entschied der BGH wie schon im oben geschilderten Fall,[199] dass die Anwendung dieses Grundsatzes, der aus dem Rechtsgedanken des § 334 BGB und dem Grundsatz von Treu und Glauben (§ 242 BGB) hergeleitet wird, stillschweigend abbedungen worden sei. Der BGH begründet dies mit der besonderen Interessenlage: Der Kreditgeber dürfe von einem „redlichen Kreditnehmer"[200] ausgehen, dessen Verhalten aus der objektivierten Sicht des Kreditgebers so verstanden werden könne, dass er mit der Berechtigung des Kreditgebers aus seinem Vertrag mit dem Gutachter einverstanden sei. Dies beinhalte dann aber in der Regel auch das Einverständnis mit einer vom Kreditgeber üblicherweise gewünschten stillschweigenden Abbedingung des § 334 BGB.[201] Da diese Interessenlage dem Sachverständigen, der weiß oder wissen muss, dass das Gutachten auch als Entscheidungshilfe für Dritte dienen soll, ohne weiteres erkennbar sei, müsse auch dieser sich redlicherweise darauf einlassen.[202]

Zweitens musste der BGH entscheiden, ob auch die als Bürge hinter dem Kreditgeber stehende Bank mit in den Schutzbereich des Vertrages zwischen dem Kreditnehmer und dem Sachverständigen einbezogen ist. Der BGH bejahte dies und stellte darauf ab, dass es nicht erforderlich sei, dass der Gutachter die Person(en) kenne, die in den Schutzbereich des Vertrages einbezogen werden

[198] BGH JZ 1998, 624 = NJW 1998, 1059.
[199] BGH JZ 1995, 306 (307 f.), vgl. die Ausführungen unter Teil A: Zweites Kapitel - I.2.b.dd.
[200] BGH JZ 1998, 624 (625).
[201] BGH JZ 1998, 624 (626).
[202] BGH JZ 1998, 624 (626).

soll(en). Vielmehr genüge es, dass für ihn erkennbar war, dass sein Gutachten für einen Käufer oder Kreditgeber bestimmt war.[203] Kämen danach mehrere Darlehensgeber in Betracht, bestehe kein rechtliches Hindernis, sie alle in den Schutzbereich einzubeziehen.[204] Allerdings weist der BGH wiederum darauf hin, dass der Schutzbereich eines Gutachtervertrages auf eine klar abgrenzbare Personengruppe beschränkt werden müsse, um eine uferlose Ausweitung der Haftung zu vermeiden.[205] Auffallend ist auch, dass der BGH nicht nur die ohne Kenntnis des Sachverständigen bürgende Bank in den Schutzbereich des Vertrages mit einbezieht, sondern auch noch für unschädlich erklärt, dass der Bank das Wertgutachten des Sachverständigen gar nicht vorgelegt worden war. Er geht davon aus, dass sich eine bürgende Bank im geschäftlichen Verkehr darauf verlassen können müsse, dass der Realkreditgeber die Werthaltigkeit des Beleihungsobjektes ordnungsgemäß anhand entsprechender Unterlagen geprüft habe, so dass eine eigene Prüfungspflicht des Bürgen nicht bestehe.[206]

In diesem Urteil dehnt der BGH den potentiellen Schutzbereich eines Gutachtervertrages also noch einmal in zweifacher Hinsicht aus. Er bestätigt zum einen, dass Arglist[207] oder Mitverschulden[208] des Auftraggebers nicht zu einem Ausschluss der Ansprüche des Dritten führen (sachliche Ausdehnung). Zum anderen bezieht er ungeachtet der Kenntnis oder Unkenntnis des Sachverständigen alle potentiellen Darlehensgeber in den Schutzbereich des Vertrages ein, auch wenn nur einem von ihnen das Gutachten vorgelegt worden ist (personelle Ausdehnung).

ff. Haftung aus Verschulden bei Vertragsschluss: BGH Urt. v. 26.9.2000 – X ZR 94/98[209] – „Testate-Fall"

Einem vom BGH im Jahr 2000 entschiedenen Fall lag folgender Sachverhalt zu Grunde: Durch die Einzahlung von Beträgen in verschiedene BGB-Gesellschaften beteiligten sich die Kläger an einem von der P-GmbH initiierten Anlagemodell. In den von der P-GmbH herausgegebenen Prospekten wurde betont, dass in den Mittelfluss von den Anlegern zu den Brokern zur Kontrolle ein Rechtsanwalt und Notar eingeschaltet sei und dass der Mittelfluss außerdem noch von einem unabhängigen Wirtschaftsprüfer, dem Beklagten, kontrolliert werde. Der Beklagte bestätigte in den Jahren 1990 bis 1995 die ordnungsgemäße

[203] BGH JZ 1998, 624 (626 f.).
[204] Vgl. dazu auch BGH NJW-RR 1993, 944.
[205] BGH JZ 1998, 624 (627).
[206] BGH JZ 1998, 624 (627).
[207] Wie oben in BGH JZ 1995, 306 (307), Dachboden-Fall.
[208] BGH JZ 1998, 624 (626).
[209] BGHZ 145, 187 = NJW 2001, 360 = JuS 2001, 296.

Verwendung der Mittel, obwohl ihm bekannt war, dass entgegen den Prospekten die Mittel nicht direkt von den Gesellschaften der Anleger an die Broker geleitet wurden, sondern zunächst an verschiedene andere Gesellschaften flossen. Auf diese Weise verschwand ein großer Teil der Gelder, bis das System 1995 zusammenbrach. Die Kläger behaupteten, die P-GmbH habe ihnen gegenüber auch mit den unrichtigen Testaten des Beklagten geworben; deshalb verlangten sie von ihm Schadensersatz. Dabei beriefen sich die Kläger in erster Line auf eine Prospekthaftung des Beklagten.

Obwohl der Prospekt hier unstreitig unrichtig war, verneinte der BGH in Übereinstimmung mit seiner bisherigen Rechtsprechung zur Prospekthaftung[210] eine Verantwortlichkeit des beklagten Wirtschaftsprüfers. Zum einen war er weder Herausgeber oder für die Herstellung des Prospekts Mitverantwortlicher noch gehörte er zu dem hinter der Gesellschaft stehenden Management (einschließlich Gründer, Gestalter und Initiatoren der Gesellschaft). Zum anderen wirkte er nicht nach außen erkennbar an dem Prospekt mit, indem er den Erstellern des Prospekts z. B. die Möglichkeit gab, mit seinem Namen und dem seinem Beruf entgegengebrachten Vertrauen bei potentiellen Anlegern zu werben.[211]

Allerdings nahm der BGH an, dass der Wirtschaftsprüfer wegen Verschuldens bei Vertragsschluss haften könne. Wenn seine Testate von der P-GmbH vor Zeichnung der Anteile zur Anwerbung von Kapitalanlegern eingesetzt worden seien, diese im Vertrauen auf die Richtigkeit seiner Testate Geldanlagen getätigt hätten und er damit rechnete oder hätte rechnen müssen, habe er schuldhaft gegen vorvertragliche Aufklärungspflichten verstoßen, sofern er keine geeigneten Maßnahmen ergriffen habe, um den von ihm mit geschaffenen Vertrauenstatbestand zu beseitigen.[212] Zur Begründung wies der BGH darauf hin, dass es in seiner Rechtsprechung[213] anerkannt sei, dass die berufliche Stellung für eine vertragliche oder quasi-vertragliche Haftung gegenüber Nichtvertragspartnern bedeutsam werden könne. Er führte hier auch die Fallgruppe der Sachverständigenhaftung gegenüber Dritten nach den Grundsätzen des Vertrages mit Schutzwirkung für Dritte an,[214] wo zwar auch auf die berufliche Stellung hingewiesen

---

210 BGHZ 71, 284 (286 ff.) = NJW 1978, 1625; BGHZ 77, 172 (175 ff.) = NJW 1980, 1840; BGHZ 111, 314 (318 ff.) = NJW 1990, 2461; BGHZ 115, 213 (218) = NJW 1992, 228.

211 BGHZ 145, 187 (196 f.).

212 BGHZ 145, 187 (197).

213 Der BGH verweist auf BGHZ 74, 103 (108 ff.); BGH NJW 1995, 1213. Im ersten Fall ging es um die Haftung eines Vermittlers für Kapitalanlagen für Angaben, die er über das Anlageobjekt gemacht hatte, bzw. solche, die in von ihm versandten Werbeprospekten enthalten waren; der zweite Fall behandelte die Eigenhaftung eines Betreuers wegen Inanspruchnahme besonderen persönlichen Vertrauens gegenüber dem Vertragspartner des Betreuten.

214 Zitiert wird BGHZ 127, 378 (380 f.).

wird, die Haftung aber hauptsächlich mit vertraglich vereinbarten Schutzwirkungen für Dritte begründet wird. Außerdem verweist er noch einmal auf die durch berufliche Position vermittelte Garantenstellung als Prospektverantwortlicher, sofern durch nach außen erkennbare Mitwirkung am Prospekt ein Vertrauenstatbestand geschaffen wurde.[215] Daraus folgert der BGH, dieser Rechtsprechung liege der allgemeine Rechtsgedanke zu Grunde, „dass für die Vollständigkeit und Richtigkeit der in Verkehr gebrachten Angaben jeder einstehen muss, der durch von ihm in Anspruch genommenes und ihm auch entgegengebrachtes Vertrauen auf den Willensentschluss der Kapitalanleger Einfluss genommen hat".[216]

gg. Das Wiederaufgreifen des Vertrages mit Schutzwirkung für Dritte: BGH Urt. v. 17.10.2000 X ZR 169/99[217] – „Zweitgutachten-Fall"

Eine Gemeinde wollte in diesem Fall ein in ihrem Eigentum stehendes Grundstück verkaufen und beauftragte einen Gutachter mit der Erstellung eines Gutachtens über den Verkehrswert. Die Kläger, deren Familie das Grundstück seit 1945 aufgrund entsprechender Nutzungsverträge nutzten, wollten es kaufen und gaben ihrerseits ein Wertgutachten in Auftrag. Das zweite, von den Klägern bestellte Gutachten setzte den Verkehrswert nicht einmal halb so hoch an wie der beklagte Sachverständige der Gemeinde. Nachdem die Gemeinde aber nicht von ihrer an dem Erstgutachten orientierten Kaufpreisforderung abwich und unter Fristsetzung angekündigt hatte, das Grundstück sonst an andere Interessenten zu verkaufen, schlossen die Kläger mit der Gemeinde einen notariellen Kaufvertrag und vereinbarten darin den Kaufpreis, den die Gemeinde zuvor gefordert hatte. Nun verlangen die Kläger vom Erstgutachter die Zahlung der Differenz zwischen seinem und dem Zweitgutachten als Schadensersatz.

Der BGH legte wiederum den von der Gemeinde und dem beklagten Sachverständigen geschlossenen Gutachtenvertrag dahin aus, dass er auch Schutzpflichten zugunsten der Kläger als potenzielle Erwerber des Grundstücks begründete.[218] Grundsätzlich könnten also den Klägern Ansprüche aus einem Vertrag mit Schutzwirkung zugunsten Dritter zustehen. Allerdings scheitere ein solcher Anspruch hier an dem fehlenden Zurechnungszusammenhang zwischen der – angeblich – haftungsbegründenden Handlung und dem Schaden. Zwar sei eine Kausalität nach der conditio-sine-qua-non-Formel gegeben, und auch die Adä-

---

215 Vgl. BGH NJW-RR 1992, 879 (883).
216 BGHZ 145, 187 (198).
217 BGH NJW 2001, 512.
218 BGH NJW 2001, 512.

quanz zwischen dem Gutachten und der Kaufentscheidung zu einem überhöhten Preis bestehe. Jedoch sei die Kaufentscheidung aus persönlichen Motiven heraus als freier Entschluss erfolgt und unterbreche somit als eigenverantwortliche Entscheidung des Geschädigten den Zurechnungszusammenhang.[219] Der BGH führt außerdem an, dass die Kläger, auch wenn sie keine sichere Kenntnis von der Unrichtigkeit des Erstgutachtens gehabt hätten, gerade nicht auf die Richtigkeit des Gutachtens vertraut und nicht im Vertrauen darauf den Kaufvertrag mit der Gemeinde abgeschlossen hätten.[220]

Der BGH kehrt in diesem Urteil also zurück zu seinem ursprünglichen dogmatischen Ansatz der Haftung des Sachverständigen aus einem Vertrag mit Schutzwirkung zugunsten Dritter. Allerdings verzichtet er auch hier nicht darauf, auf das in Anspruch genommene Vertrauen hinzuweisen, was seiner Ansicht nach für die Haftung des Gutachters Voraussetzung sein soll.

hh. Die Ausdehnung der Dritthaftung auf nicht öffentlich bestellte Sachverständige: BGH Urt. v. 14.11. 2000 - X ZR 203/98[221] – „Altlasten-Fall“

In einem weiteren vom BGH entschiedenen Fall war der Kläger Käufer eines Grundstücks, welches unter Altlastenverdacht stand. Sowohl in einem noch im Auftrag des Verkäufers, als auch in einem nach Abschluss des Kaufvertrages für den Kläger erstellten Gutachten hatte der beklagte Gutachter, der kein öffentlich bestellter und vereidigter Sachverständiger war, auf eine hohe Belastung des Bodens mit Schwermetallen und krebserzeugenden Chemikalien hingewiesen. Der Kläger erwarb das Grundstück in Kenntnis dieses Befundes, um es nach einer Sanierung mit Eigentumswohnungen zu bebauen. Das Grundstück wurde daraufhin zur Altlast erklärt und sollte einer Sanierung zugeführt werden. Später stellte sich heraus, dass die festgestellte Kontamination tatsächlich nicht bestand und eine Sanierung nicht erforderlich war. Die Altlastenerklärung wurde daraufhin zurückgenommen und die vom Kläger beantragte Baugenehmigung erteilt. Der Kläger hat durch die aufgrund der unrichtigen Gutachten hervorgerufene zeitliche Verzögerung der wirtschaftlichen Verwertung des Grundstücks einen Zinsschaden erlitten, den er gegen den Beklagten geltend machte.

Das Berufungsgericht hat die Klage mit dem Argument abgewiesen, dem Kläger sei auch bei unterstellter Haftungsbegründung jedenfalls kein ersatzfähiger Schaden entstanden. Die Haftung des Gutachters für die Richtigkeit des von ihm

---

[219] BGH NJW 2001, 512 (513).
[220] BGH NJW 2001, 512 (513).
[221] BGH NJW 2001, 514.

erstellten Gutachtens beschränke sich darauf, dem Ersatzberechtigten den Schaden zu ersetzen, der ihm im Vertrauen auf die Richtigkeit des Gutachtens erwachsen sei.[222] Die Klägerin habe aber die Grundstücke gerade nicht wegen ihrer vorgeblichen Altlasten erworben, sondern aufgrund ihrer Bereitschaft, das hiermit verbundene Risiko zu übernehmen. Insoweit erinnert die Argumentation an die des zuvor geschilderten Falles[223], in dem der Zurechnungszusammenhang bezüglich des Schadens durch die in Kenntnis aller Umstände getroffene eigenverantwortliche Kaufentscheidung der Kläger unterbrochen war.

Allerdings folgte der BGH dieser Argumentation nicht und stellte fest, dass sich der aus einem Gutachtervertrag mit Schutzwirkung für Dritte ergebende Schadensersatzanspruch im Verhältnis zu jedem Anspruchsberechtigten – sei es Vertragspartner oder geschädigter Dritter – allein nach den §§ 249 ff. BGB bemesse. Dabei sei zwar auch der Schutzzweck der verletzten Pflicht zu berücksichtigen. Das Gutachten habe aber nicht nur den Zweck, den Kläger vor dem Kauf eines Altlastengrundstücks zu schützen, sondern auch, ihn in die Lage zu versetzen, bei einem Kauf vorhandene Altlasten in die Preisbildung mit einfließen zu lassen und anschließend die richtigen wirtschaftlichen Entscheidungen (Sanierung oder sofortige Bebauung) zu treffen. Ein etwa vorhandener Vertrauenstatbestand oder die Enttäuschung des Vertrauens eines Anspruchsberechtigten sei im Bereich der Schadensfeststellung hingegen kein tragfähiges Kriterium.[224] Allerdings müsse sich der Kläger im Rahmen der Vorteilsausgleichung den Vorteil anrechnen lassen, den er aus der Unrichtigkeit des Gutachtens dadurch gezogen habe, dass sich der Verkäufer wegen der angeblichen Altlasten auf einen niedrigeren Kaufpreis eingelassen habe.[225]

Der BGH prüft hier einmal mehr ausschließlich Ansprüche aus einem Gutachtervertrag mit Schutzwirkung zugunsten Dritter und schließt deliktische Ansprüche wegen eines primären Vermögensschadens aus. Auffällig ist, dass der BGH sonst aber immer noch zusätzlich die Inanspruchnahme besonderen Vertrauens betonte, die einen Schadensersatzanspruch des in seinem Vertrauen enttäuschten Dritten rechtfertige. Nachdem er schon im zuvor besprochenen Fall wieder zu dem Vertrag mit Schutzwirkung für Dritte als Anspruchsgrundlage zurückkehrte, rückt er hier das Kriterium des Vertrauens völlig in den Hintergrund. Nicht nur bei der Schadensfeststellung erklärt er ein etwaiges enttäuschtes Vertrauen für irrelevant, auch die Einbeziehung des Käufers in den Schutzbereich des Gutachtervertrages zwischen dem Sachverständigen und dem Verkäufer begründet er allein mit der Auslegung des Gutachtervertrages und dem hypothetischen Par-

[222] BGH NJW 2001, 514.
[223] BGH NJW 2001, 512.
[224] BGH NJW 2001, 514 (515).
[225] BGH NJW 2001, 514 (516).

teiwillen. Nur so kann der BGH dem Gutachter eine Dritthaftung auferlegen, obwohl dieser kein öffentlich bestellter Sachverständiger oder seine Sachkunde sonst vom Staat besonders anerkannt war. Denn sonst hatte der BGH das sich aus solch einer Eigenschaft ergebende Vertrauen in die besondere Sachkunde des Sachverständigen und in die Fehlerlosigkeit seiner Gutachten als Argument für die Einbeziehung des Dritten in den Schutzbereich des Gutachtervertrages angeführt. Der BGH dehnt hier also die Dritthaftung auch auf Gutachter aus, die nicht öffentlich bestellt sind oder deren Sachkunde sonst vom Staat besonders anerkannt ist, da die Vertragsfreiheit es auch solchen Personen erlaube, nicht nur Leistungspflichten sondern auch Schutzpflichten zugunsten eines jeden beliebigen Dritten zu begründen.[226]

ii. Keine Einbeziehung in den Schutzbereich des Gutachtervertrages bei von Behörden eingeholten Gutachten: BGH Urt. v. 26.6.2001 – X ZR 231/99[227] – „Vollbankerlaubnis-Fall“

Eine Bank, deren Mehrheitsaktionärin die Klägerin ist, hatte in diesem Fall bei dem Bundesaufsichtsamt für das Kreditwesen (BAK) eine Vollbankerlaubnis beantragt. Mit der dafür erforderlichen Sonderprüfung nach § 44 b Kreditwesengesetz (KWG) beauftragte das BAK eine Wirtschaftsprüfungsgesellschaft, die spätere Beklagte. Die Klägerin verlangte Schadensersatz von der Wirtschaftsprüfungsgesellschaft, da diese ein falsches Gutachten erstellt habe, auf dessen Grundlage das BAK ihr noch keine Vollbankerlaubnis erteilt habe. Dadurch seien ihr finanzielle Verluste in noch nicht bezifferbarer Höhe entstanden.

Der BGH kam in diesem Fall zu dem Ergebnis, dass der von einer Verwaltungsentscheidung betroffene Dritte seinen Schaden selbst zu tragen habe, wenn die Behörde zur Entscheidungsfindung ein Gutachten in Auftrag gebe, welches fehlerhaft sei und somit zu einer falschen Einschätzung der Verwaltung und einem Schaden bei dem Dritten führe. Der BGH erwog auch hier Schadensersatzansprüche aus einem möglicherweise Schutzwirkungen für Dritte entfaltenden Gutachtervertrag zwischen dem BAK und der Wirtschaftsprüfungsgesellschaft. Er verneinte solche aber aus zwei Gründen:

Erstens habe das BAK nicht den Willen gehabt, die Klägerin in den Schutzbereich des Gutachtervertrages mit einzubeziehen. Es nehme nämlich die Aufsicht über Kreditinstitute gemäß § 6 KWG allein im öffentlichen Interesse wahr. Hierbei habe das Amt zur Erfüllung der ihm obliegenden Aufgaben die Beklagte

[226] BGH NJW 2001, 514 (516).
[227] BGH NJW 2001, 3115.

eingeschaltet, um den entscheidungserheblichen Sachverhalt im Rahmen einer Sonderprüfung zu ermitteln. Der BGH betonte, dass das Gutachten gerade nicht der Klägerin als Grundlage für Vermögensdispositionen dienen sollte und damit nicht der Fallgruppe der Sachverständigenhaftung unterfalle, die sonst von einem Vertrag mit Schutzwirkung für Dritte erfasst sei.[228]

Zweitens sei die Klägerin nicht schutzbedürftig, so dass hier kein Anlass bestünde, den Kreis der in die vertraglichen Schutzpflichten einbezogenen Dritten zu erweitern. Das BAK hätte die erforderliche Sonderprüfung bei entsprechend vorhandener Personalkapazität nämlich auch selbst durchführen können. Dann hätte der Klägerin aber keinesfalls ein vertraglicher Anspruch zugestanden, sondern sie wäre ohnehin auf öffentlich-rechtliche Rechtsbehelfe und die für Schadensersatzansprüche gegen den Staat in Betracht kommenden Anspruchsgrundlagen verwiesen gewesen. Insoweit solle sich der Umstand, dass stattdessen ein anderer mit der Sonderprüfung beauftragt wurde, nicht zu Gunsten der Klägerin auswirken.[229] Darüber hinaus gebiete „insbesondere der für die bisherige Rechtsprechung zum Gutachtervertrag maßgebliche Gesichtspunkt des Vertrauensschutzes nicht,“[230] die Klägerin als in den Schutzbereich des Vertrages einbezogen anzusehen, da der hier beauftragte Gutachter gegenüber der von der Verwaltungsentscheidung Betroffenen kein Vertrauen in Anspruch nehme.

Der BGH dehnt die Sachverständigenhaftung gegenüber Dritten also nicht auf Fälle aus, in denen eine Behörde im Rahmen der ihr im öffentlichen Interesse obliegenden Verwaltungsaufgaben einen Sachverständigen mit der Erstellung eines Gutachtens beauftragt. Allerdings benennt er in dieser Entscheidung das für die Haftung des Gutachters entscheidende Kriterium ausdrücklich: es ist der „Gesichtspunkt des Vertrauensschutzes“[231].

jj. Keine Schutzwirkungen des Auskunfts- bzw. Gutachtenvertrages, wenn das Gutachten der Entscheidungsfindung des Auftraggebers dienen soll: BGH Urt. v. 17.09.2002 – X ZR 237/01[232] – „Unfallversicherungsfall“

In einem im Jahr 2002 entschiedenen Fall machte die Ehefrau eines verstorbenen Versicherten als Klägerin einen Schadensersatzanspruch gegen einen Arzt

[228] BGH NJW 2001, 3115 (3116 f.).
[229] BGH NJW 2001, 3115 (3117); krit. hierzu *Kannowski/Zumbansen*, NJW 2001, 3102 (3103).
[230] BGH NJW 2001, 3115 (3117, rechte Spalte oben).
[231] Vgl. Fn. 230.
[232] BGH NJW 2002, 3625 = MDR 2003, 377.

geltend, der gegenüber der Versicherung des Ehemannes einen fehlerhaften Todesfallbericht abgab und so dafür mitverantwortlich war, dass die Versicherung nur eine quotenmäßige Versicherungsleistung in Höhe von 25 % der vereinbarten Summe zahlte.

Der BGH lehnte hier die Ansicht des Berufungsgerichtes OLG Koblenz ab, das in dem Vertrag zwischen dem Arzt und der Versicherung einen Vertrag mit Schutzwirkung für die Klägerin gesehen hatte, da dem beklagten Arzt erkennbar gewesen sei, dass die Versicherung seines Todesfallberichtes bedurfte, um entsprechend mit dem durch die Versicherung Begünstigten abzurechnen.[233] Er führt dazu aus, dass es keine generelle Pflicht der Versicherung zur Wahrnehmung der Interessen des Versicherten bei der Einholung von Gutachten zur Vorbereitung der eigenen Regulierungsentscheidung gebe, die als solche zu einer Einbeziehung des Versicherten in den Schutzbereich des Gutachtervertrages führen könnte. Für die Einbeziehung in den vertraglichen Schutzbereich bedürfe es gesteigerter Pflichten, wie z. B. Personensorge- oder Fürsorgepflichten. Allgemeine Sorgfaltspflichten, die Vertragsparteien im Rahmen ihrer Entscheidungen träfen, reichten dafür nicht aus.[234] Hier käme eine Einbeziehung des Versicherten allenfalls dann in Betracht, wenn das von der Versicherung in Auftrag gegebene Gutachten auch ihm als Grundlage für vermögensrelevante Dispositionen diente und dies dem Gutachter erkennbar war.[235]
Genau in diesem Punkt zeigt sich auch die Parallele zu dem zuvor geschilderten Fall. Auch dort war das Gutachten als Entscheidungsgrundlage für den Auftraggeber selbst und nicht für den Dritten gedacht. Der Sachverständige nahm deshalb in beiden Fällen kein besonderes persönliches Vertrauen des Dritten in Anspruch, da dieser keine eigenen vermögensrechtlichen Entscheidungen von dem Gutachten abhängig machte.

c. Zusammenfassung

Zusammenfassend lässt sich bei Betrachtung der neueren Rechtsprechung des Bundesgerichtshofes zur Dritthaftung von Sachverständigen feststellen, dass die Entwicklung durch eine stetige Ausweitung des Anwendungsbereiches für den Vertrag mit Schutzwirkung für Dritte sowohl in persönlicher als auch in sachlicher Hinsicht gekennzeichnet ist.

[233] Vgl. BGH NJW 2002, 3625.
[234] BGH NJW 2002, 3625 (3626). Der BGH verweist in diesem Zusammenhang auf das zuvor besprochene Urteil, BGH NJW 2001, 3115.
[235] BGH NJW 2002, 3625 (3626).

Die Ausdehnung in persönlicher Hinsicht, also die Erweiterung des Kreises der potentiell in den Schutzbereich des Gutachtervertrages einbezogenen Personen begann mit dem Verzicht auf das sogenannte Wohl-und-Wehe – Kriterium einer persönlichen Schutz- bzw. Fürsorgepflicht des Vertragsgläubigers gegenüber dem Dritten.[236] Es folgte die Einbeziehung Dritter mit gegenläufigen Interessen;[237] die Erstreckung des Schutzbereiches auf weitere Dritte, denen das Gutachten von dem „ersten Dritten“ vorgelegt worden war[238] oder die sonst in einer Kette „hinter“ dem Dritten standen (Einbeziehung z. B. aller potentiellen Darlehensgeber für eine bestimmte Transaktion).[239]

Die Ausdehnung des sachlichen Anwendungsbereiches zeigt sich vor allem darin, dass dem geschützten Dritten sogar weitergehende Ansprüche zustehen können als dem Vertragspartner selbst, wenn der Sachverständige Letzterem z. B. Arglist oder Mitverschulden entgegenhalten könnte.[240] Außerdem hat der BGH auch klargestellt, dass die Haftung gegenüber Dritten nicht auf öffentlich bestellte und vereidigte Sachverständige begrenzt sei, sondern dass sie auch andere Gutachter treffen könne.[241]

Andererseits muss darauf hingewiesen werden, dass der BGH in seinen beiden neuesten Entscheidungen die Haftung des Sachverständigen abgelehnt und somit eine Grenze des Anwendungsbereiches des Vertrages mit Schutzwirkung für Dritte in Gutachterfällen definiert hat. Danach haftet der Sachverständige dann nicht, wenn das von ihm erstellte Gutachten zur Entscheidungsfindung des Auftraggebers des Gutachtens dienen soll und der Dritte von dieser Entscheidung zwar (auch finanziell) betroffen ist, das Gutachten aber nicht zugleich auch

[236] BGH NJW 1984, 355; vgl. oben Teil A: Zweites Kapitel - I.2.b.aa.

[237] BGH NJW 1982, 2431 und BGH JZ 1985, 951; vgl. oben Teil A: Zweites Kapitel - I.2.b.bb.

[238] BGH NJW 1987, 1758 (1760): „... in diesem Fall würde sich der Schutzbereich nur auf den Käufer (d.h. den eigentlichen Dritten; Anm. d. Verf.) und *einen* etwaigen Geldgeber des Käufers erstrecken.“ (Hervorhebung hinzugefügt); vgl. oben Teil A: Zweites Kapitel - I.2.b.cc.

[239] BGH NJW-RR 1993, 944: „Kommen mehrere Personen als Darlehens- bzw. Kreditgeber in Betracht, so besteht kein rechtliches Hindernis, die vertragliche Schutzpflicht auch auf diese Personen auszudehnen, vorausgesetzt, dass auch sie nach der Vorstellung der Vertragparteien ihre Entscheidung an der erstellten Bilanz ausrichten.“ und BGH JZ 1998, 624 (625) = NJW 1998, 1059: In den Schutzbereich des Vertrages „sind alle diejenigen einbezogen, denen das Gutachten nach seinem erkennbaren Zweck für Entscheidungen über Vermögensdispositionen vorgelegt werden soll.“; vgl. oben Teil A: Zweites Kapitel - I.2.b.ee.

[240] BGHZ 127, 378 = JZ 1995, 306 und BGH JZ 1998, 624 = NJW 1998, 1059; vgl. oben Teil A: Zweites Kapitel - I.2.b.dd und Teil A: Zweites Kapitel - I.2.b.ee.

[241] BGH NJW 2001, 514; vgl. oben Teil A: Zweites Kapitel - I.2.b.hh.

Grundlage für vermögensrelevante Entscheidungen seinerseits ist bzw. sein soll.[242]

Alle diese Schritte der Haftungsausdehnung ist der BGH gegangen, indem er im Rahmen der ergänzenden Vertragsauslegung den hypothetischen Parteiwillen von Auftraggeber und Sachverständigem ermittelt hat. Nur in einem einzigen bisher entschiedenen Fall hat er die Haftungsgrundlage nicht im Willen der Vertragsparteien, sondern im Verschulden des Sachverständigen beim Vertragsschluss gesehen, wobei er ganz entscheidend auf den geschaffenen Vertrauenstatbestand abstellte. Dieser sei in dem allgemeinen Rechtsgedanken begründet, dass jeder für die Richtigkeit seiner Angaben einstehen müsse, der durch von ihm in Anspruch genommenes und ihm auch entgegengebrachtes Vertrauen auf den Willensentschluss anderer Einfluss genommen habe.[243] In vorangegangenen Urteilen hatte der BGH zwar auch immer wieder die besondere Sachkunde der Sachverständigen und das dadurch gesteigerte Vertrauen der Öffentlichkeit in die Richtigkeit der Gutachten betont, als haftungsbegründend sah er aber stets die zugunsten Dritter bestehenden Schutzwirkungen aus einem Vertrag an.

Dass der BGH im „Testate-Fall“ eine Haftung aus Verschulden bei Vertragsschluss herleitete, mag daran liegen, dass er hier ein Vertragsverhältnis des Wirtschaftsprüfers mit den Anlegern in den verschiedenen BGB-Gesellschaften zwar bejahte, dessen Inhalt die Prüfung des Mittelflusses und der Mittelverwendung war. Dieses Vertragsverhältnis jedoch zur Grundlage für vom Parteiwillen getragene Schutzwirkungen zugunsten dritter, späterer Anleger zu machen, wäre wegen des fehlenden Zusammenhangs zwischen den BGB-Gesellschaften bzw. wegen des Fehlens jeglicher Kontakte zwischen den Anlegern wohl zu weit hergeholt erschienen. Der BGH konnte hier zur Bejahung der Sachverständigenhaftung seinen üblichen Lösungsweg des Gutachtervertrages mit Schutzwirkung zugunsten Dritter also nicht beschreiten. Stattdessen stellt sich hier die Haftung stark objektiviert als Vertrauenshaftung dar, die der Sachwalterhaftung aus culpa in contrahendo ähnelt.[244] Somit nähert sich der BGH in diesem Fall der Gutachterhaftung von einer ganz anderen Seite: Die Haftung aus culpa in contrahendo ist gesetzliches Schuldverhältnis und damit vom Willen der Vertragsparteien unabhängig.

---

[242] BGH NJW 2001, 3115 und BGH NJW 2002, 3625; vgl. oben Teil A: Zweites Kapitel - I.2.b.ii (Vollbankerlaubnis-Fall) und Teil A: Zweites Kapitel - I.2.b.jj (Unfallversicherungsfall).

[243] BGHZ 145, 187 = NJW 2001, 360; vgl. oben Teil A: Zweites Kapitel - I.2.b.ff (Testate-Fall).

[244] *Canaris* ZHR 163 (1999), 206 (222 ff.); vgl. dazu eingehend unten Teil A: Viertes Kapitel - III.4.a.

Stellt der BGH aber hier unter Hinweis auf seine vorangegangene Rechtsprechung einen allgemeinen Rechtsgedanken der Haftung für Gutachten und Auskünfte aufgrund eines Vertrauenstatbestandes auf bzw. fest, der durch eine berufliche Position begründet wird, dann ließe sich dies auch auf andere Dritthaftungsfälle für Gutachten übertragen. Dadurch ließe sich die Grundlage der Sachverständigenhaftung gegenüber ihren Nichtvertragspartnern, die bisher die Einbeziehung in den vertraglichen Schutzbereich darstellte, ersetzen und die Haftung generell auf eine Vertrauenshaftung aus culpa in contrahendo stützen.

Wie in den darauf folgenden Entscheidungen deutlich wird, hat der BGH diesen Weg aber nicht eingeschlagen, sondern ist wieder zu seiner mittlerweile gefestigten Rechtsprechung über die Haftung von Sachverständigen aus einem Vertrag mit Schutzwirkung für Dritte zurückgekehrt.[245] Ein genauerer Blick auf die nur 1½ Monate später von demselben Senat des BGH getroffene Entscheidung im „Altlasten-Fall"[246] mag verdeutlichen, warum er den Blick gleich wieder von der selbst aufgezeigten Alternative abwendete, obwohl auch hier der Gutachter ihm entgegengebrachtes Vertrauen auf die Richtigkeit seines Gutachtens in Anspruch genommen und dadurch den Willensentschluss des Käufers (über die weitere Verwertung des Grundstücks) beeinflusst hatte: Im letztgenannten Fall war der Gutachter kein öffentlich bestellter und vereidigter Sachverständiger und verfügte auch sonst nicht über vom Staat anerkannte oder vergleichbar nachgewiesene Sachkunde. Da der BGH im ersten Fall[247] die Haftung nicht nur mit dem allgemeinen Rechtsgedanken über in Anspruch genommenes Vertrauen begründete, sondern außerdem noch auf die berufliche Stellung des Wirtschaftsprüfers abstellte und das ihm von der Öffentlichkeit entgegengebrachte besondere Vertrauen auf die staatliche Anerkennung seiner Sachkunde zurückführte,[248] muss man annehmen, dass dort der entscheidende Unterschied zwischen beiden Fällen zu suchen ist. Zwar hätte der BGH auch im zweitgenannten Fall auf das durch den Gutachter in Anspruch genommene Vertrauen verweisen können, jedoch hätte ihm als verstärkendes Begründungsargument dasjenige der staatlichen Anerkennung seiner Fachkunde nicht zur Verfügung gestanden. Er zog es wohl deshalb vor, seine zuvor aufgezeigte Lösungsalternative nicht sofort auszuweiten, sondern auf den sichereren Boden seiner mittlerweile ständigen Rechtsprechung der Einbeziehung Dritter in den Gutachtervertrag zurückzukehren.

Immerhin bleibt selbst aus Sicht des BGH für die öffentlich bestellten Sachverständigen, deren Sachkunde staatlich anerkannt ist, auch weiterhin die Möglich-

---

245 BGH NJW 2001, 512; vgl. oben Teil A: Zweites Kapitel - I.2.b.gg (Zweitgutachten-Fall).
246 NJW 2001, 514, vgl. oben Teil A: Zweites Kapitel - I.2.b.hh.
247 BGHZ 145, 187.
248 BGH NJW 2001, 360 (363 f., insb. 363 rechte Spalte unten).

keit bestehen, für eine Dritthaftung auf den allgemeinen Rechtsgedanken zurückzugreifen, nach dem jeder für die Richtigkeit seiner Angaben einstehen muss, der durch von ihm in Anspruch genommenes und ihm auch entgegengebrachtes Vertrauen auf den Willensentschluss anderer Einfluss genommen hat. Es bleibt abzuwarten, ob er auf diesen Lösungsansatz einer Vertrauenshaftung noch einmal zurückgreifen wird, z. B. wenn er erneut die ihm notwendig erscheinende Sachverständigenhaftung nicht über einen Vertrag mit Schutzwirkung für Dritte zu konstruieren vermag.

d. Stellungnahme

Der BGH begründet die Einbeziehung Dritter in den Schutzbereich des Gutachtervertrages zwischen Sachverständigem und seinem Auftraggeber, wie aus der Darstellung der neueren Rechtsprechung zu den Dritthaftungsfällen von Sachverständigen ersichtlich, durch eine auf die Privatautonomie gestützte ergänzende Vertragsauslegung, die den hypothetischen Parteiwillen ermitteln soll. Dabei scheint er zwischen Fällen zu unterscheiden, in denen das herkömmliche Wohl-und-Wehe – Kriterium erfüllt ist, und anderen, in denen gerade keine persönliche Schutz- und Fürsorgepflicht zwischen dem Gläubiger (Auftraggeber) und Drittem besteht. Dies wird deutlich anhand folgender Formulierung des BGH aus der Käufergruppe-Entscheidung: Das Wohl-und-Wehe – Kriterium betreffe lediglich die Frage, „unter welchen Voraussetzungen allein aufgrund der objektiven Interessenlage - d.h. also ohne einen konkreten Anhaltspunkt in ausdrücklichen Parteierklärungen oder im sonstigen Parteiverhalten – die stillschweigende Vereinbarung einer Schutzpflicht für Dritte anzunehmen ist“.[249] Darüber hinaus könnten die Vertragsparteien aufgrund der Privatautonomie bestimmen, „welche Personen in den Schutzbereich des Vertrages einbezogen werden sollen; sie können den Schutzbereich auch auf solche Personen erstrecken, deren Wohl und Wehe keinem der beiden Vertragspartner anvertraut ist“.[250] Haben die Parteien dies aber – wie meist – nicht ausdrücklich bestimmt, sei im Rahmen der ergänzenden Vertragsauslegung zu fragen, welche Regelung sie bei einer angemessenen Abwägung ihrer Interessen nach Treu und Glauben als redliche Ver-

[249] BGH NJW 1984, 355 (356); Dabei berücksichtigt der BGH aber die eigentliche Bedeutung einer „stillschweigenden Vereinbarung" nicht, dass nämlich ohne ausdrücklich gesprochene oder geschriebene Worte dem Verhalten der Parteien eben doch ein konkludenter Erklärungswert beigemessen werden kann. (Vgl. nur *Medicus*, BGB AT, Rn. 334; *Larenz/Wolf*, BGB AT, § 24 Rn. 17 ff.) „Ohne jeglichen Anhaltspunkt im Parteiverhalten“, wie der BGH es ausdrückt, kann aber auch keine stillschweigende Erklärung vorliegen, weil ja gerade mangels ausdrücklicher Erklärungen aus dem Verhalten unter den Umständen des Einzelfalles auf einen Erklärungswert geschlossen werden muss!

[250] BGH NJW 1984, 355.

tragsparteien getroffen haben würden, wenn sie sich bei Vertragsabschluss den nicht geregelten Fall vergegenwärtigt hätten.[251]

Bezogen auf die Sachverständigenfälle ist also zu fragen, ob der Sachverständige und sein Auftraggeber unter Berücksichtigung ihrer Interessen redlicherweise gewollt hätten, dass der Dritte im Falle eines falschen Gutachtens, von dem er seine Entscheidung abhängig gemacht und dadurch einen Schaden erlitten hat, in den Schutzbereich des zwischen ihnen geschlossenen Gutachtervertrages mit einbezogen sein soll. Da die Einbeziehung des Dritten aber in Wohl-und-Wehe – Fällen von der Rechtsprechung schon allein aufgrund der objektiven Interessenlage angenommen wird, bezieht sich diese Fragestellung hauptsächlich auf die sonstigen Fälle, in denen meist ein Interessengegensatz zwischen Auftraggeber des Gutachtens und Drittem besteht.

Wenn man mit dem BGH darauf abstellt, dass der Auftraggeber ein Interesse an der Aussagekraft und Verlässlichkeit des Gutachtens für den Dritten hat, könnte dies noch auf einen mutmaßlichen Willen zu einer Einbeziehung des Dritten hindeuten. Vergegenwärtigt man sich aber die Tatsache, dass der Auftraggeber und Vertragsgegner des Dritten typischerweise gerade unter Berücksichtigung der Gegenläufigkeit der Interessen an einem ihm günstigen Gutachten interessiert ist,[252] drängt sich unweigerlich die Frage auf, weshalb er ihm dann wohl noch den zusätzlichen vertraglichen Schutz eines Schadensersatzanspruches gegen den Gutachter verschaffen wollte. Dass dem Auftraggeber an einem Schutz des Dritten gelegen sein könnte, ist aber spätestens dadurch widerlegt, dass er bei eigenem Mitverschulden an der Unrichtigkeit des Gutachtens (z. B. bei falschen Auskünften an den Gutachter), mit Regressansprüchen des Sachverständigen rechnen müsste.[253] Ihm dies als hypothetischen Willen zu unterstellen, entbehrt jeder realistischer Grundlage.

Für den Willen des Sachverständigen zur Einbeziehung des Dritten in den vertraglichen Schutzbereich wird angeführt, dass er das (eben nicht vorhandene) Schutzinteresse des Auftraggebers gegenüber dem Dritten erkennen könne und sich daher auf die Einbeziehung desselben redlicherweise einlassen müsste. Aber noch viel weniger als dem Auftraggeber kann dem Sachverständigen daran gelegen sein, sich selbst ein zusätzliches Haftungsrisiko aufzubürden, für dass er

[251] Vgl. nur Palandt/*Heinrichs*, § 157 BGB, Rn. 7; BGHZ 84, 7; BGHZ 90, 77.

[252] Vgl. zur Gegenläufigkeit der Interessen auch *Musielak*, Grundkurs BGB, Rn. 899, der folgerichtig ein schutzwürdiges Interesse des Gläubigers als Voraussetzung für die Einbeziehung des Dritten in die Schutzwirkungen des Vertrages ablehnt.

[253] Darauf weist *Picker*, FS für Medicus, 1999, 397 (403 f.) hin.

noch dazu keine zusätzliche Honorierung erwarten kann.[254] Dies ist auch für den Auftraggeber ohne weiteres ersichtlich, so dass er das Verhalten des Sachverständigen nicht so verstehen kann, dass dieser nicht nur ihm als seinem Vertragspartner, sondern auch dem Dritten für die Richtigkeit des Gutachtens einstehen wolle. Im Grunde bezeichnet der BGH schon in der Käufergruppe-Entscheidung selbst das Argument, welches gegen einen Willen des Sachverständigen spricht, Dritte mit in den Schutzbereich des Vertrages einzubeziehen: Er „darf nicht in einer unzumutbaren Weise mit Schadensersatzpflichten gegenüber Dritten belastet werden; dass er eine solche Verpflichtung übernimmt, kann von seinem Vertragspartner nach Treu und Glauben (§ 157 BGB) nicht erwartet werden."[255]

Aus diesen Gründen wird die Begründung der Einbeziehung des Dritten in den Schutzbereich des Vertrages zwischen Sachverständigem und dessen Auftraggeber durch eine ergänzende Vertragsauslegung im Schrifttum ganz überwiegend mit dem Hinweis abgelehnt, einen entsprechenden Willen der Vertragsparteien zu konstruieren sei nichts weiter als Fiktion.[256] Besonders deutlich tritt dies bei der Annahme des BGH zu Tage, der Dritte sei auch dann in den Schutzbereich des Vertrages einbezogen, wenn die Unrichtigkeit des Gutachtens durch Arglist oder sonstiges Mitverschulden des Auftraggebers verursacht worden ist. Wie der BGH selbst ausführt, findet dann eigentlich der Grundsatz Anwendung, dass dem Dritten, der sein Recht aus einem fremden Vertrag ableitet, keine weiteren Rechte zustehen können, als dem Gläubiger des Vertrages selbst (§ 334 BGB).[257] Um dem Dritten einen dennoch für nötig gehaltenen Schutz in diesen Fällen nicht zu versagen, konstruiert der BGH eine stillschweigende Abbedingung dieser Norm zwischen dem Sachverständigen und seinem Auftraggeber.[258] Man kann aber doch nicht wirklich annehmen, dass der Sachverständige nicht nur einen Dritten, dessen Interessen zu denen seines Auftraggebers im Widerspruch stehen, in den Schutzbereich seines Vertrages mit dem Auftraggeber mit einbeziehen will, sondern dass dies sogar dann noch seinem Willen entspricht, wenn sein Auftraggeber durch arglistige Verschleierung oder Vorenthaltung von

---

[254] Würde der Sachverständige von dem Dritten für dieses zusätzliche Haftungsrisiko eine Bezahlung verlangen wollen, würde dieser wohl regelmäßig darauf verweisen, dass er kein Vertragspartner des Sachverständigen ist.

[255] BGH NJW 1984, 355 (356).

[256] *Bayer*, Der Vertrag zugunsten Dritter, S. 192; *Canaris*, ZHR 163 (1999), 206 (215); *Ebke/Scheel*, WM 1991, 389 (392); *Ebke*, JZ 1998, 991 (993); *Grunewald*, ZGR 1999, 583 (588); *Honsell*, JZ 1985, 952 (952 f.); *ders.*, JuS 1976, 621 (625 f.); *Kiss*, WM 1999, 117; *Martiny*, JZ 1996, 19 (21); *Medicus*, JZ 1995, 308 (309); *Nißl*, S. 114, 119; *Schlechtriem*, FS für Medicus, 1999, 529 (538); *Schmitz*, DB 1989, 1909 (1913); *Schneider*, ZHR 163 (1999), 246 (252); *Späth*, DStR 1996, 400 (402).

[257] BGH JZ 1995, 306 (307).

[258] Vgl. oben unter Teil A: Zweites Kapitel - I.2.b.dd.

wesentlichen Tatsachen ihm gegenüber die Unrichtigkeit seines Gutachtens herbeigeführt hat. *Canaris* hat hieran eine Kritik geübt, die man treffender kaum formulieren könnte: „Der Experte müsste ja von geradezu übermenschlichem Altruismus sein, wenn er seinem Auftraggeber verspräche, dem Dritten auch dann haften zu wollen, wenn jener – d.h. der Auftraggeber – ihn durch eine arglistige Täuschung zur Erstattung eines fehlerhaften Gutachtens veranlasst hat; und der Auftraggeber seinerseits müsste von unglaublicher Dummdreistigkeit sein, wenn er dem Experten für einen solchen Fall einen Haftungsverzicht ansinnen würde."[259] Erinnert man sich daran, dass die Ermittlung des hypothetischen Willens der Vertragspartei unter Abwägung *ihrer* Interessen (und eben nicht nach den Interessen eines Dritten) erfolgen muss, wird diese Argumentation nur um so fraglicher.

Vollends klar wird die Unhaltbarkeit der dogmatischen Begründung mit ergänzender Vertragsauslegung bei einem zwischen dem Sachverständigen und seinem Auftraggeber vereinbarten Haftungsausschluss oder einer Haftungsbegrenzung. Denn die ergänzende Vertragsauslegung muss den Grundsatz der Privatautonomie respektieren und darf nicht zu einer freien richterlichen Rechtsschöpfung ausufern.[260] Daher findet sie ihre Grenze eindeutig dort, wo ein anders lautender ausdrücklicher Parteiwille festzustellen ist.[261] Haben aber die Vertragsparteien ausdrücklich einen Haftungsausschluss vereinbart, ließe sich nicht mehr begründen, dass der Sachverständige dem Dritten nichtsdestotrotz zum Schadensersatz verpflichtet sein soll.[262] Ähnliche Schwierigkeiten ergeben sich dort, wo der drittschützende Vertrag nichtig oder noch überhaupt nicht geschlossen worden ist.[263]

Verständlich ist die dogmatisch Begründung der Rechtsprechung mittels der ergänzenden Vertragsauslegung wohl nur vor ihrem historischen Hintergrund. Das RG und ihm folgend zuerst auch der BGH begriff die Sachverhalte des heutigen Vertrages mit Schutzwirkung für Dritte als Anwendungsfall der §§ 328 ff. BGB. Später wurden diese Normen nicht direkt,

---

[259] *Canaris*, ZHR 163 (1999), 206 (217); *Medicus*, JZ 1995, 308 (309) kritisiert, dass der BGH durch seine Auslegung den vermutlichen Willen des Sachverständigen „durch einen von Fremdnützigkeit geprägten hypothetisch-idealen Willen" ersetze.

[260] BGHZ 9, 279; BGHZ 40, 103 ff.

[261] Vgl. nur Palandt/*Heinrichs*, § 157 BGB, Rn. 8.

[262] Ein solcher Fall ist bisher – soweit ersichtlich – nicht zur Entscheidung gelangt.

[263] Vgl. den berühmten Gemüseblatt-Fall in BGHZ 66, 51 in dem eine Haftung aus culpa in contrahendo mit Schutzwirkung für Dritte hergeleitet wurde; dazu ausführlich *Dahm*, JZ 1992, 1167 ff., und zu einer Drittschädigung im Falle eines nichtigen Vertrages *Canaris*, JZ 1965, 475.

sondern analog angewandt.[264] Nach § 328 Abs. 2 BGB musste (und muss für echte Verträge zugunsten Dritter noch heute) der hypothetische Parteiwille aus den Umständen, insbesondere aus dem Zweck des Vertrages ermittelt werden. Die Begründungsweise des BGH ist also in Anlehnung an dieses ältere Verständnis zur Rechtsgrundlage des Vertrages mit Schutzwirkung für Dritte entwickelt worden. *Bayer* hat jedoch überzeugend dargelegt, dass diese Regelung spezifisch auf den Vertrag zugunsten Dritter zugeschnitten ist: „Denn der Rückgriff auf einen hypothetischen Parteiwillen wird vom Gesetz nur in dem Fall eröffnet, wo zwar die Berechtigung des Dritten i.S. von § 328 Abs. 1 BGB nicht ausdrücklich geregelt wurde, die Vertragsparteien zuvor jedoch eine *Drittleistung vereinbart* hatten."[265] Dann hat der Schuldner den Dritten nämlich schon als Leistungsempfänger akzeptiert und es kann im Wege der ergänzenden Vertragsauslegung der Schluss erfolgen, dass der Dritte in diesem Fall auch Gläubiger der Leistung sein soll. Voraussetzung für eine solche ergänzende Vertragsauslegung ist aber die „Ermangelung einer besonderen Bestimmung" (§ 328 Abs. 2 BGB), also eine Vertragslücke. Wie schon *Musielak* festgestellt hat,[266] hieße das für eine Anwendung der gleichen Methode auf den Vertrag mit Schutzwirkung für Dritte, dass dann fast alle in Betracht kommenden Verträge bezüglich der Schutzwirkung für Dritte trotz einer jahrzehntelangen Rechtsprechung hierzu lückenhaft wären, da sich die Vertragsparteien über die Frage einer Drittberechtigung regelmäßig keine Gedanken machen.

Die Interessenlage beim Vertrag mit Schutzwirkung für Dritte ist von derjenigen beim Vertrag zugunsten Dritter aber zumindest in der entscheidenden Fallgruppe der gegenläufigen Interessen grundlegend verschieden und ein solcher Wille des Sachverständigen kann nur unterstellt wirken. Das wird schon in der Argumentation der die Entwicklung einleitenden Entscheidung des RG vom 5. Oktober 1917 deutlich: Denn dort wurde auf das „gesunde Rechtsgefühl" abgestellt, dem es widerstrebe, wenn der Vertragsschuldner sich auf die erkennbare Absicht des Vertragsgläubigers an der Einbeziehung des Dritten nicht einlassen müsse.[267] Schon diese frühere Rechtsprechung wurde als Fiktion bewertet und kritisiert, da sie „den peinlichen Eindruck [erwecke], eine Lösung, die objektiv gerechtfertigt werden müsste, aus einem fiktiven Parteiwillen abzuleiten"[268].

---

[264] Vgl. oben Teil A: Zweites Kapitel - I.2.a und ausführlich zu den von RG und BGH herangezogenen Rechtsgrundlagen des Vertrages mit Schutzwirkung für Dritte *Ziegltrum*, Der Vertrag mit Schutzwirkung für Dritte, S. 25 ff., 41 f., 70 ff. und 107 ff.

[265] *Bayer*, JuS 1996, 473 (476), Hervorhebung im Original.

[266] *Musielak*, Haftung für Rat, Auskunft und Gutachten, S. 37 f. unter Hinweis auf *Gernhuber*, FS für Nikisch, 1958, 249 (265); *ders.*, JZ 1962, 553 (555).

[267] RGZ 91, 21 (24); vgl. oben Teil A: Zweites Kapitel - I.2.a.

[268] *Enneccerus/Lehmann*, Recht der Schuldverhältnisse II, § 35 I 1, S. 149.

Auch der Hinweis des BGH, dass bei Bestehen eines Wohl-und-Wehe – Verhältnisses schon allein aus der objektiven Interessenlage eine Einbeziehung des Dritten in den Schutzbereich des Vertrages folge, beweist, dass es dafür nicht auf einen subjektiven (wenn auch durch die ergänzende Vertragsauslegung verobjektivierten) Parteiwillen ankommen kann, sondern entscheidend gerade diese objektive Interessenlage sein muss. Vor diesem Hintergrund erstaunt es auch nicht weiter, dass sich der BGH in einer der für die Entwicklung des Vertrages mit Schutzwirkung für Dritte bedeutendsten Entscheidungen, dem Lastschrifturteil, über die eindeutigen Grenzen der ergänzenden Vertragsauslegung, nämlich den ausdrücklichen Willen der Vertragsparteien, hinweggesetzt hat. Hier nahm er eine Drittschutzwirkung an, obwohl die Partner des Lastschriftverfahrens vereinbart hatten, dass „... nur Rechte und Pflichten zwischen den beteiligten Kreditinstituten" begründet werden sollten.[269]

Es ist also festzuhalten, dass der Vertrag mit Schutzwirkung für Dritte, wie er heute von der Rechtsprechung angewandt wird, nicht auf eine ergänzende Vertragsauslegung gestützt werden kann. Für die Sachverständigenhaftung bedeutet dies, dass man entweder den Vertrag mit Schutzwirkung für Dritte auf eine andere dogmatische Begründung stützen oder dass man insgesamt eine andere Anspruchsgrundlage zur Bewältigung der Sachverständigenfälle heranziehen muss. Auf diese Frage wird später eingegangen werden.[270]

II. Deliktsrechtliche Haftungsgrundlagen

1. Einführung in die deliktsrechtliche Problematik der Sachverständigenhaftung

Da es sich bei dem hier behandelten Problemkreis vor allem um die Haftung von Sachverständigen gegenüber ihren *Nicht*vertragspartnern handelt, kommen als außervertragliche Haftungsnormen die §§ 823 ff. BGB in Betracht. Dabei hat in der Praxis insbesondere der § 826 BGB in Gutachterfällen erhebliche Bedeutung erlangt, wohingegen die anderen deliktsrechtlichen Tatbestände nur eine verschwindend geringe Rolle spielen. Das liegt vor allem daran, dass das Vermögen kein von § 823 Abs. 1 BGB geschütztes Rechtsgut darstellt, die vor die Gerichte gelangenden Gutachterfälle aber in der Regel reine Vermögensschäden betreffen, und dass Schutzgesetze i. S. v. § 823 Abs. 2 BGB fast durchweg nicht zur Verfügung stehen oder keine praktische Relevanz aufweisen.

[269] BGHZ 69, 82 (86); zu diesem Urteil siehe auch schon oben Teil A: Zweites Kapitel - I.2.b.
[270] Vgl. unten Teil A: Drittes Kapitel - I.2 und Teil A: Viertes Kapitel - III.

Natürlich sind aber auch Fälle denkbar, in denen ein Dritter durch ein falsches Gutachten in seinen durch § 823 Abs. 1 BGB geschützten Rechtsgütern oder Rechten beeinträchtigt wird und dadurch einen Schaden erleidet. Dies verdeutlicht der Fall, der dem BGH in seiner Entscheidung vom 7. Juli 1970[271] zu Grunde lag: Dort stand aufgrund eines Druckfehlers in einem medizinischen Buch ein Komma an der falschen Stelle und ein Patient wurde deshalb durch die Injektion einer zu hohen Dosis von Kochsalzlösung gesundheitlich geschädigt. Allerdings war in diesem Fall nicht der Experte (also der Autor) verklagt und die Klage gegen den Verlag wurde mangels Pflichtverletzung abgewiesen.

In Betracht kommt außerdem, dass durch ein falsches Gutachten in das Recht am eingerichteten und ausgeübten Gewerbebetrieb eingegriffen und dadurch ein Schaden verursacht wird.[272] Weiter ist auch denkbar, dass durch ein falsches Gutachten der Tatbestand des § 824 BGB (Kreditgefährdung) verwirklicht werden kann. Doch dürften diese Anspruchsgrundlagen angesichts der Tatsache, dass es in der ganz überwiegenden Anzahl der Fälle um den Ersatz reiner Vermögensschäden geht, ohne dass solch spezielle Konstellationen gegeben sind, auch in Zukunft für die Sachverständigenhaftung gegenüber Dritten – wenn überhaupt – nur eine untergeordnete Rolle spielen.

Anders verhält es sich hingegen grundsätzlich mit § 823 Abs. 2 BGB, der bei Verletzung eines Schutzgesetzes auch den Ersatz reiner Vermögensschäden ermöglicht. Als Schutzgesetze kommen hier vor allem die Vermögensdelikte des StGB (insbesondere Betrug nach § 263 StGB, aber auch §§ 264, 266 sowie 267 und 203 StGB) in Betracht.[273] Die Schwierigkeit besteht darin, dem Gutachter den nach allen genannten Vorschriften erforderlichen Vorsatz nachzuweisen, den er wohl in der Regel auch nicht hat.[274] Daher ist die praktische Relevanz des § 823 Abs. 2 BGB i.V.m. § 263 StGB oder den anderen Schutzgesetzen sehr gering.

Eine weitere Möglichkeit der Sachverständigenhaftung bestünde darin, berufsrechtliche Regelungen wie z. B. § 43 BRAO, § 43 WPO, § 57 StBG oder § 36 GewO, die die Angehörigen der betreffenden Berufe zur gewissenhaften Berufsausübung verpflichten, als Schutzgesetze anzusehen. Die Rechtsprechung hat dies aber abgelehnt, da solche Bestimmungen Sorgfaltspflichten zwar vor-

---

[271] BGH NJW 1970, 1963.

[272] *Littbarski*, ZIP 1996, 812 (813) unter Hinweis auf BGHZ 29, 65 (70 ff.); BGHZ 45, 296 (307 ff.); BGH NJW 1970, 2060; Bayerlein/*Wessel*, Praxishandbuch Sachverständigenrecht, § 33 Rn. 36.

[273] Vgl. BGH NJW 1954, 1033; BGH NJW 1972, 679; BGH NJW 1984, 2087; OLG Köln NJW-RR 1988, 335; *Müssig*, NJW 1989, 1697 (1702 f.).

[274] *Ebke/Fechtrup*, JZ 1986, 1111 (1113).

aussetzen, aber nicht begründen und darüber hinaus die Berufstätigkeit nur allgemein regeln, aber keine konkreten Pflichten oder Handlungsmaßstäbe bieten.[275]

Dann bleibt als deliktische Anspruchsgrundlage noch § 826 BGB, der für die Sachverständigenhaftung in der Rechtsprechung tatsächlich besondere Bedeutung erlangt hat. Dieser soll im Folgenden näher erläutert werden.

2. Die Bedeutung des § 826 BGB in der Rechtsprechung zur Sachverständigenhaftung

Nach § 826 BGB ist derjenige schadensersatzpflichtig, der einem anderen in einer gegen die guten Sitten verstoßenden Weise vorsätzlich Schaden zufügt. Es muss also ein Sittenverstoß und Vorsatz in Bezug auf die Schädigung gegeben sein. Ein Verstoß gegen die guten Sitten ist herkömmlicher Weise dann gegeben, wenn eine Handlung das Anstandsgefühl aller billig und gerecht Denkenden verletzt.[276] Hinsichtlich des Sittenverstoßes ergibt sich schon aus der Wertung des § 123 BGB, dass die eine Täuschung enthaltende Auskunft einen Verstoß gegen die guten Sitten darstellt, ohne dass es auf die weiteren Umstände des Einzelfalls ankommt.[277] So ist eine sittenwidrige Schädigung z. B. zu bejahen, wenn sich ein Anwalt gegenüber einem Gläubiger seines Mandanten über dessen Zahlungsfähigkeit positiv äußert, obwohl er weiß, dass eine Konkurseröffnung unmittelbar bevorsteht und der Mandant eine längere Freiheitsstrafe antreten muss.[278] Für den Vorsatz bezüglich der Schädigung ist bedingter Vorsatz ausreichend.[279] Nach der im Zivilrecht geltenden Vorsatztheorie gehört zum Vorsatz auch das Bewusstsein der Rechtswidrigkeit.[280] Da die Sittenwidrigkeit einen besonders schweren Bruch der Grundsätze des Rechts und somit eine be-

[275] BGH WM 1966, 1148 (1150); OLG Saarbrücken, BB 1978, 1434 (1436); LG Mönchengladbach NJW-RR 1991, 415 (417); auch die Literatur ist einhellig dieser Meinung, vgl. nur *Ebke*, FS für Trinkner, 1995, 493 (514); *ders.*, Wirtschaftsprüfer und Dritthaftung, S. 50; *Hopt*, FS für Pleyer, 1986, 341 (363); *Grunewald*, ZGR 1999, 583 (590); *Kiss*, WM 1999, 117 (122), der darauf hinweist, dass dies auch die bewusste gesetzgeberische Wertung des § 14 BNotO konterkarieren würde.

[276] BGHZ 10, 228 (232); 69, 295 (297).

[277] *Larenz/Canaris*, BT II/2, § 78 II 2 b, S. 452 m.w.N.

[278] BGH BB 1972, 676, wo der BGH jedoch einen stillschweigenden Auskunftsvertrag zwischen dem Anwalt und dem Gläubiger seines Mandanten annahm; vgl. auch BGH WM 1974, 685 (686), wo die Vorsinstanz § 826 BGB bejaht hatte, der BGH aber nur vertragliche Ansprüche behandelte; des Weiteren zu einer Sachverständigenhaftung aus § 826 BGB wegen wissentlicher falscher Auskünfte oder Gutachten auch RGZ 94, 318 (319); BGH WM 1969, 36.

[279] Vgl. nur Palandt/*Sprau*, § 826 BGB, Rn. 10.

[280] BGHZ 69, 142; 118, 208; Palandt/*Heinrichs*, § 276 BGB, Rn. 11.

sonders schwere Rechtswidrigkeit darstellt, wäre nach der Vorsatztheorie eigentlich zu fordern, dass auch das Bewusstsein der Sittenwidrigkeit vorhanden ist. Da aber dann ein gröberes Moralempfinden prämiert würde, wird allgemein nur die Kenntnis der Umstände verlangt, die das Verhalten des Schädigers als sittenwidrig erscheinen lassen.[281]

Nach diesen sehr engen Voraussetzungen für eine Haftung aus § 826 BGB wäre es eigentlich nicht zu erwarten, dass diese Norm für die Dritthaftung des Sachverständigen eine erhebliche Rolle spielt. Jedoch hat die Rechtsprechung diese Anforderungen an die Tatbestandsmerkmale eines vorsätzlichen Sittenverstoßes und einer damit einhergehenden vorsätzlichen Schädigung für Sachverständigenfälle in dreifacher Weise gesenkt:

a. Verstoß gegen die guten Sitten durch Leichtfertigkeit

Schon das RG hat in seiner Entscheidung vom 15.11.1909[282] einen grob fahrlässigen Verstoß gegen die guten Sitten als für § 826 BGB ausreichend erachtet und dazu ausgeführt: „Ein doloses, arglistiges Handeln wird zur Annahme eines Verstoßes wider die guten Sitten nicht erfordert; auch die Außerachtlassung der im Verkehr erforderlichen Sorgfalt kann in besonders gearteten Fällen einen solchen Verstoß enthalten, und auch hierbei kann sich der Handelnde ebenso gut der Möglichkeit des Eintritts einer Vermögensschädigung bewusst sein, wie in dem Falle arglistigen Handelns."[283] Es hatte hier der Hausarzt des Klägers dessen Ehefrau erklärt, dass der Kläger geisteskrank sei. Diese hatte daraufhin zusammen mit ihren Verwandten gegen ihren Ehemann ein Entmündigungsverfahren betrieben. Das RG stellte insbesondere darauf ab, dass der Arzt die Familien- und Erbstreitigkeiten zwischen den Eheleuten gekannt habe und er sich deshalb die persönlichen und vermögensrechtlichen Folgen seiner Äußerung für den Kläger hätte vergegenwärtigen müssen.

Dem folgend hat sich auch in der Rechtsprechung des Bundesgerichtshofes der Grundsatz verfestigt, dass ein Sachverständiger dann sittenwidrig handelt, wenn er leichtfertig und gewissenlos ein falsches Gutachten erstellt bzw. eine falsche Auskunft erteilt.[284] Dabei wird teilweise von „leichtfertigem und gewissenlosem" Verhalten des Gutachters gesprochen[285], teilweise von „leichtfertigem,

---

[281] Vgl. BGH NJW 1951, 596; Palandt/*Sprau*, § 826 BGB, Rn. 11.
[282] RGZ 72, 175.
[283] RGZ 72, 175 (176).
[284] BGHZ 74, 281; BGH WM 1956, 1229; BGH WM 1966, 1148; BGH WM 1966, 1150; BGH WM 1970, 878; BGH NJW 1979, 1599; BGH NJW 1986, 180; BGH NJW 1987, 1758; BGH NJW 1991, 3282.
[285] Z. B. BGH WM 1956, 1229; BGH NJW 1991, 3282 (3283).

grobfahrlässigem" Verhalten.[286] Es findet sich auch die Formulierung, dass der Gutachter sich grobfahrlässig der Erkenntnis verschließe, dass sein Gutachten unrichtig sei.[287] Für einen Sittenverstoß durch leichtfertiges Verhalten reicht aber noch nicht aus, dass der Sachverständige ein falsches Gutachten erstattet hat. Vielmehr muss er die im Verkehr erforderliche Sorgfalt in besonders starkem Maße etwa dadurch außer Acht gelassen haben, dass er die Grundlagen seines Gutachtens nachlässig ermittelt oder Angaben „ins Blaue hinein" gemacht hat.[288] Die Leichtfertigkeit des Verhaltens des Sachverständigen wird damit begründet, dass das Gutachten bzw. die Information für die Entschließung des Geschädigten von erheblicher Bedeutung sei[289] und dass der Sachverständige aufgrund seines beruflichen Ansehens und seiner fachkundigen Kompetenz eine Vertrauensstellung inne habe.[290] Dazu heißt es in einer neueren Entscheidung: „Erforderlich ist vielmehr, dass der Sachverständige sich ... der Gutachtenaufgabe leichtfertig entledigt und damit eine Rücksichtslosigkeit gegenüber dem Adressaten des Gutachtens und den in seinem Informationsbereich stehenden Dritten an den Tag gelegt hat, die angesichts der Bedeutung, die das Gutachten für deren Entschließungen hatte, und der von ihm in Anspruch genommenen Kompetenz als gewissenlos bezeichnet werden muss."[291]

b. Bedingter Schädigungsvorsatz

Wie oben schon erwähnt, reicht für eine vorsätzliche Schädigung Eventualvorsatz aus. Dieser ist gegeben, wenn der Sachverständige mit einer Kenntniserlangung seines unrichtigen Gutachtens durch Dritte gerechnet und eine dadurch verursachte Schädigung des Dritten für möglich gehalten und billigend in Kauf genommen hat. Dabei wird nicht für nötig gehalten, dass der Sachverständige weiß, wer der Geschädigte Dritte sein wird.[292] Von der Rechtsprechung wurde zunächst für ausreichend erachtet, dass der Sachverständige die Richtung, in der sich sein Verhalten zum Schaden anderer auswirken konnte, und die Art des

---

[286] Z. B. BGH WM 1966, 1148 und 1150.

[287] BGH WM 1970, 878 (879).

[288] Allerdings hat der BGH jüngst bezüglich der Haftung eines gerichtlich bestellten Sachverständigen entschieden, das dieser dann nicht leichtfertig handelt, wenn er trotz ausreichender Bemühungen keine Möglichkeit zur gesicherten Tatsachenfeststellung hatte und dies im Gutachten kenntlich macht, wobei ein solcher Hinweis nicht am Anfang des Gutachtens stehen muss, vgl. BGH NJW 2003, 2825 = JA 2004, 97.

[289] Vgl. BGH WM 1962, 935; BGH NJW 1987, 1758; und auch schon die oben (Fn. 282) genannte Entscheidung, in der das RG die dem Arzt bekannte Erheblichkeit seiner Aussage für die Vermögensverhältnisse des Klägers betonte.

[290] Vgl. BGH WM 1956, 1229 (Wirtschaftsprüfer); BGH WM 1966, 1148 f. (öffentlich bestellter Sachverständiger).

[291] BGH NJW 1991, 3282 (3283).

[292] BGH WM 1956, 1229.

möglicherweise eintretenden Schadens vorausgesehen und in seinen Willen aufgenommen oder gebilligt hat.[293] Durch die Entscheidung des Bundesgerichtshofes im Hausbank-Fall, die auch die fortgesetzte Erweiterung des personellen Schutzbereiches bezüglich des Vertrages mit Schutzwirkung für Dritte bewirkte,[294] wurden die Voraussetzungen für eine Annahme des Vorsatzes bei dem Sachverständigen noch weiter heruntergeschraubt: Hier wurde ein Schädigungsvorsatz schon dann bejaht, wenn der Gutachter sich vorstellt, das Gutachten könne bei Kreditverhandlungen mit einem Geldgeber verwandt werden und diesen zu einer nachteiligen Disposition veranlassen. Um dies auszuschließen, müsse er bei einem solchen Geschäft (Erwerb von Geschäftsanteilen an einer GmbH) positive Anhaltspunkte dafür haben, dass der Empfänger die Bilanz nur für eigene Zwecke verwende bzw. der Unternehmenskäufer den Erwerb voll mit Eigenmitteln finanziere.[295] Ansonsten liege es im Geschäftsverkehr nach allgemeiner Erfahrung nahe, dass ein Gutachter mit einer Kreditaufnahme eines nachmaligen Käufers zwecks Kaufpreisfinanzierung rechne.[296] Für den Schädigungsvorsatz von Sachverständigen i.S.d. § 826 BGB bedeutet dies, dass sie praktisch nachweisen müssen, dass sie entgegen allgemeiner Lebenserfahrung nicht mit einer etwaigen Kreditaufnahme rechneten und daher keinen Vorsatz hatten.

In Fortsetzung dieser Entwicklung hat dann auch das OLG Frankfurt angenommen, der Sachverständige müsse beweisen, dass er aufgrund der Umstände annehmen durfte, der Empfänger seines Gutachtens werde dies nur für eigene Zwecke verwenden.[297] In BGH NJW 1991, 3282 wurde jedoch entgegen der Ansicht des Berufungsgerichtes die Begründung des Vorsatzes durch die Annahme, der Sachverständige hätte mit einer Weitergabe des Gutachtens rechnen müssen, weil dies nach allgemeiner Lebenserfahrung nahe liege, abgelehnt.[298] Allerdings hatte das Berufungsgericht im Rahmen der Prüfung von vertraglichen Ansprüchen auch festgestellt, das Gutachten habe dem Auftraggeber nur dazu dienen sollen, sich ein Bild über den Wert seines Grundstückes zu machen. Insofern

---

293 BGH WM 1966, 1152; beachte aber auch BGH WM 1966, 1148 (1149), wo der Schädigungsvorsatz bei einem öffentlich bestellten Sachverständigen noch verneint wurde, weil er „sich nicht dessen bewusst war, dass seine (Grundstücks-)Schätzung für weitere Kreise bedeutsam sein und unter Umständen als Grundlage für entscheidende Vermögensdispositionen dienen werde"; vgl. dazu *Lang*, WM 1988, 1001 (1004).

294 NJW 1987, 1758, siehe oben Teil A: Zweites Kapitel - I.2.b.cc.

295 BGH NJW 1987, 1758 (1759).

296 Kritisch zum Vorliegen eines solchen allgemeinen Erfahrungssatzes *Schindhelm/Grothe*, DStR 1989, 445 (445 f.).

297 OLG Frankfurt WM 1989, 1618 (1620), wo es um die von einem Wirtschaftsprüfer testierte Bilanz ging; kritisch dazu *Ebke/Scheel*, WM 1991, 389 (390), da ein solcher Beweis in der Praxis kaum zu führen sein dürfte.

298 BGH NJW 1991, 3282 (3284).

stellt diese Entscheidung keine Begrenzung der oben geschilderten Rechtsprechungsargumentation zum bedingten Vorsatz eines Sachverständigen dar, sondern beseitigte lediglich logische Inkonsistenzen des berufungsgerichtlichen Urteils.

c. Indizwirkung der Leichtfertigkeit für den Vorsatz

Der BGH hat die Annahme des Vorsatzes bei Sachverständigen nicht nur durch den vorgenannten Erfahrungssatz, dass Gutachten üblicherweise Dritten zur Entscheidungsfindung vorgelegt werden, erleichtert. Darüber hinaus lässt er auch den Schluss von der Leichtfertigkeit auf das Bestehen eines bedingten Schädigungsvorsatzes zu. Insbesondere wenn der Sachverständige selbst erkannt hat, dass er sich bei der Erstellung des Gutachtens leichtfertig und / oder gewissenlos verhalten hat, schließt der BGH auf einen bedingten Schädigungsvorsatz.[299] Aber auch wenn dies nicht der Fall ist, lässt der BGH den Schluss von der Leichtfertigkeit auf den Vorsatz zu: „Aus der Art und Weise, wie sich ein sittenwidriges Verhalten kundgibt, z. B. durch grobe Leichtfertigkeit oder Verantwortungslosigkeit, wird ... nicht selten zu schließen sein, dass der Beklagte mit dem bedingten Vorsatz der Schadenszufügung gehandelt hat."[300] An anderer Stelle heißt es: „Anhaltspunkte für vorsätzliches Verhalten können die Art und Weise des Sittenverstoßes bilden."[301]

3. Bewertung

Die Erleichterungen, die die Rechtsprechung für eine Anwendbarkeit des § 826 BGB auf Sachverständigenfälle eingeführt hat, liegen also darin, dass zunächst schon grobe Fahrlässigkeit ausreiche um den Vorwurf des Sittenverstoßes zu begründen, dass dann an die Annahme des Schädigungsvorsatzes bei dem Sachverständigen unter dem Rückgriff auf „allgemeine Erfahrungssätze" nur geringe Anforderungen gestellt werden, und schließlich, dass von einem leichtfertigen Sittenverstoß auf den bedingten Vorsatz zur Schädigung geschlossen werden könne. Diese Absenkungen der sonst Hürden von einiger Höhe darstellenden Tatbestandsmerkmale des § 826 BGB geschahen bezeichnender Weise oftmals in Sachverständigenfällen und haben dazu geführt, dass diese Fälle eine bedeutende Fallgruppe der Haftung aus § 826 BGB ausmachen.[302] So hat diese Ausweitung der Rechtsprechung auch in der Literatur erhebliche Kritik erfahren.

[299] BGH VersR 1979, 283 (284).
[300] BGH NJW 1970, 1737 (1738) zu einer Bankauskunft.
[301] BGH NJW 1986, 180 (182), wo es um ein Steuerberatertestat ging.
[302] Dies wird belegt durch einen Blick in die Kommentare, vgl. nur Palandt/*Sprau*, § 826 BGB, Rn. 8 – 10 und 25 – 28 und die dort genannten Urteile; *Damm*, JZ 1991, 373 (383) spricht von „einer der Hauptfallgruppen des § 826".

Gesprochen wird dort von „kaschierter Haftung für grobe Fahrlässigkeit unter dem Deckmantel des Vorsatzes in § 826 BGB",[303] der „Denaturierung" der Vorsatzhaftung,[304] „brisantem Haftungspotential hart an der Grenze der lex lata"[305] oder „kaum noch gesetzeskonformer Auslegung".[306] Dabei wird insbesondere kritisiert, dass, wenn schon nicht das Bewusstsein der Sittenwidrigkeit, sondern nur die Kenntnis der sie begründenden Umstände verlangt wird, auch auf dieses Vorsatzelement verzichtet werde, indem die Rechtsprechung einen fahrlässigen Sittenverstoß anerkenne. Dazu komme noch der nur bedingte Schädigungsvorsatz, dessen Begriff ohnehin schon verwässert und der daher kaum noch von grober Fahrlässigkeit zu unterscheiden sei.[307]

Dem kann zwar entgegengehalten werden, dass eine so feine Abgrenzung wie die zwischen dolus eventualis und grober Fahrlässigkeit trotzdem vorgenommen werden muss, auch wenn sie schwierig und im Einzelfall oft zweifelhaft sein mag (jeder Strafrechtler dürfte damit bestens vertraut sein). Es mag auch nachvollziehbar sein, dass es sittenwidriges Handeln darstellt, wenn jemand mit dem in ihn oder seinen Berufsstand gesetzten Vertrauen leichtfertig umgeht. Dies kann aber nicht dem Umstand abhelfen, dass § 826 BGB – auch nach dem eindeutigen Willen des Gesetzgebers – gerade nicht eine Haftung für grobe Fahrlässigkeit, sondern nur eine Vorsatzhaftung erfassen sollte.[308] Allerdings hat sich die der Gesetzgebung ursprünglich zugrunde liegende Auffassung zur Schutzwürdigkeit von fahrlässig verursachten Vermögensschäden im Laufe der Zeit auch gewandelt, wie gerade die im Ergebnis größtenteils akzeptierte Rechtsprechung zu den Sachverständigenfällen zeigt. Jedoch ist dies kein Grund, eine Rechtsprechung zu verteidigen, die mit den Tatbestandsmerkmalen des Gesetzes nur teilweise vereinbar ist. Hinzu kommt noch, dass die Sachverständigen durch eine Bejahung ihrer Haftung aus § 826 BGB bei nur grob fahrlässigen Sittenver-

---

[303] *Ebke/Scheel*, WM 1991, 389 (390).

[304] *Hopt*, AcP 183 (1983), 608 (633).

[305] *Larenz/Canaris*, BT II/2, § 78 III 1 a, S. 454.

[306] *Henssler*, JZ 1994, 178 (184).

[307] Vgl. *Honsell*, Jus 1976, 621 (628); *ders.*, FS für Medicus, 1999, 211 (216), der deshalb für eine strikte Einhaltung des Vorsatzerfordernisses plädiert und den ihm entgegengehaltenen, so veranlassten Beweisschwierigkeiten dadurch abhelfen will, dass er dem Geschädigten die Erleichterung des prima-facie-Beweises zugute kommen lässt; ähnlich auch *Strauch*, JuS 1992, 897 (901).

[308] § 705 des 1. Entwurfs zum BGB sah noch eine Haftung für fahrlässig sittenwidrige Schädigung vor (Mot. II, S. 727), dessen Wortlaut allerdings von der 2. Kommission geändert wurde, weil sie die fahrlässige Verletzung fremder Vermögensinteressen nicht für schutzwürdig hielt (Prot. II, S. 576).

stößen Gefahr laufen, ihres Versicherungsschutzes nach § 152 VVG verlustig zu gehen.[309]

Ganz besonders auffallend an dieser Rechtsprechung ist ihre Ähnlichkeit zu der Argumentation, die für die Begründung eines stillschweigenden Auskunftsvertrages oder auch für die Einbeziehung eines Dritten in den Schutzbereich des Gutachtervertrages herangezogen wird. Hier wird für die Qualifizierung eines leichtfertigen Verhaltens als Verstoß gegen die guten Sitten einmal mehr auf die besondere Fachkunde des Sachverständigen, die für ihn erkennbare Bedeutung seines Gutachtens für die Vermögensverhältnisse eventuell betroffener Dritter und auf die mit seinem Beruf verbundene Vertrauensstellung in der Öffentlichkeit verwiesen.[310] Dem entsprechend wird auch in vielen Entscheidungen eine Haftung aus § 826 BGB neben einer vertraglichen Haftung geprüft.[311] Es scheint, als ob es sich gerade bei den Sachverständigenfällen um nicht eindeutig voneinander abgegrenzte Fallgruppen handelt, in denen die Sachkriterien der Haftung offenbar weitgehend identisch sind.

---

[309] *Grunewald*, ZGR 1999, 583 (592); *Ebke*, FS für Trinkner, 1995, 493 (514); *Ebke/Scheel*, WM 1991, 389 (390); *Hirte*, Berufshaftung, S. 426, der diesem Risiko durch einen teleologisch reduzierten Anwendungsbereich des § 152 VVG entgegensteuern will.

[310] *Lang*, WM 1988, 1001 (1003) setzt diese Kriterien zu § 826 BGB ins Verhältnis, indem er formuliert: „Die Annahme eines Sittenverstoßes liegt besonders nahe, wenn der Schädiger mit Rücksicht auf sein Ansehen oder seinen Beruf eine Vertrauensstellung einnimmt."

[311] Z. B. BGH WM 1966, 1148; BGH WM 1969, 470; BGH WM 1970, 1021; BGH WM 1976, 498; BGH NJW 1987, 1758; vgl. auch *Huber*, FS für von Caemmerer, 1978, 359 (376), der das unbefriedigende Nebeneinander von vertraglicher und deliktischer Haftung bemängelt.

Drittes Kapitel - Die Lösungsansätze in der Literatur

Da die Haftung des privat bestellten Sachverständigen gegenüber Dritten zwei sehr umstrittene und bisher ungeklärte Rechtsfelder berührt, nämlich die Berufshaftung bzw. Auskunftshaftung und die Ersatzfähigkeit reiner Vermögensschäden, die schon seit langer Zeit diskutiert werden[312] und grundlegende dogmatische Fragen vertragsrechtlicher und deliktsrechtlicher Natur aufwerfen, ist die Fülle der in der Literatur angebotenen Lösungswege schier unübersehbar. In der vorliegenden Arbeit sollen daher anhand ausgewählter Ansätze die verschiedenen zu diesem Thema eingeschlagenen Richtungen aufgezeigt werden. Hierbei zeichnen sich die bedeutenden Lösungsvorschläge dadurch aus, dass sie auf seit jeher grundverschiedenen Herangehensweisen (man könnte dies schon mit dem Schlagwort „Glaubensfragen" bezeichnen) beruhen, die ebenfalls schon seit Jahrzehnten vertreten und daher auch ebenso lange diskutiert werden. Diese sollen daher nicht zum wiederholten Male eingehend untersucht, sondern in aller Kürze dargestellt und anschließend bewertet werden.

Der Konzeption des Bürgerlichen Gesetzbuches folgend werden die verschiedenen Lösungsangebote in vertragliche (bzw. vertragsähnliche)[313] und deliktische[314] unterschieden. Daneben existieren einige „selbstständige Modelle", d.h. solche, die keinem der beiden Rechtsfelder eindeutig zugeordnet werden können oder ihrer Natur nach zwischen diesen beiden Rechtsfeldern stehen. Diese werden dann im Anschluss[315] behandelt.

I. Vertragliche oder vertragsähnliche Modelle

1. Stillschweigender Auskunftsvertrag

In neuerer Zeit hat vor allem *Müller* den Ansatz des RG und auch der älteren Rechtsprechung des Bundesgerichtshofes zur Annahme eines stillschweigenden Auskunftsvertrages zwischen Sachverständigem und Auskunftsempfänger[316]

---

[312] Als einer der ersten untersuchte *Heinrich Stoll*, AcP 135 (1932), S. 89 ff. die reichsgerichtliche Rechtsprechung zur Dritthaftung und folgerte daraus eine Haftung aus veranlasstem Rechtsschein nach Vertragsgrundsätzen (S. 103 ff.); krit. hierzu *Musielak*, Haftung für Rat, Auskunft und Gutachten, S. 27 ff.

[313] Vgl. unten Teil A: Drittes Kapitel - I.

[314] Vgl. unten Teil A: Drittes Kapitel - II.

[315] Vgl. unten Teil A: Drittes Kapitel - III.

[316] Vgl. dazu eingehend oben Teil A: Zweites Kapitel - I.1.

wieder aufgegriffen und verteidigt.[317] Er zieht zur Begründung eines konkludent geschlossenen Auskunftsvertrages vor allem das von *Hübner* entwickelte Prinzip der Zurechnung rechtlich relevanten Verhaltens heran.[318] Danach zeige der Sachverständige, der eine Auskunft gebe, nach außen ein Verhalten, das der Empfänger als Willenserklärung mit bestimmten Inhalt auffassen müsse. Er müsse sich daher so behandeln lassen, als hätte er eine Willenserklärung mit Rechtsbindungswillen abgegeben, da er bei Auskunftserteilung zumindest das Bewusstsein habe, dass seiner Erklärung von dem Auskunftsempfänger eine solche Bedeutung beigelegt werde.[319] Dies folge daraus, dass dem Auskunftgeber positiv bekannt oder zumindest erkennbar sei, dass die Auskunft eine für den Empfänger wirtschaftlich wichtige Angelegenheit betreffe und er von ihr eine nicht unbedeutende Entscheidung abhängig machen wolle. Dann stelle die Erteilung der Auskunft aus der Sicht des Empfängers nicht nur eine bloße außerrechtliche Gefälligkeit dar.[320]

Unabdingbare Voraussetzung für eine Haftung aus stillschweigendem Auskunftsvertrag ist für *Müller*, dass dem Auskunftgeber erkennbar sein müsse, dass der Auskunftsempfänger die Auskunft zur Grundlage wesentlicher Vermögensentscheidung machen wolle. Sonst sei ihm die Erteilung der Auskunft nicht in dem Sinne vorwerfbar, dass er so gehandelt habe, dass aus seinem Verhalten auf eine Willenserklärung zu schließen sei.[321] Gesteigert wird dies noch in den Fällen, in denen die Auskunft oder ein Gutachten vom Auftraggeber desselben gegenüber einem Dritten verwendet wird. Dann verlangt er, dass dem Sachverständigen positiv bekannt sein müsse, dass ein bestimmter Dritter sich auf das Gutachten verlassen wolle.[322] Das bedeutet, dass sowohl die Identität als auch der Grund der Vorlage an den Dritten dem Sachverständigen bekannt sein müssten. Er übersieht dabei, dass seiner Ansicht nach dann in etlichen Fällen, in denen der BGH eine Haftung des Sachverständigen nach der Weitergabe des Gutachtens durch den Auftraggeber bejaht hat, eine Einstandspflicht des Sachverständigen ausgeschlossen wäre.[323]

---

[317] *Müller*, Auskunftshaftung, S. 192 ff.; ähnlich *Bosch*, ZHR 163 (1999), 274 (283) nach dem ein konkludent geschlossener Auskunftsvertrag zumindest dann nahe liege, wenn es einen unmittelbare Kontakt zwischen Sachverständigem und Drittem gegeben habe.

[318] *Hübner*, FS für Nipperdey, 1965, Bd. 1, 373 ff.; *ders.*, AT BGB, Rn. 583 ff., 681 ff.

[319] *Müller*, Auskunftshaftung, S. 192 ff. (196).

[320] *Müller*, Auskunftshaftung, S. 197.

[321] *Müller*, Auskunftshaftung, S. 197.

[322] *Müller*, Auskunftshaftung, S. 201.

[323] Z. B. in BGH NJW 1982, 2431 und BGH JZ 1985, 951 („Konsul-Fall"); BGH NJW 1987, 1758 („Hausbank-Fall"); BGH JZ 1998, 624 („Bürgschaftsfall").

Müller ist zugute zu halten, dass er sich auf dem Boden der anerkannten Rechtsgeschäftslehre bewegen will, um die Haftung von Sachverständigen gegenüber ihren Nichtvertragspartnern in den Griff zu bekommen. Dies nennt er auch als ausdrücklichen Vorteil seiner Lösung gegenüber den anderen in der Literatur vorgeschlagenen und dogmatisch eher schwer begründbaren oder einzuordnenden Meinungen, die sich oftmals nicht auf anerkannte Rechtskonstruktionen berufen können.[324]

Generell ist sein Ansatz aber aus den oben dargelegten Gründen abzulehnen. Selbst wenn der Empfänger der Auskunft sich wegen der für ihn wirtschaftlichen Bedeutung gerne auf sie verlassen können will, so fehlen doch auch aus seiner Sicht konkrete Anhaltspunkte, aus denen er schließen dürfte, dass der Sachverständige / Auskunftgeber ihm, obwohl seinerseits ein Entgelt nicht geleistet wird, auch finanziell für die Richtigkeit der Auskunft oder des Gutachtens einstehen wolle.[325]

2. Schuldverhältnis mit Schutzwirkung für Dritte

Die Vertreter dieser Auffassung knüpfen an die von der Rechtsprechung gefundenen Ergebnisse zum Vertrag mit Schutzwirkung für Dritte in Gutachterfällen an. In der Sache ist das „Schuldverhältnis mit Schutzwirkung für Dritte“ nichts anderes als der Vertrag mit Schutzwirkung für Dritte, der hier aber auf eine andere dogmatische Grundlage gestellt wird. Abgelehnt wird die Vorgehensweise der Rechtsprechung, Drittschutzwirkungen eines Gutachtervertrages im Wege der ergänzenden Vertragsauslegung zu ermitteln.[326] Vielmehr seien die einen Dritten umfassenden Schutzwirkungen eines Vertrages das Ergebnis richterlicher Rechtsfortbildung, beruhten daher auf objektivem Recht und seien somit vom Willen der unmittelbaren Vertragsparteien unabhängig.[327] Die Vertreter

---

[324] *Müller*, Auskunftshaftung, S. 203.

[325] Ausführlich oben unter Teil A: Zweites Kapitel - I.1.a.bb.

[326] *Musielak* bezeichnete diesen Weg schon 1974 als veraltet, in: Haftung für Rat Auskunft und Gutachten, S. 37.

[327] *Stahl*, Dritthaftung, S. 75; *Ziegltrum*, Der Vertrag mit Schutzwirkung für Dritte, S. 152 ff. (156). Dass die Konstruktion ein Ergebnis richterlicher Rechtsfortbildung sei, erwähnte auch der BGH jüngst in NJW 1996, 2927 (2928). Ablehnend gegenüber der ergänzenden Vertragsauslegung als dogmatischen Grundlage des Vertrages mit Schutzwirkung für Dritte auch die inzwischen herrschende Meinung in der Literatur: *Bayer*, JuS 1996, 475; *Canaris*, JZ 1965, 475 ff.; *ders.*, Bankvertragsrecht, S. 13, Rn. 21; *Ebke/Scheel*, WM 1991, 389 (392); *Grunewald*, AcP 187 (1987), 285 (290); *dies.*, ZGR 1999, 583 (588 f.); *Honsell*, JZ 1985, 952 (953); *Kümmeth*, Die dogmatische Begründung des Rechtsinstituts des Vertrages mit Schutzwirkung zugunsten Dritter, S. 134 ff., 219 ff. *Larenz*, SchR AT, § 17 II, S. 227; *Schindhelm/Grothe*, DStR 1989, 445 (447); *Schmitz*, DB 1989, 1909 (1913);

dieser Ansicht bezeichnen den Vertrag mit Schutzwirkung für Dritte teilweise als vertragsähnliches, gesetzliches Schuldverhältnis[328], teilweise als Ergebnis richterlicher Rechtsfortbildung.[329] Beschrieben wird die Rechtsfigur des Vertrages mit Schutzwirkung für Dritte auch als „rechtsfortbildende gesetzliche Ausgestaltung des Vertragsverhältnisses nach Treu und Glauben" und „gesetzliche Erweiterung des Schuldverhältnisses".[330] Oder es wird der Vertrag selbst als Haftungsgrundlage angesehen, der hinsichtlich seiner Nebenpflichten durch Richterrecht ergänzt und konkretisiert wird. Man mag sich darüber streiten, ob der durch richterliche Rechtsfortbildung entwickelte Schutzbereich eines Vertrages, in den ein Dritter einbezogen sein kann, auch als gesetzliches Schuldverhältnis anzusehen ist oder als solches bezeichnet werden kann. Entscheidend ist m. E., dass die vertraglichen Schutzwirkungen nach der neueren Lehre keinesfalls auf ergänzender Vertragsauslegung beruhen. Sie sind somit nicht der privatautonomen Gestaltung der Vertragsparteien unterworfen sondern von deren Willen unabhängig.[331]

Für *Musielak* und *Ziegltrum* ist statt des (hypothetischen) Willens der Vertragsparteien zentrales Kriterium der Vertragszweck. Dieser bestimme den drittschützenden Bereich des Gutachtervertrages. Der Dritte soll danach in den Schutzbereich des Vertrages einbezogen sein, wenn er nach dem Inhalt und Zweck desselben bestimmungsgemäß wie der Gläubiger in Berührung mit der nach dem Vertrag geschuldeten Leistung komme.[332] Diese Drittbezogenheit müsse für den Gutachter außerdem erkennbar sein, damit das Haftungsrisiko für

---

Strauch, JuS 1982, 823 (826); MüKo/*Gottwald*, § 328 BGB, Rn. 101 f.; a.A. Palandt/*Heinrichs*, § 328 BGB, Rn. 14; *Dahm*, Vertrag mit Schutzwirkung für Dritte, S. 73 ff.

[328] *Lorenz*, JZ 1960, 108 (112); *Bayer*, Der Vertrag zugunsten Dritter, S. 191 f.; *Gernhuber*, Das Schuldverhältnis, S. 527; *Plötner*, Die Rechtsfigur des Vertrags mit Schutzwirkung für Dritte und die sogenannte Expertenhaftung, S. 80; *Esser/Schmidt*, AT I/2, S. 270 f.; *Zugehör*, NJW 2000, 1601 (1609); MüKo/*Gottwald*, § 328 BGB, Rn. 100 ff.

[329] *Hirth*, Ausgleich von Drittschäden, S. 106 ff., 118; *Musielak*, Haftung für Rat, Auskunft und Gutachten, S. 38; *Ziegltrum*, Der Vertrag mit Schutzwirkung für Dritte, S. 146 ff.; *Larenz*, SchR AT, § 17 II, S. 226 f.; *Gernhuber*, Das Schuldverhältnis, S. 529, 540; *Puhle*, Vertrag mit Schutzwirkung zugunsten Dritter und Drittschadensliquidation, S. 42 ff.; *Honsell*, FS für Medicus, 1999, 211 (233), der sich gleichzeitig ausdrücklich gegen die Annahme eines „gesetzlichen Schuldverhältnisses" ausspricht, da dieser Begriff den gesetzlich geregelten, außervertraglichen Anspruchsgrundlagen vorbehalten bleiben solle; a.a.O., 211 (221, Fn. 50).

[330] MüKo/*Gottwald*, § 328 BGB, Rn. 101 und 102.

[331] Dazu näher unten Teil A: Viertes Kapitel - II.

[332] *Musielak*, Haftung für Rat, Auskunft und Gutachten, S. 38 f.; *ders.*, VersR 1977, 973 (977); *ders.*; JuS 1975, 796 (800); *Ziegltrum*, Der Vertrag mit Schutzwirkung für Dritte, S. 185 f., 192 f.; speziell hinsichtlich der Dritthaftung von Sachverständigen S. 205 ff. (208).

ihn von vornherein überschaubar sei.[333] *Siegltrum* fordert zusätzlich, dass es sich bei dem Dritten um eine „leistungsvermittelte" Schädigung handeln müsse, d.h. die Schädigung müsse durch die Nutzung der Leistung selbst eingetreten sein[334] und der Dritte dürfe keinen anderweitigen vertraglichen Anspruch hinsichtlich dieser Leistung haben.[335]

Nach *Stahls* Ansicht[336] ist Voraussetzung für die Dritthaftung des Sachverständigen, dass dieser eine eigenständige Expertenposition einnehme, also nicht auf der Seite des „Anschlussgläubigers" stehe,[337] und dass die Beziehung des Anschlussgläubigers zu dem Dritten den Rang eines Rechtsverhältnisses habe, das seinerseits einen spezifischen Bezug zu dem Rechtsverhältnis zwischen dem Anschlussgläubiger und dem Sachverständigen aufweisen müsse.[338] Dabei bezwecke das Erfordernis eines Rechtsverhältnisses zwischen Anschlussgläubiger und Drittem den Ausschluss von Dieben, Findern und sonstigen Personen, die auf anderem Wege (zufällig oder unbefugt) Kenntnis von der Information des Sachverständigen erlangt haben.[339] Der spezifische Bezug des Rechtsverhältnisses Anschlussgläubiger – Dritter zu dem Verhältnis Anschlussgläubiger – Experte sei dann gegeben, wenn der Dritte ein spezifisches Interesse an der Leistung des Sachverständigen habe und diese Leistung allein oder auch für den Dritten bestimmt sei.[340] Die Dritthaftung des Gutachters verstoße auch nicht gegen das Prinzip der Korrespondenz zwischen Haftung und Entgelt, da die Drittgerichtetheit des Vertrages für den Sachverständigen vorhersehbar sein müsse und in vielen Fällen die Haftung nur gegenüber dem Dritten eintreten könne und sonst ein Fehler des Sachverständigen völlig folgenlos bliebe.[341]

Dickes dagegen will alternativ den Vertrag mit Schutzwirkung für Dritte aus ergänzender Vertragsauslegung und daneben das aus richterlicher Rechtsfortbildung in Verbindung mit § 242 BGB entwickelte drittschützende Schuldverhältnis anwenden. Dabei solle der Drittschutz primär auf eine ergänzende Ver-

---

333 *Musielak*, Haftung für Rat, Auskunft und Gutachten, S. 40; *Ziegltrum*, Der Vertrag mit Schutzwirkung für Dritte, S. 192; so auch *Stahl*, Dritthaftung, S. 82 ff.

334 *Ziegltrum*, Der Vertrag mit Schutzwirkung für Dritte, S. 186 f., 192 f.

335 *Ziegltrum*, Der Vertrag mit Schutzwirkung für Dritte, S. 191, 193.

336 Vgl. auch die Besprechung seiner Dissertation von *Ebke*, JZ 1990, 688 ff.

337 *Stahl*, Dritthaftung, S. 78 f. Den Begriff „Anschlussgläubiger" wählt *Stahl* im Anschluss an *Gernhuber*, Das Schuldverhältnis, S. 514 f., und meint damit den Auftraggeber des Gutachtens.

338 *Stahl*, Dritthaftung, S. 101.

339 *Stahl*, Dritthaftung, S. 102.

340 *Stahl*, Dritthaftung, S. 106; der Sache nach ist dies also nichts anderes als die oben genannte Bestimmtheit des Gutachtens für den Dritten nach dem Vertragszweck des Gutachtervertrages.

341 *Stahl*, Dritthaftung, S. 163 ff.; ähnlich *Wiegand*, Sachwalterhaftung, S. 65.

tragsauslegung gestützt werden und subsidiär der Dritte dann über § 242 BGB in den Schutzbereich einbezogen sein, wenn der Schutz über die ergänzende Vertragsauslegung nicht zu begründen ist, eine Versagung des Schutzes aber unbillig wäre.[342] Wann eine Versagung des Schutzes unbillig sei, müsse jeweils im Einzelfall bestimmt werden.[343]

Dickes Ansatz muss entgegengehalten werden, dass er durch das Abstellen auf verschiedene dogmatische Grundlagen je nach den Erfordernissen des Einzelfalles offenbart, dass sich sein primärer Ansatz (Drittschutzwirkung als ergänzende Vertragsauslegung) nicht zur umfassenden Lösung der in Frage kommenden Fallkonstellationen eignet. Dass er die dogmatische Grundlage je nach Einzelfall wählt, ist auch für die Rechtssicherheit im Hinblick auf die den Sachverständigen betreffenden Haftungsfragen nicht gerade förderlich.

Der Verdienst der Vertreter dieser Meinung liegt darin, dass sie den Vertrag mit Schutzwirkung für Dritte endlich auf eine dogmatisch saubere Grundlage stellen, die die bruchlose Einordnung aller bisher entschiedenen Fälle ermöglicht. Durch die Loslösung von dem Willen der unmittelbaren Vertragsparteien kann auch die uneingeschränkte Haftung des Sachverständigen in solchen Fällen erklärt werden, in denen den Auftraggeber Mitverschulden oder Arglist trifft und er selbst daher keine Ansprüche gegen den Gutachter hat.[344] Des Weiteren lässt sich eine Haftung des Gutachters über das Schuldverhältnis mit Schutzwirkung für Dritte auch bei einem zwischen Auftraggeber und Sachverständigem vereinbarten Haftungsausschluss begründen.

Die Richtigkeit dieser dogmatischen Grundlage für den Vertrag mit Schutzwirkung für Dritte zeigt sich unter anderem in der Tatsache, dass auch die Rechtsprechung eine objektiv-rechtliche Bestimmung des Schutzbereiches eines Vertrages anerkennt, indem sie feststellt, dass bei Bestehen einer Fürsorgepflicht bzw. bei Erfüllung des Wohl-und-Wehe Kriteriums *allein aus der objektiven Interessenlage*[345] eine Einbeziehung in den vertraglichen Schutzbereich folge. Diesen Gedanken überträgt sie dann aber nicht auf den Vertrag mit Schutzwirkung für Dritte insgesamt. Stattdessen bemüht sie für Fälle, in denen es sich nicht um die klassischen Wohl-und-Wehe Konstellationen handelt, die zu erheblichen Begründungsschwierigkeiten führende ergänzende Vertragsauslegung. Bezogen auf die stillschweigende Abbedingung des § 334 BGB in den Fällen eines Vertrages mit Schutzwirkung für Dritte bei gegenläufigen Interessen hat

[342] *Dickes*, Auskunftshaftung, S. 56 f., 219 ff.
[343] *Dickes*, Auskunftshaftung, S. 222.
[344] Vgl. den „Dachboden-Fall", BGHZ 127, 378, oben Teil A: Zweites Kapitel - I.2.b.dd und den „Bürgschafts-Fall", BGH JZ 1998, 624, oben Teil A: Zweites Kapitel - I.2.b.ee.
[345] So der BGH in NJW 1984, 355 (356).

Richter am BGH *Zugehör*[346] formuliert: „In diesen Haftungsbereichen liegt der Schritt von einem vertraglichen zu einem gesetzlichen Schuldverhältnis (§ 242 BGB) kraft richterlicher Rechtsfortbildung nahe."[347] Da sich die Mängel der ergänzenden Vertragsauslegung an der Problematik des Einwendungsausschlusses aber nur bestechend deutlich zeigen, während sie auch sonst gleichermaßen vorhanden sind, kann ein solcher Schritt nur den Vertrag mit Schutzwirkung für Dritte als Ganzes erfassen und es wäre außerordentlich zu begrüßen, wenn der BGH diesen Schritt tun würde.

II. Deliktische Lösungsalternativen

Da eine vertragliche Einordnung der Dritthaftung von Sachverständigen im Schrifttum nahezu durchweg als eine von Fiktionen getragenen Konstruktion abgelehnt wird und eine vertragsähnliche Haftung die Gefahr der Aufweichung der Grenzen von Vertrags- und Deliktsrecht durch die Schaffung einer keinem der beiden klassischen Haftungsgebiete eindeutig zuordnenbaren Grauzone mit sich bringt, befürworten einige die Einordnung der Sachverständigenhaftung in das Deliktsrecht.[348] Damit einher geht das Bestreben, den deliktsrechtlichen Schutz von Vermögensinteressen zu erweitern, da sonst wegen der engen Grenzen der §§ 823 Abs. 1 und 2, 826 BGB reine Vermögensschäden nur bei vorsätzlicher Beeinträchtigung ersetzt werden könnten.

1. Deliktische Generalklausel

Brüggemeier will den deliktsrechtlichen Vermögensschutz erweitern, indem er durch eine generalklauselartige Neuinterpretation des § 823 Abs. 1 BGB auch das Vermögen zu den dort geschützten Rechtsgütern zählt. Eine daraufhin notwendige Eingrenzung des Schutzbereiches der Norm erreicht er dadurch, dass nur der Verstoß gegen spezifische Pflichten vermögenssorgender Berufe sanktioniert werden soll.[349] Als Voraussetzungen einer Haftung auch für primäre Vermögensschäden nennt er zunächst das in Anlehnung an die von der Rechtsprechung zum stillschweigenden Auskunftsvertrag und zum Vertrag mit Schutzwirkung für Dritte in Auskunftsfällen entwickelte Kriterium der berufsspezifi-

---

[346] Bis August 2001 Mitglied des IX. Zivilsenats des BGH.

[347] *Zugehör*, NJW 2000, 1601 (1609).

[348] *Brüggemeier*, Deliktsrecht, S. 291 ff.; *von Bar*, Verkehrspflichten, S. 204 ff.; *Huber*, FS für von Caemmerer, 1978, 359 ff.; *Mertens* AcP 178 (1978), 227 ff.; insbesondere *von Bar*, spricht von „genuinem Deliktsrecht" (JZ 1979, 728 (729)) und ist darüber hinaus der Meinung, dass culpa in contrahendo, positive Vertragsverletzung und der Vertrag mit Schutzwirkung für Dritte „illegitime Kinder des Deliktsrechts" seien (JuS 1982, 637 (645)).

[349] *Brüggemeier*, Deliktsrecht, S. 291 ff.

schen Erteilung der Information, die für den Geschädigten erkennbar von vermögensrechtlicher Bedeutung sein müsse.[350] Weiter müsse der potentiell geschützte Personenkreis bestimmbar und der Geschädigte bestimmungsgemäß mit der Auskunft bzw. dem Gutachten in Berührung gekommen sein.[351]

Diesem Ansatz zu folgen bedeutete, nicht einen Eingriff in enumerativ aufgezählte Rechte und Rechtsgüter, sondern bestimmte Verhaltensweisen schon für sich gesehen zu sanktionieren, auch wenn sie keinen Eingriff in die aufgezählten Rechte / Rechtsgüter darstellen, sondern lediglich das Vermögen eines anderen beeinträchtigen. Einer solchen deliktsrechtlichen Generalklausel ist aber durch die Begrenzung der Ersatzfähigkeit auf Schäden, die durch Eingriffe in die genannten Rechte und Rechtsgüter verursacht werden, schon durch den Gesetzgeber eine eindeutige Absage erteilt worden. Selbst wenn man einen weitergehenden Schutz des Vermögens vor fahrlässigen Beeinträchtigungen für erforderlich hält – und genau dies wird ja auch durch die im Ergebnis übereinstimmend für notwendig erachtete Haftung des Sachverständigen gegenüber Dritten erreicht – so ist doch die Umdeutung des § 823 Abs. 1 BGB zu einer auch das Vermögen schützenden Generalklausel nicht mit dem geltenden Recht zu vereinbaren.

2. Verkehrspflichten zum Schutz fremden Vermögens

a. Darstellung der verschiedenen Ansätze

Demgegenüber wollen *Mertens*, *Huber* und *von Bar* die von der Rechtsprechung ursprünglich zur Erfassung der Tatbestandsverwirklichung des § 823 Abs. 1 BGB durch Unterlassen oder durch mittelbare Eingriffe[352] in die dort genannten Rechte und Rechtsgüter entwickelten Verkehrspflichten nutzbar machen. Sie vertreten die Ansicht, dass Verkehrspflichten im Grunde nichts anderes darstellen als richterrechtlich definierte Verhaltensnormen, die inzwischen gewohnheitsrechtlich anerkannt und daher auch taugliche Schutzgesetze im Sinne des § 823 Abs. 2 BGB seien, da dieser von dem weiten Gesetzesbegriff des Art. 2 EGBGB ausgehe.[353] Für die Anwendung richterlicher Verkehrspflichten als

[350] *Brüggemeier*, Deliktsrecht, S. 292.

[351] *Brüggemeier*, Deliktsrecht, S. 293.

[352] Zur Entwicklung der Verkehrspflichten für Eingriffe durch Unterlassung und für mittelbare Eingriffe vgl. *von Bar*, Verkehrspflichten, S. 6 ff.

[353] *Huber*, FS für von Caemmerer, 1978, 359 (379 ff.); *von Bar*, Verkehrspflichten, S. 157 ff.; ihnen folgend *Assmann*, JuS 1986, 885 (888); demgegenüber betrachtet *Mertens*, AcP 178 (1978), 227 (231) die Einordnung von Verkehrspflichten in § 823 Abs. 2 BGB als ungelöstes Problem und spricht sich für eine Fortentwicklung von § 823 Abs. 1 und 2 BGB insgesamt bzw. für einen ungeschriebenen § 823 Abs. 3 BGB aus.

Schutzgesetze spreche auch die Tatsache, dass die Prüfung einer Schutzgesetzverletzung inhaltlich genauso vorgenommen werde, wie dies bei der Verletzung absoluter Rechtsgüter durch Verkehrspflichtverletzung geschehe.[354] Daraus wird gefolgert, dass § 823 Abs. 1 und 2 BGB haftungsrechtlich eine Einheit darstellen oder sogar, dass § 823 Abs. 2 BGB der eigentliche deliktische Grundtatbestand sei.[355]

Mertens nimmt in diesem Zusammenhang an, dass eine Verkehrspflicht zur Wahrung fremder Vermögensinteressen für solche Berufe bestehe, „denen eine öffentliche Verantwortung für fremdes Vermögen zufällt".[356] Der Grund dafür liege in der Machtstellung bzw. der Überlegenheit und im Erklärungsverhalten des Experten, in seiner Möglichkeit der Gefahrbeherrschung sowie in der Angewiesenheit auf professionelle Sachkunde auf Seiten des Geschädigten.[357]

Auch *von Bar* stellt auf die Möglichkeit ab, die Gefahr beherrschen zu können und verlangt dies als Voraussetzung für die Annahme von Verkehrspflichten,[358] wobei die Verkehrspflichten die Berufspflichten umfassen sollen.[359] Solche Pflichten seien durch die Rechtsprechung längst anerkannt, jedoch mit den von ihr verwendeten Konstruktionen systematisch falsch eingeordnet worden.[360] Zur Verwirklichung seines Konzeptes schlägt *von Bar* vor, berufsorientierte Fallgruppen herauszuarbeiten und nennt ausdrücklich die der Anwälte, Wirtschafts-

---

[354] *Von Bar*, Verkehrspflichten, S.159 f.; *Deutsch* JuS 1967, 152 (157); auch *Mertens*, VersR 1980, 397 hält die Verkehrspflichten für den Schutzgesetzen wesensverwandt.

[355] *K.Schmidt*, Kartellverfahrensrecht, S. 347 ff. (349).

[356] *Mertens* AcP 178 (1978), 227 (240 f. und 252 f. für die Dritthaftung von Wirtschaftsprüfern: „die Übernahme einer fremdvermögensbezogenen sozialen Rolle").

[357] *Mertens* AcP 178 (1978), 227 (242 ff., 247 f.); *ders.*, VersR 1974, 509 (510 f.).

[358] *Von Bar*, Verkehrspflichten, S. 110 ff., 122 ff.

[359] *Von Bar*, Verkehrspflichten, S. 204 ff., zu den deliktischen Berufspflichten insbesondere S. 233 – 238.
Ergänzend sei hier noch auf den Ansatz *Klaus von Gierkes* verwiesen, der *von Bar* darin folgt, den Drittschutz durch Annerkennung und Entwicklung von Verkehrspflichten im Rahmen des § 823 Abs. 2 BGB zu verankern. Er hält jedoch de lege ferenda eine Anknüpfung an den die Notarhaftung regelnden § 26 des vom BVerfG für nichtig erklärten Staatshaftungsgesetzes für sinnvoller, da dieser die Berufspflichten ausdrücklich mit den Schutzgesetzen i.S.d. § 823 Abs. 2 BGB gleichstelle. Vgl. *von Gierke*, Die Dritthaftung des Rechtsanwalts, S. 154 ff.
Nach § 26 Abs. 1 StHG sollte die Notarhaftung wie folgt geregelt werden: „Verletzt der Notar vorsätzlich oder dadurch, dass er die den Umständen nach gebotene Sorgfalt außer acht lässt, die ihm einem anderen gegenüber obliegende Amtspflicht, so hat er dem anderen den daraus entstehenden Schaden nach den Vorschriften des Bürgerlichen Gesetzbuches zu ersetzen. Diese Verletzung der Amtspflicht gilt als Verstoß gegen ein Schutzgesetz nach § 823 Abs. 2 S. 1 des Bürgerlichen Gesetzbuches."

[360] *Von Bar*, Verkehrspflichten, S. 216, 235.

prüfer und Schätzer.[361] Allerdings bietet sein Ansatz keine klaren Sachkriterien, wann eine Haftung im Einzelfall anzunehmen sein soll.[362]

Huber analysiert in seinem Beitrag das bis 1978 vorhandene Fallmaterial und zieht daraus den Schluss, dass es im geltenden Recht einen Rechtssatz gebe, nach dem auch gegenüber anderen Personen als dem Vertragspartner gehaftet werde, sofern das Verhalten einen beruflichen Bezug habe und der Schaden nicht außerhalb des Vorhersehbaren liege.[363] Hinsichtlich der dogmatischen Einordnung dieses Rechtssatzes plädiert auch er für die Anerkennung von Verkehrspflichten zum Schutz fremden Vermögens als Schutzgesetze im Sinne des § 823 Abs. 2 BGB.[364]

b. Bewertung

Eine Anerkennung der Verkehrspflichten und, diese beinhaltend, der Berufspflichten als Schutzgesetze im Sinne des § 823 Abs. 2 BGB hätte eine erhebliche Erweiterung des deliktischen Vermögensschutzes für fahrlässiges Handeln zur Folge, da auch bei einem fahrlässigen Verstoß gegen ein Schutzgesetz der dadurch verursachte Vermögensschaden grundsätzlich zu ersetzen ist. Insoweit wäre diese Konstruktion tatsächlich als Anspruchsgrundlage denkbar, die die geforderte Dritthaftung von Sachverständigen abdecken könnte.

Dem ist aber zu Recht entgegengehalten worden, dass mit solch einer berufspflichtbezogenen Vermögenshaftung die Gefahr uferloser Haftung für Vermögensschäden verbunden ist, die die Handlungsfreiheit des Einzelnen zu stark einschränken würde.[365] Denn zum Schutz von Handlungsfreiheit und der damit zusammenhängenden Entfaltung von Wettbewerb müssen sich grundsätzlich die Vermögensinteressen von Schädiger und Geschädigten gleichwertig gegenüberstehen. Ein besonderes Kennzeichen von Wettbewerb ist es gerade, dass man die Vermögensinteressen anderer zum eigenen Vorteil beeinträchtigen darf. Erst

---

361 *Von Bar*, Verkehrspflichten, S. 237.

362 Anders der Reformvorschlag *von Bars* zu einer Neufassung des § 828 Nr. 1 BGB, der lauten soll: „Wer vorsätzlich oder fahrlässig ... einer bestimmten Person in Vermögensangelegenheiten eine unwahre Auskunft oder eine fehlerhafte Empfehlung erteilt oder diese trotz neuer Erkenntnisse nicht berichtigt, obwohl er infolge seiner beruflichen Tätigkeit eine besondere Vertrauensstellung genießt und dieses Vertrauen von dem Empfänger in Anspruch genommen werden darf ... ist zum Ersatz des daraus entstehenden Schadens insoweit verpflichtet, als er den Umfang des Schadens hätte vorhersehen müssen.“, in: Gutachten und Vorschläge zur Überarbeitung des Schuldrechts, Bd. II, S. 1681 (1761).

363 *Huber*, FS für von Caemmerer, 1978, 359 (366).

364 *Huber*, FS für von Caemmerer, 1978, 359 (377 ff.).

365 *Steffen*, VersR 1980, 409 ff.; *Grunewald*, AcP 187 (1987), 285 (298); *Herrmann*, JZ 1983, 422 (426); *Wiegand*, Sachwalterhaftung, S. 184 f.

wenn sich die Vermögensinteressen zu einem absolut geschützten Recht oder Rechtsgut (insbesondere zu Eigentum) verfestigt haben, verdienen sie den allseitigen Jedermann-Schutz des Deliktsrechts vor Eingriffen in diese Rechte oder Rechtsgüter. Demgegenüber werden Vermögensinteressen eben nur vor besonders gravierenden Eingriffen deliktisch geschützt (§ 826 BGB). Im Übrigen ist der Vertrag das Instrumentarium, mit dem Vermögen erworben und in erster Linie auch Vermögenseinbußen ausgeglichen werden, weshalb auch der umfassende Vermögensschutz im relativen (d.h. grundsätzlich auf den Vertragspartner beschränkten) Schuldverhältnis des Vertrages seit jeher angelegt ist.[366]

Auch der Standort für richterliche Verkehrspflichten als Schutzgesetze im Sinne des § 823 Abs. 2 BGB kann nicht überzeugen. Denn diese sind im Rahmen des § 823 Abs. 1 BGB entwickelt worden, um die Tatbestandsverwirklichung durch Unterlassen und durch mittelbare Eingriffe erfassen zu können.[367] Würde man die Verkehrspflichten aber umfassend in § 823 Abs. 2 BGB ansiedeln, so würde auch die Schadenszufügung durch Unterlassen und mittelbare Eingriffe unter § 823 Abs. 2 BGB fallen und § 823 Abs. 1 BGB nur noch für unmittelbare Eingriffe in die genannten Rechte bzw. Rechtsgüter durch aktives Tun gelten. Diese Beschränkung des Anwendungsbereiches der zentralen Norm unseres Deliktsrechtsrechts widerspräche der Systematik eines nach Rechtsgütern abgestuften deliktischen Schutzes wie er in §§ 823 Abs. 1, Abs. 2 und 826 BGB angelegt ist.

Wegen des weiten Gesetzesbegriffes des Art. 2 EGBGB, der unter einem Gesetz im Sinne des BGB nicht nur formelle Gesetze, sondern jede Rechtsnorm, d.h. auch ungeschriebene Rechtsnormen wie z. B. Gewohnheitsrecht, versteht, könnten zwar auch richterliche Verkehrspflichten als Schutzgesetze im Sinne des § 823 Abs. 2 BGB in Betracht kommen. Allerdings würde der Judikative, wäre ihr die Herausbildung von solchen Verkehrspflichten auferlegt, damit eine Aufgabe zugewiesen, die nach dem in unserer Verfassung geltenden Gewaltenteilungsprinzip dem Gesetzgeber obliegt: die Festlegung eines haftungsrechtlichen Schutzes in Abstimmung mit und bei Erhaltung der allgemeinen Handlungsfreiheit.[368]

Vergegenwärtigt man sich solch gewichtige Argumente gegen Verkehrspflichten zum Schutz fremden Vermögens als Schutzgesetze, verwundert es wenig, dass diese Lehre in der Rechtsprechung bisher keinerlei Resonanz gefunden

[366] Darauf weist *Canaris*, FS für Larenz, 1983, 27 (33 f., 38) hin; ähnlich *Köndgen*, Karlsruher Forum 1998, 3 (10).

[367] Siehe oben bei Fn. 352.

[368] So auch *Picker*, JZ 1987, 1041 (1047), der außerdem noch betont, dass die Gerichte, die zur Entscheidung konkreter Konflikte berufen sind, mit der Herausbildung allgemeiner, fallübergreifender Verkehrspflichten auch institutionell überfordert wären.

hat.[369] Die Lösung der Dritthaftungsproblematik von Sachverständigen für falsche Gutachten ist also in keiner der beschriebenen deliktischen Lösungsvarianten zu finden.

III. Selbständige Modelle

1. Selbstbindung ohne Vertrag

a. Köndgens Ansatz

Köndgen untersucht in seiner Arbeit[370] die Entwicklung der willensunabhängigen Haftungstatbestände des *common law*[371] und stellt fest, dass dort wie auch im deutschen Recht[372] eine Entwicklung „weg vom Vertrag" hin zu „strikter Haftung" zu verzeichnen sei, die die kategorische Trennung von gesetzlichen und vertraglichen Haftungsansprüchen aufhebe.[373] *Köndgen* setzt diesen Gedanken fort, indem er mit seiner „Selbstbindung" eine neue Kategorie zwischen Gesetzes- und Vertragshaftung eröffnet. Danach solle nicht die vertragliche Übereinstimmung, sondern die kontinuierliche, nach außen gerichtete Selbstdarstellung zur (Selbst-)Bindung führen.[374] Diese Selbstdarstellung erzeuge normative Erwartungen an das Verhalten des sich Darstellenden.[375] Aus diesen Erwartungen seien solche, die vom Recht anerkannt und bei Enttäuschung durch die Auferlegung einer Haftungssanktion geschützt würden, „legitime Erwartungen".[376] Wann infolge legitimer Erwartungen eine Selbstbindung eintrete, sei anhand der sozialen Rolle des Handelnden zu bestimmen, die entscheidend vom Beruf geprägt sei.[377] Eine Verbindlichkeit sei außerdem bei intentionaler Selbstdarstellung, die bewusst als Träger von Information eingesetzt werde und ein bestimm-

[369] *Damm*, JZ 1991, 373 (382). Selbst *von Bar*, ZGR 1983, 476 (505), räumt ein, dass sein Ansatz eine „von der Rechtsprechung durch Nichtbefassen mit dieser Konstruktion erteilte Absage" erfahren hat. Soweit ersichtlich hat lediglich *Lang* als Mitglied des IVa – Zivilsenats dieses Konzept als „wohl etwas kühnen Vorschlag" bezeichnet, *ders.*, WPg 1989, 57 (59).

[370] *Köndgen*, Selbstbindung ohne Vertrag. Zur Haftung aus geschäftsbezogenem Handeln, 1981.

[371] *Köndgen*, Selbstbindung ohne Vertrag, S. 17 ff.

[372] *Köndgen*, Selbstbindung ohne Vertrag, S. 1 - 16, 418 ff.

[373] *Köndgen*, Selbstbindung ohne Vertrag, S. 66 ff.

[374] *Köndgen*, Selbstbindung ohne Vertrag, S. 165 - 167.

[375] *Köndgen*, Selbstbindung ohne Vertrag, S. 167 f.

[376] *Köndgen*, Selbstbindung ohne Vertrag, S. 106 ff., 117.

[377] *Köndgen*, Selbstbindung ohne Vertrag, S. 281, 210 ff.

tes Erwarten oder Handeln auslösen solle, in größerem Umfang gegeben als bei nicht intentionaler Selbstdarstellung. Daraus solle sich eine Berufshaftung für professionelle Fähigkeiten ergeben.[378] Ein weiteres Kriterium für die Selbstbindung ohne Vertrag sieht *Köndgen* im Tätigwerden am Markt. Marktbezogenes Handeln erfolge meist im Rahmen der beruflichen Rolle und beinhalte das Streben nach wirtschaftlichem Gewinn. Dabei würden marktbezogene Erklärungen per se ernst genommen, um Erwartungen zu sichern.[379]

Für die Auskunftshaftung folgert er aus diesen auf soziologischer Grundlage getroffenen Feststellungen, dass Auskünfte „kommunikatives Handeln mit Geltungsanspruch" darstellen, in dem die Selbstbindung liege.[380] Voraussetzung hierfür sei die Markt- und (Berufs-) Rollenbezogenheit der Auskunft sowie ein „konsensuales Element" unterhalb der Schwelle eines Vertrages. Den geschützten Personenkreis einer solchen Auskunftshaftung, die sich nach vertragsrechtlichen Prinzipien richten solle,[381] bildeten bestimmungsgemäße Leistungsbenifiziare.[382]
Daneben bestehe eine deliktische Berufshaftung für primäre Vermögensschäden, die durch qualifizierte Fahrlässigkeit verursacht werde und für solche Dritte gelte, „deren Vermögen notwendig von der Berufstätigkeit betroffen wird und deren Betroffenheit daher dem Berufspraktiker bewusst ist."[383] Köndgen übernimmt damit im Wesentlichen die Ergebnisse der Rechtsprechung zu § 826 BGB,[384] wenn er auch deren dogmatische Anknüpfung kritisiert.

Für Berufe öffentlichen Glaubens, d.h. insbesondere für Wirtschaftsprüfer und öffentlich bestellte Sachverständige, nimmt *Köndgen* eine notarähnliche Sonderdeliktshaftung an, nach der die Angehörigen solcher Berufe gegenüber jedermann auch für fahrlässig verursachte Vermögensschäden einstehen sollten.[385] Dabei bleibe die Entscheidung darüber, welche Berufe mit öffentlichem Glauben ausgestattet sein sollten, dem Gesetzgeber vorbehalten. Dogmatisch könnte diese Haftung begründet werden, indem die entsprechenden Berufsordnungen als Schutzgesetze i.S.d. § 823 Abs. 2 BGB angewandt würden.[386]

---

[378] *Köndgen*, Selbstbindung ohne Vertrag, S. 174, 178 f.
[379] *Köndgen*, Selbstbindung ohne Vertrag, S. 271 ff., 276.
[380] *Köndgen*, Selbstbindung ohne Vertrag, S. 356 f.
[381] *Köndgen* spricht von „quasi-vertraglicher" Haftung, Selbstbindung ohne Vertrag, S. 111, 185 ff.
[382] *Köndgen*, Selbstbindung ohne Vertrag, S. 362 ff., 363.
[383] *Köndgen*, Selbstbindung ohne Vertrag, S. 373 f.
[384] Siehe oben Teil A: Zweites Kapitel - II.2.
[385] *Köndgen*, Selbstbindung ohne Vertrag, S. 380 ff. (383).
[386] *Köndgen*, Selbstbindung ohne Vertrag, S. 401.

b. Bewertung

Eine Schwäche seines Konzepts sind die fehlenden brauchbaren Abgrenzungskriterien zwischen *Köndgens* Auskunftshaftung aus Quasi-Vertrag und der deliktischen Berufshaftung zum Ersatz reiner Vermögensschäden, die durch grobe Fahrlässigkeit verursacht werden. Solche wären um so wichtiger, bedenkt man, dass es sich in den Fällen der Auskunftshaftung typischerweise auch um Fälle reinen Vermögensschadens handelt. So räumt auch *Köndgen* selbst ein, dass seine Lehre unabgeschlossen ist und nur eine Verbindung verschiedener Theorieelemente ohne lückenlosen Erklärungswert darstellt.[387]

Grundlegend muss an diesem Lösungsansatz kritisiert werden, dass *Köndgen* aus der Beschreibung soziologischer Gegebenheiten und Verhaltensweisen Rechtssätze folgert, die vom geltenden Recht nicht vorgesehen sind. So hat schon *Canaris* zutreffend darauf hingewiesen, dass eine Haftung entweder durch das Gesetz angeordnet werde und daher gesetzlich sei, oder dass die Rechtsordnung den Parteien Selbstbindungselemente zur Verfügung stelle, wodurch die Bindung rechtsgeschäftlich bzw. vertraglicher Natur, aber in beiden Fällen eben nicht Selbstbindung ohne Vertrag sein könne.[388] Die Entscheidung, wann „legitime Erwartungen" von der Rechtsordnung geschützt werden, kann nicht durch Selbstdarstellung in bestimmten Berufsrollen, sondern muss vom Gesetz oder von den Gerichten durch Auslegung und Anwendung dieses Gesetzes getroffen werden. Die Selbstbindungslehre ist, gerade weil sie die soziologischen Erwartungen an die Ausübung vermögenssorgender Berufe erläutert, ohne Zweifel interessant und stellt eine neue theoretische Deutung unter anderem der Haftung von Angehörigen dieser Berufe dar. Sie führt jedoch ohne Anbindung an gesicherte rechtliche Erkenntnisse oder an etablierte rechtliche Konstruktionen eine neue, dem BGB wesensfremde Haftungskategorie ein – eine Entscheidung, die dem Gesetzgeber vorbehalten bleiben muss.

---

[387] *Köndgen*, Selbstbindung ohne Vertrag, S. 281.

[388] *Canaris*, FS für Larenz, 1983, 27 (93 f.); *Herrman*, JZ 1983, 422 (427) kritisiert außerdem, dass die Haftung aus Selbstbindung ohne Vertrag mit den Vorschriften zum kartellrechtlichen Kontrahierungszwang (§ 26 Abs. 2 GWB a.F., jetzt §§ 20 Abs. 1 i.V.m. 33 S. 1 GWB) unvereinbar seien, da danach ein Erklärungstatbestand des Vertragesschlusses nur unter den Voraussetzungen marktbeherrschender oder marktstarker Stellung fingiert werden könne; zum kartellrechtlichen Kontrahierungszwang ausführlich *Spadinger*, Kartellrechtliches Diskriminierungsverbot und Vertragsfreiheit.

2. Vertragslose Auskunfts- und Beratungshaftung

a. Josts Ansatz

Auch *Jost* begreift die an die berufliche Stellung und an die abgegebene Erklärung anknüpfende Dritthaftung von Sachverständigen „quasi als vertragliche".[389] Der Haftungsgrund liege hierbei in der besonderen Stellung des Auskunftgebers,[390] die sich dadurch auszeichne, dass er dem Empfänger der Auskunft durch seine Sachkunde oder durch die Verfügungsmöglichkeit über die benötigte Information derart überlegen sei, dass der Empfänger auf die Erklärung des Fachmannes angewiesen sei. Da eine solche Überlegenheit im Einzelfall schwer feststellbar und daher kein geeignetes Haftungsmerkmal sei, müsse als Indikator hierfür die berufliche Stellung des Auskunftgebers zu dem benötigten Wissen ausreichen. Statt der beruflichen Stellung könne auch ein eigenes wirtschaftliches Interesse des Auskunftgebers Anzeichen für eine solche Überlegenheit sein.[391]

Als weiteres wichtiges Element dieser Haftung sei die „Wissenserklärung" des Fachmannes anzusehen. Sie enthalte zwar keine „Willenserklärung" mit dem Inhalt eines Haftungsversprechens, aber doch insoweit eine „Geltungserklärung", als sie den Anspruch erhebe, die gegebene Mitteilung sei richtig. Durch eine solche „Wissenserklärung" würden bei dem Empfänger derselben bestimmte Vorstellungen geweckt, auf die er dann sein Verhalten einrichte.[392]

Die Begrenzung des Kreises der geschützten „Haftungsbenefiziare" will *Jost* durch das Merkmal der Gerichtetheit der Auskunft erreichen.[393] Dies sei bei einem unmittelbaren Kontakt zwischen Auskunftgeber und Empfänger unproblematisch. Doch auch bei der Weitergabe eines Gutachtens an Dritte sieht *Jost* die Gerichtetheit der Erklärung als gegeben an, da dem Sachverständigen „häufig klar ersichtlich [sei], dass »hinter« dem Auftraggeber des Gutachtens weitere »Interessenten« stehen, denen seine Stellungnahme zugeleitet werden wird. In-

[389] *Jost*, Vertragslose Auskunfts- und Beratungshaftung, S. 253; er ist allerdings auch der Ansicht, dass die Haftung für falsche Auskunft und Beratung in der Rechtswirklichkeit ein Beispiel für eine zwischen Delikts- und Vertragsrecht liegende „dritte Haftungsschiene" darstelle, S. 194.

[390] Nach *Jost*, Vertragslose Auskunfts- und Beratungshaftung, S. 257, steht die „Fachmannseigenschaft" im Mittelpunkt dieser Haftungsbegründung.

[391] *Jost*, Vertragslose Auskunfts- und Beratungshaftung, S. 255 f.

[392] *Jost*, Vertragslose Auskunfts- und Beratungshaftung, S. 254.

[393] *Jost*, Vertragslose Auskunfts- und Beratungshaftung, S. 258 ff.

soweit sind die Folgen seiner Erklärungen auch hinsichtlich der Personen der Erklärungsempfänger übersehbar und bestimmt."[394]

b. Bewertung

Hinsichtlich der Haftungsbegrenzung durch eine Gerichtetheit der Erklärung wird von *Jost* nicht weiter erläutert, wie für einen Sachverständigen, selbst wenn er mit der Verwendung seines Gutachtens gegenüber Dritten rechnet, die Identität oder auch nur die Anzahl der erklärungsempfangenden Dritten „übersehbar und bestimmt" sein soll. Er führt hierzu nur Beispielsfälle[395] an, ohne konkretisierende Kriterien für die Gerichtetheit der Auskunft bzw. des Gutachtens herauszuarbeiten. Daher ist das Merkmal der Gerichtetheit, wie Jost es gebraucht, nicht tauglich, um den drittgeschützten Personenkreis zu begrenzen.

Im Gegensatz zu *Köndgens* Lehre von der Selbstbindung ohne Vertrag, soll diese vertragslose Auskunfts- und Beratungshaftung zudem auch diejenigen Fälle umfassen, die von der Rechtsprechung nach § 826 BGB gelöst werden. Konsequenz davon sei, dass der Experte auch in diesen Fällen für jede Fahrlässigkeit einstehen müsse. Allerdings geht *Jost* davon aus, dass sich hierdurch praktisch keine Unterschiede zur bisherigen Rechtslage ergäben, da der Verstoß gegen berufliche Sorgfaltsstandards für den Fachmann als Gewissenlosigkeit angesehen werden müsse, die nach der Rechtsprechung einen bedingten Schädigungsvorsatz indiziere.[396] Damit schließt er geradezu aus, dass ein falsches Gutachten oder eine fehlerhafte Auskunft auf einfacher Fahrlässigkeit des Sachverständigen beruhen könnten. Es ist aber nicht einzusehen, warum jeder Verstoß gegen berufliche Sorgfaltspflichten gleich grob fahrlässiger Natur sein soll. Natürlich gibt es auch in diesem Bereich Verstöße, die nicht so schwer sind, als dass sie jedem vernünftigen Sachverständigen als Fehler erscheinen müssen, da sie die im Verkehr erforderliche Sorgfalt in besonderes schwerem Maße außer Acht lassen.

Insgesamt tendiert *Jost* dazu, von einem Bedürfnis nach einer Auskunfts- bzw. Expertenhaftung auf eine im geltenden Recht vorhandene zu schließen. Auch sein Vorschlag stützt sich nicht auf gesicherte rechtliche Konstruktionen oder anderweitige Erkenntnisse. Seine Feststellungen hinsichtlich einer Dritthaftung könnten für die Auslegung geltender Haftungsgrundlagen nutzbar gemacht wer-

[394] *Jost*, Vertragslose Auskunfts- und Beratungshaftung, S. 261.
[395] Er verweist in diesem Zusammenhang u.a. auf den „Käufergruppe-Fall", BGH NJW 1984, 355.
[396] *Jost*, Vertragslose Auskunfts- und Beratungshaftung, S. 262 ff., 264.

den, liefern aber keine dogmatische Begründung oder Einordnung, die Voraussetzung für eine im geltenden Recht anwendbare Haftungsgrundlage wäre.

3. Haftung aus culpa in contrahendo bzw. Vertrauenshaftung

Die häufige Betonung der Inanspruchnahme von Vertrauen in der Rechtsprechung[397] und die Kritik an den von ihr herangezogenen vertraglichen Lösungswegen haben dazu geführt, dass sich in der Literatur eine Richtung etabliert hat, die die „Gewährung und Inanspruchnahme von Vertrauen"[398] als eigentlichen Grund der Haftung ansieht. Für die Fälle der Gutachterhaftung formuliert hieße das, dass der Sachverständige bei dem Empfänger des Gutachtens die Erwartung in dessen Richtigkeit hervorrufe, während der Empfänger aufgrund dieser Erwartung sich dann zu bestimmten Dispositionen entschließe. Durch die Veranlassung dieser Erwartung nehme der Sachverständige Vertrauen in Anspruch, welches der Empfänger des Gutachtens dem Sachverständigen im Gegenzug gewähre, indem er sich auf das Gutachten verlasse.

Am umfassendsten ausgebaut wurde dieser Gedanke von *Canaris* in seiner Habilitationsschrift „Die Vertrauenshaftung im deutschen Privatrecht". Später hat er die Anerkennung der Vertrauenshaftung als „dritte Spur" der Haftung zwischen Vertrag und Delikt propagiert.[399] Sein Ansatz ist oftmals als „generalisierter Vertrauenshaftungstatbestand" oder als „allgemeine Vertrauenshaftung" dargestellt worden, der über das Rechtsinstitut der culpa in contrahendo hinausreiche.[400] In jüngster Zeit hat er sich dagegen verwehrt und betont, dass es schon immer sein Bestreben gewesen sei, die Vertrauenshaftung in möglichst klaren und präzisen Tatbeständen zu konkretisieren.[401] Eine Bewertung seiner Lehre von der Vertrauenshaftung im Ganzen ginge über das hier behandelte Thema hinaus und muss deshalb unterbleiben. Stattdessen wird sich die Darstellung seines Ansatzes auf die konkrete Lösung der Sachverständigenfälle beschränken.

a. Der Ansatz von Canaris

Zunächst kritisiert *Canaris* die oben vorgestellten deliktsrechtlichen Konzepte zum Ersatz reiner Vermögensschäden auch in Sachverständigenfällen, indem er

---

[397] Vgl. die Zusammenstellung unter Teil A: Viertes Kapitel - III.4.b.

[398] Diese Terminologie geht zurück auf *Ballerstedt*, AcP 151 (1950/51), 501 (507); so auch schon *Canaris* in JZ 1965, 475 (478).

[399] *Canaris*, FS für Larenz, 1983, 27 (85 ff.).

[400] Z. B. *Damm*, JZ 1991, 373 (380 f.); *Müller*, Auskunftshaftung, S. 101; *Philippsen*, Dritthaftung des privat beauftragten Gutachters, S. 220.

[401] *Canaris*, ZHR 163 (1999), 206 (220).

in einer eingehenden Analyse die nach den betroffenen Rechtsgütern abgestufte Schutzintensität in der deliktischen Haftung (§ 823 Abs. 1 BGB im Verhältnis zu §§ 823 Abs. 2, 826 BGB) rechtfertigt und eine deliktsrechtliche Generalklausel ablehnt.[402] Nur das Vertragsrecht erweitere diesen Schutz umfassend auch auf reine Vermögensschäden, was seinen Grund in der zwischen den Parteien bestehenden Sonderverbindung durch die Teilnahme am rechtsgeschäftlichen Verkehr finde.[403]

An den rechtsgeschäftlichen Lösungsalternativen der Rechtsprechung kritisiert er insbesondere die methodische Vorgehensweise der Gerichte, die an den Parteiwillen anknüpfen und mit Hilfe der ergänzenden Vertragsauslegung die Einbeziehung des Dritten in den Schutzbereich des Gutachtervertrages zu begründen versuchen. Er bezeichnet es als „fast paradox, einen Vertrag als Instrument zum Schutz des Widerparts (!) eines anderen Vertrages zu benutzen; denn die normale Funktion von Verträgen liegt in der Wahrnehmung der eigenen Interessen sowie u. U. in der Verfolgung altruistischer Ziele, nicht aber im Schutz von Personen, die man aus gutem Grund auch als Vertrags*gegner* zu bezeichnen pflegt."[404] Er schließt sich der Kritik an der Heranziehung von Fiktionen zur Einbeziehung des Dritten in den vertraglichen Schutzbereich und zum stillschweigenden Einwendungsverzicht[405] an und fordert, dass der Dritte einen eigenen, nicht von einem fremden Vertrag abgeleiteten Anspruch gegen den Sachverständigen haben müsse.[406]

Zu diesem Zweck will *Canaris* das maßgebliche Gerechtigkeitskriterium, das auch der BGH in dem „besonderen Vertrauen" sieht, „das Kaufinteressenten regelmäßig in die Zuverlässigkeit und Sachkunde eines anerkannten Sachverständigen haben"[407], zum dogmatischen Angelpunkt der Haftung des Sachverständigen machen und diese Fälle über eine Dritthaftung aus culpa in contrahendo lösen.[408] Während er früher eine Herleitung dieser Lösung aus der Rechtsprechung zu den Sachwalterfällen noch ablehnte und stattdessen auf die Fälle von falschen

---

[402] *Canaris*, FS für Larenz, 1983, 27 (30 ff., 35 ff.).

[403] *Canaris*, FS für Larenz, 1983, 27 (33 f.).

[404] *Canaris*, JZ 1995, 441 (443); Hervorhebungen im Original.

[405] *Canaris* ZHR 163 (1999), 206 (216) bezeichnet die Begründung eines Einwendungsausschlusses durch die Rechtsprechung trotz des Grundsatzes aus § 334 BGB als „zentrale Schwäche" der Konstruktion des BGH; zu seiner Kritik an dieser Vorgehensweise vgl. *ders.*, ZHR 163 (1999), 206 (217).

[406] *Canaris*, JZ 1995, 441 (443 f.); *ders.*, JZ 1998, 603 (604 f.); *ders.*, ZHR 163 (1999), 206 (218, 229).

[407] So der BGH in der von *Canaris* in JZ 1995, 441 ff. (er zitiert den BGH auf S. 445) besprochenen Entscheidung zum Dachboden-Fall, BGHZ 127, 378 = JZ 1995, 306.

[408] So schon *Canaris*, FS für Larenz, 1983, 27 (93 ff.); *ders.*, JZ 1995, 441 (444 ff.) und JZ 1998, 603 ff.; *ders.* ZHR 163 (1999), 206 (222 ff.).

Aussagen in Emissionsprospekten zurückgriff,[409] betont er in jüngerer Zeit ausdrücklich die Ähnlichkeit der Sachverständigenfälle mit den in der Rechtsprechung anerkannten Sachwalterfällen.[410]

Als Voraussetzungen für eine solche Dritthaftung aus culpa in contrahendo fordert er in Anlehnung an die von der Rechtsprechung zur Sachwalterhaftung herausgearbeiteten Kriterien, dass der Sachverständige eine „persönliche Gewähr" biete, also gegenüber dem Dritten in besonderem Maße persönliches Vertrauen in Anspruch nehme. Dies sei insbesondere dann der Fall, wenn die Expertise die Funktion habe, eigene Untersuchungen des Dritten bzw. die Einholung eines weiteren Gutachtens durch den Dritten überflüssig zu machen.[411] Darüber hinaus müsse der Sachverständige am rechtsgeschäftlichen Verkehr teilgenommen haben, ein unmittelbarer Kontakt zu dem Dritten sei aber nicht erforderlich.[412] Im Hinblick auf die Abgrenzung des Kreises potentiell geschützter Personen erinnert *Canaris* daran, dass die culpa in contrahendo eine Haftung im Rahmen der „Anbahnung" von Geschäften darstelle. Entscheidend solle daher das in Aussicht genommene wirtschaftliche Projekt sein, zu dessen Förderung ein Gutachten erstellt werde, wobei es sich nicht um ein konkretes Rechtsgeschäft handeln müsse, sondern sich durchaus auch um ein in Ergänzung oder Durchführung des wirtschaftlichen Gesamtprojektes vorgenommenes Rechtsgeschäft handeln könne. Verlasse sich der Dritte bei Abschluss eines solchen projektbezogenen Geschäftes auf das Gutachten des Sachverständigen, dann könne er von diesem Schadensersatz verlangen, wenn das Gutachten unrichtig gewesen sei.

Unklar ist, ob *Canaris* nach wie vor auch eine „Gerichtetheit" des Gutachtens bzw. der Auskunft dergestalt verlangt, dass das Gutachten an den Dritten gerichtet bzw. adressiert sein müsse, um eine uferlose Ausweitung der Haftung zu vermeiden.[413]

b. Der Ansatz von Lorenz

Lorenz stellt zunächst die Gesetzgebungsgeschichte zu § 675 Abs. 2 BGB dar und nimmt dann eine rechtsvergleichende Untersuchung zur Auskunftshaftung

---

[409] *Canaris*, JZ 1995, 441 (445) mit dem Hinweis, dass es sich bei den Sachwalterfällen im Unterschied zu den Sachverständigenfällen dogmatisch um „Vertrauenshaftung kraft Tatherrschaft" handele; vgl. dazu eingehend *ders.*, FS für Giger, 1989, 91 (103 ff.).

[410] *Canaris*, ZHR 163 (1999), 206 (222 ff.); *ders.*, FS für Schimansky, 1999, 43 (59 ff.). Zur Analyse der Voraussetzungen der Sachwalterhaftung und der Sachverständigenhaftung unten Teil A: Viertes Kapitel - III.4.a und Teil A: Viertes Kapitel - III.4.b.

[411] *Canaris*, ZHR 163 (1999), 206 (232 f.).

[412] *Canaris*, ZHR 163 (1999), 206 (234).

[413] Eine solche „Gerichtetheit" verlangte er noch in FS für Larenz, 1983, 27 (95 f.).

für primäre Vermögensschäden vor, indem er diesen Problemkreis im österreichischen, schweizerischen, französischen, englischen und nordamerikanischen Recht analysiert.[414] Auch er will, nachdem er wegen des Fehlens eines allgemeinen Haftungstatbestandes im deutschen Deliktsrecht diesem für Auskunfts- und Gutachterfälle keine Relevanz beimisst und außerdem festgestellt hat, dass alle rechtsgeschäftlichen Begründungsversuche der Rechtsprechung „nur um den Preis blutleerer Fiktionen zu halten sind", an das gesetzliche Schuldverhältnis der culpa in contrahendo anknüpfen.[415]

Aus der Untersuchung der Rechtsprechung zum stillschweigenden Auskunftsvertrag in den Fällen des einmaligen Auskunftskontaktes folgert er, dass die Haftung in diesen Fällen letztlich nicht mit einem rechtsgeschäftlichen Verpflichtungswillen des Auskunftgebenden zu begründen sei, sondern auf seiner mit Öffentlichkeits- und Vertrauenswirkung ausgestatteten Berufsstellung beruhe. Bestätigt sieht er diese Annahme in den eine Haftung ablehnenden Entscheidungen, in denen auf den fehlenden beruflichen Bezug der Auskunft verwiesen wurde.[416]

Die Anknüpfung an das gesetzliche Schuldverhältnis der culpa in contrahendo aufgrund der Inanspruchnahme von Vertrauen setzt seiner Meinung nach zunächst einen „geschäftlichen Auskunftskontakt" voraus, d.h. dass die erteilte Auskunft berufseinschlägig sein müsse und die soziale Stellung und Funktion des Auskunftgebers ein in ihn zu setzendes Vertrauen rechtfertige. Eine weitere Begrenzung des Haftungsrisikos erreicht *Lorenz* dadurch, dass der Auskunftsperson die vermögenswirksame Bedeutung der Auskunft für den Empfänger erkennbar sein müsse. Darüber hinaus verlangt er eine „Richtungsbedürftigkeit" der Auskunft in dem Sinne, dass das in Anspruch genommene Vertrauen vom Auskunftgeber auch gewährt worden sein müsse; dafür hält er einen besonderen Auskunftskontakt zwischen Auskunftgeber und einem bestimmten Auskunftsuchenden für erforderlich. Im Einzelfall müsse dann entschieden werden, wie weit das gewährte Vertrauen legitimerweise reicht, was insbesondere für Haftungsbeschränkungen eine Rollen spiele. Und schließlich verlangt er, dass ein Auskunftgeber, der ein eigenes, mit dem des Empfängers kollidierendes wirtschaftliches Interesse habe, den Auskunftsempfänger darüber aufklären müsse.

---

[414] *Lorenz*, FS für Larenz, 1973, 575 (594 ff.).

[415] *Lorenz*, FS für Larenz, 1973, 575 (618).

[416] *Lorenz*, FS für Larenz, 1973, 575 (589 ff., 591).

c. Bewertung

An den Voraussetzungen *Lorenz'* ist insbesondere die „Richtungsbedürftigkeit" der Auskunft bzw. des Gutachtens unpraktikabel. Denn um eine solche Gerichtetheit annehmen zu können, verlangt er einen Auskunftskontakt zwischen Auskunftgeber und einem bestimmten Auskunftsempfänger. Dies stellt eine viel zu enge Begrenzung der Dritthaftung von Sachverständigen dar, insbesondere dann, wenn es um die Haftung für fehlerhafte Gutachten geht. Denn bestellt jemand ein Gutachten zu dem Zweck, damit Kreditverhandlungen führen zu wollen und kommt dann ein Darlehensvertrag z. B. erst mit der dritten angefragten Bank aufgrund des Gutachtens zustande, dann kann die Haftung des Gutachters nicht etwa deshalb entfallen, weil er nur über die Anfrage bei der ersten Bank informiert war.

Bei *Canaris* ist insbesondere die Voraussetzung der „Teilnahme am rechtsgeschäftlichen Verkehr" fraglich. Dieses Kriterium bringt für die Eingrenzung der relevanten Haftungsfälle sehr wenig[417] und schließt eigentlich nur private Äußerungen von Sachverständigen als Anknüpfungspunkt für eine Haftung aus. Mit privaten Äußerungen bietet man aber ohnehin keine „persönliche Gewähr" bzw. nimmt man kein „besonderes persönliches Vertrauen" in Anspruch, so dass schon diese von Canaris geforderte Voraussetzung für eine Haftung nicht erfüllt wäre und es insoweit überhaupt an einem Vertrauenstatbestand fehlt. Dann ist aber das Kriterium der „Teilnahme am rechtsgeschäftlichen Verkehr" eigentlich überflüssig. Darüber hinaus mangelt es dem Lösungsansatz von *Canaris* an der eindeutigen Überlegenheit im Verhältnis zu dem Rechtsinstitut des Vertrages mit Schutzwirkung für Dritte als Ergebnis richterlicher Rechtsfortbildung. Er bevorzugt die Dritthaftung aus culpa in contrahendo aus dem Grunde, dass der Dritte so einen eigenen, originären Anspruch aus einem gesetzlichen Schuldverhältnis erhalte, dem systemimmanent dann keine Einwendungen aus dem Verhältnis Sachverständiger – Auftraggeber entgegengehalten werden könnten. Er lässt aber offen, warum dieser Anspruch nicht auch über einen Vertrag mit Schutzwirkung für Dritte begründet werden kann, der auf richterlicher Rechtsfortbildung beruht und somit dem Dritten ebenso einen eigenen, objektiv zu bestimmenden Anspruch verschaffen könnte.

4. Garantiehaftung

Grunewald weist darauf hin, dass das BGB seiner Grundkonzeption nach nicht nach gesellschaftlichen Positionen und sozialen Rollen unterscheidet. Davon ausgehend untersucht sie, inwiefern sich diese Grundkonzeption für den Bereich der Fachleutehaftung durch die Rechtsprechungsentwicklung überholt hat. Sie

[417] Dies gesteht *Canaris* selbst ein, ZHR 163 (1999), 206 (234).

verweist auf die in vielen Entscheidungen angenommene Vertrags- oder vertragsähnliche Haftung bei Auskunftserteilung durch Experten[418] und auf die Entwicklung im Bereich der culpa in contrahendo[419] bzw. der positiven Forderungsverletzung, wo sich die Intensität der (vor-)vertraglichen Pflichten nach der sozialen Rolle richtet, wobei für Fachleute eine gesteigerter Pflichtenrahmen gilt.[420] Des Weiteren weist sie auf den Vertrag mit Schutzwirkung zugunsten Dritter hin, dessen Anwendungsbereich von der Rechtsprechung gerade anhand von Fällen der Expertenhaftung erheblich ausgeweitet worden ist.[421] Zudem stellt sie heraus, dass Eigenschaftszusicherungen im Rahmen von Kaufverträgen mit Fachleuten vermehrt als stillschweigende Zusicherungen bejaht wurden[422] und dass der Haftungsmaßstab nach § 276 BGB nicht mehr rein objektiv ermittelt wird, sondern vielmehr auf die durchschnittlichen Fähigkeiten eines Verkehrsteilnehmers mit den Qualifikationen der in Rede stehenden Person abstellt, was auch zu einer verstärkten Inpflichtnahme von Fachleuten führt.
Aus alledem folgert sie, dass den Gutachten dieser Berufsgruppe im Alltag eine besondere Bedeutung beigemessen werde. Es werde allgemein davon ausgegangen, dass der Sachverständige hinter seinem Gutachten stehe und für von ihm verschuldete Fehler einstehe. Da dies dem Sachverständigen bekannt sei, könne ein von ihm in Verkehr gebrachtes Gutachten auch nur dahingehend verstanden werden, dass er für seine Richtigkeit auch finanziell hafte.[423] Sie spricht dabei in Anlehnung an *Hopt*[424] von einer „beruflichen Gewährübernahme" bzw. einer „Garantieerklärung"[425], die der Sachverständige mit der Erstellung seines Gutachtens abgebe und bezeichnet die Haftung daraus als vertragliche. Es geht ihr dabei nicht um die Auslegung der Erklärung der Partner des Gutachtervertrages, sondern um die Frage, was der Sachverständige gegenüber dem auf seine Expertise vertrauenden Dritten zum Ausdruck gebracht habe.[426] Der Sachverständige gebe ihrer Meinung nach dann eine Garantieerklärung gegenüber dem Dritten ab, wenn er ein Gutachten erstelle, dass speziell auf die Bedürfnisse einer bestimmten Interessengruppe zugeschnitten sei. Denn dann müsse ihm klar sein, dass sein Gutachten gegenüber einem Dritten aus dieser Interessengruppe ver-

---

418 *Grunewald*, JZ 1982, 627 (627).
419 Hier insbesondere auf die Eigenhaftung des Vertreters, Verhandlungsgehilfen oder Sachwalters (die heute von der Neuregelung in § 311 Abs. 3 BGB erfasst ist), *Grunewald*, JZ 1982, 627 (629).
420 *Grunewald*, JZ 1982, 627 (628).
421 *Grunewald*, JZ 1982, 627 (628 f.).
422 *Grunewald*, JZ 1982, 627 (629).
423 *Grunewald*, AcP 187 (1987), 285 (299 f.).
424 *Hopt*, Festschrift für Pleyer, 1986, 341 (359).
425 *Grunewald*, AcP 187 (1987), 285 (299).
426 *Grunewald*, ZGR 1999, 583 (589).

wendet werde und dieser sich darauf verlasse.[427] Erstelle der Experte hingegen ein allgemeines Gutachten, dann komme seine Haftung gegenüber Dritten nur dann in Frage, wenn eine Kontaktaufnahme zwischen dem Dritten und dem Experten stattgefunden habe, da der Dritte ansonsten nicht davon ausgehen dürfe, dass der Experte jedem beliebigen Dritten gegenüber haften wolle.[428]

Weitere Voraussetzungen sollen die Haftung des Experten gegenüber Dritten begrenzen: Es müsse eine gewisse Seriositätsschwelle der Auskunft erreicht werden.[429] Außerdem entfiele eine Haftung bei „Parteigutachten", also bei Gutachten, bei denen zwischen Auftraggeber des Gutachtens und Drittem ein Interessengegensatz bestehe,[430] und bei Gutachten, die für den Dritten erkennbar bereits „verbraucht" seien, ihren Zweck also bereits bei dem Auftraggeber des Gutachtens erfüllt haben.[431] Schließlich dürfe das Gutachten keines sein, auf das sich eine große Vielzahl von Personen verlasse, damit z. B. eine über § 323 HGB hinausgehende Haftung für Wirtschaftsprüfertestate ausgeschlossen sei.[432]

Sie zieht mit diesen Voraussetzungen zur Vermeidung der Vergrößerung des Haftungsrisikos des Experten eine sehr enge Begrenzung des potentiellen Gläubigerkreises geschützter Dritter.[433] Der Sachverständige haftet ihrer Ansicht nach nur bei seriösen Auskünften und dann auch nur gegenüber dem ersten Dritten, dem das Gutachten vorgelegt wird, denn danach ist der Zweck des Gutachtens erfüllt, d.h. es ist „verbraucht". Außerdem haftet er bei bestehendem Interessengegensatz überhaupt nicht, was hinter dem Haftungsumfang der Rechtsprechung, die zumindest im Ergebnis größtenteils Zustimmung findet, ganz erheblich zurückbleibt.[434] Auch das Kriterium der erforderlichen „Seriositätsschwelle" wird von ihr zwar durch Beispiele belegt,[435] hat aber keine klaren Konturen, die eine Abgrenzung zu unseriösen Gutachten und Auskünften ermöglichen würden.

---

427 *Grunewald*, ZGR 1999, 583 (598).

428 *Grunewald*, ZGR 1999, 583 (599).

429 *Grunewald*, AcP 187 (1987), 285 (300).

430 *Grunewald*, AcP 187 (1987), 285 (300).

431 *Grunewald*, AcP 187 (1987), 285 (301).

432 *Grunewald*, AcP 187 (1987), 285 (302 f.).

433 „Freilich muss man sich darüber im Klaren sein, dass man mit dieser Fallkonstellation [sie meint den „Käufergruppe-Fall", BGH NJW 1984, 355] wirklich am äußersten Ende der Sachverständigenhaftung angelangt ist." *Grunewald*, AcP 187 (1987), 285 (302).

434 Vgl. die Haftungsausweitung durch die Rechtsprechung seit dem „Käufergruppe-Fall", oben Teil A: Zweites Kapitel - I.2.b; auch eine über § 323 HGB hinausgehende Dritthaftung des Wirtschaftsprüfers hat der BGH in seiner Entscheidung vom 2.4.1998 = NJW 1998, 1948 inzwischen bejaht, was in der Literatur erhebliche Kritik hervorgerufen hat, vgl. *Weber*, NZG 1999, 1 (3); *Emmerich*, JuS 1998, 843 f.

435 Sie nennt die „ärztliche Beratung in Frauenzeitschriften" und „Anlageempfehlungen im Wirtschaftsteil einer Zeitung", *Grunewald* AcP 187 (1987), 285 (300).

5. Haftung aus einseitigem Leistungs- bzw. Haftungsversprechen

Hans Stoll greift mit seiner Lehre vom „Vertrauensschutz bei einseitigen Leistungsversprechen"[436] grundsätzlich die Kriterien der Rechtsprechung zum stillschweigenden Auskunftsvertrag auf. So soll es für eine Sachverständigen- bzw. Auskunftshaftung darauf ankommen, ob die Auskunft mit beruflicher Sachkunde erteilt werde und ob der Sachverständige erkennen könne, dass der Empfänger die Auskunft zur Grundlage vermögensrelevanter Entscheidungen machen wolle.[437] Die Anknüpfung an die von der Rechtsprechung zum stillschweigenden Auskunftsvertrag gewählten Merkmale ergibt sich daraus, dass *Stoll* der Haftungskonstruktion nur eine andere dogmatische Grundlage geben will, um die Rechtsgeschäftslehre von der Fiktion eines Rechtsbindungswillens zu entlasten.[438]

Statt eines solchen fiktiven Rechtsbindungswillens nimmt er an, dass mit der sachverständigen Auskunft ein einseitiges Leistungsversprechen auf sorgfältige Erteilung der Auskunft dergestalt verbunden sei, dass dadurch das Vertrauen des Versprechensempfängers in Anspruch genommen und er zu Dispositionen veranlasst werde. Dieses Leistungsversprechen bedeute eine ausdrückliche oder konkludente Erklärung des Experten, für seine Auskunft einstehen zu wollen.[439] In Fällen, in denen ein Gutachten vom Auftraggeber an einen Dritten weitergegeben wird, verlangt er darüber hinaus, dass es für den Dritten bestimmt sein müsse. Diese Bestimmung könne sich aus dem mit ihm verbundenen Leistungsversprechen ergeben.[440] Die aus dem einseitigen Leistungsversprechen sich ergebende Haftung soll dabei wegen der Nähe zum Rechtsgeschäft eine in den Formen des Vertragsrechts ablaufende Haftung sein.[441]

In Weiterentwicklung dieser Lehre des einseitigen Leistungsversprechens versteht sich der Vorschlag von *Hohloch*. Er kritisiert an dem einseitigen Leistungsversprechen, dass es nur Teilbereiche[442] zu lösen vermöge und dass der Experte mit seiner Auskunft nicht den Gedanken an eine eigene zukünftige Leis-

---

436 So der Titel seines Beitrags in der FS für Flume, 1978, Bd. 1, 741 ff.

437 *Stoll*, FS für Flume, 1978, Bd. 1, 741 (767); vgl. auch oben Teil A: Zweites Kapitel - I.1.a.aa.

438 *Stoll*, FS für Flume, 1978, Bd. 1, 741 (747).

439 *Stoll*, FS für Flume, 1978, Bd. 1, 741 (765, 767), der sich damit an dem Institut des „promissory estoppel" im anglo-amerikanischen Recht orientiert.

440 *Stoll*, FS für Flume, 1978, Bd. 1, 741 (768); diese Bestimmung für den Dritten soll nach *Stoll* der Richtungsbedürftigkeit in *Lorenz* Lösungsvorschlag entsprechen; vgl. oben Teil A: Drittes Kapitel - III.3.b.

441 *Stoll*, FS für Flume, 1978, Bd. 1, 741 (748 ff., 754 ff., 770 ff.).

442 Ein einseitiges Leistungsversprechen könne z. B. in den Fällen der Eigenhaftung des Vertreters vorliegen; so *Hohloch* in NJW 1979, 2369 (2372).

tung verbinde. Deshalb gehe die Annahme eines Leistungsversprechens zu weit.[443] In der Sache stimmt er aber *Stoll* darin zu, dass der Auskunftgebende Verantwortlichkeit und Haftung übernehme, was er als „Haftungsversprechen" bezeichnet.[444] Ausdrücklich geht auch er von einer vertragsähnlichen Haftung aus. Nur so ließe sich die „ungerechtfertigte Vergünstigung" der Auskunftsperson abbauen, die darin liege, dass das Deliktsrecht in solchen Fällen „keine Zugriffsmöglichkeit" biete und vertragliche Beziehungen zwischen den Beteiligten regelmäßig nicht bestünden.[445]

Gegen das Modell des Leistungsversprechens wird überzeugend eingewandt, dass eine Auskunft oder ein Gutachten die Bewirkung einer (vertraglich dem Auftraggeber geschuldeten) Leistung, nicht aber das Versprechen einer Leistung sei. Denn sonst liege in der falschen Auskunft bzw. dem fehlerhaften Gutachten zugleich Versprechen und Versprechensbruch.[446] Darüber hinaus muss bezweifelt werden, ob der Experte, der eine Auskunft gibt oder im Auftrag eines anderen ein Gutachten erstellt, tatsächlich gegenüber demjenigen, der sich dann letztendlich auf das Gutachten verlässt, eine Haftungserklärung des Inhaltes abgeben will, dass er für die Richtigkeit des Gutachtens einstehe. Zwar soll mit diesem Ansatz die Fiktion eines Rechtsbindungswillens umgangen werden. Die Annahme eines Leistungs- oder Haftungsversprechens des Experten gegenüber dem Dritten, der nicht sein Vertragspartner ist, mit dem Inhalt, er wolle für das Gutachten „Verantwortlichkeit und Haftung"[447] übernehmen, wird hier aber von *Stoll* und *Hohloch* auch nur unterstellt und ist daher ebenso als fiktiv abzulehnen.[448] Entscheidend ist aber, dass der Empfänger der Auskunft diese hinsichtlich des Haftungswillens des Experten aus objektiver Empfängersicht eben nicht so verstehen darf, als erkläre der Sachverständige, er wolle für die Richtigkeit des Gutachtens bzw. der Auskunft ihm gegenüber einstehen. Dazu ist oben schon nachgewiesen worden, dass es für den Dritten keine Anhaltspunkte gibt, die aus seiner Sicht ein Einstehenwollen des Sachverständigen nahe legen.[449]

---

[443] *Hohloch* in NJW 1979, 2369 (2372).
[444] *Hohloch* in NJW 1979, 2369 (2373).
[445] *Hohloch* in NJW 1979, 2369 (2372 f.).
[446] *Köndgen*, Selbstbindung ohne Vertrag, S. 355; ihm folgend *Wiegand*, Sachwalterhaftung, S. 281.
[447] *Hohloch*, NJW 1979, 2369 (2373).
[448] Auch *Müller*, Auskunftshaftung, S. 124 f., erkennt, dass diesem Lösungsansatz im Grunde die gleiche Kritik widerfährt wie der Rechtsprechung zum stillschweigen Auskunftsvertrag, den sie aber auf eine dogmatisch bessere Grundlage stellen wollte. Sein Fazit: „Insofern ist der Gewinn durch die Lehre vom einseitigen Leistungsversprechen nicht groß."
[449] Siehe oben Teil A: Zweites Kapitel - I.1.a.bb.

6. Der Lösungsansatz Pickers[450]

a. Darstellung

Pickers Ausgangspunkt besteht in der Überlegung, dass es systematisch schon falsch sei, zwischen vertraglicher und gesetzlicher Haftung zu unterscheiden, da Schadensersatzpflichten immer gesetzlicher Natur seien. Denn die privatautonome rechtsgeschäftliche Bindung beinhalte immer nur die zu bewirken versprochene Leistung als Vermehrung des Güterstandes des Gläubigers. Demgegenüber sei auch die „vertragliche" Schadenshaftung – wie die deliktische – auf Ausgleich von Einbußen gerichtet. Sie habe ihren Geltungsgrund aber eben nicht in dem Leistungsversprechen des Schuldners, sondern in einem vom Willen des Schuldners unabhängigen Befehl des Gesetzes, dass die Wiedergutmachung anordne.[451] Die so einheitliche Schadenshaftung werde vom Gesetz, sei es im vertraglichen oder deliktischen Bereich, angeordnet, um das Prinzip des neminem laedere[452] als ideale Gerechtigkeitsvorstellung in unserer Rechtsordnung in den Grenzen des praktisch Möglichen und im Ausgleich mit anderen Prinzipien (insbesondere dem der natürlichen Handlungsfreiheit) umzusetzen. Nach diesem Prinzip entspreche „die Haftung auf Wiedergutmachung eines Schadens, der durch ein grundsätzlich als »widerrechtlich« bewertbares zurechenbares Verhalten herbeigeführt wurde, einer zeitlosen Rechtsüberzeugung und einem Elementarsatz auch des geltenden Rechts."[453] Es gehe dabei um solches Verhalten, das „wegen seiner Angelegtheit auf *sozial unerwünschte* Schäden als schon »an sich« unerlaubt aus der allgemeinen Handlungsfreiheit ausgegrenzt ist".[454]

Aus diesem allgemeinen Grundsatz der Wiedergutmachung eines durch widerrechtliches und zurechenbares Verhalten verursachten Schadens folge auch, dass die prinzipielle Haftung nicht nur für bestimmte Schäden bestehe, sondern grundsätzlich auch reine Vermögensschäden mit einschließe.[455] Erkenne man die Grundentscheidung des neminem-laedere-Prinzips auch für unsere Rechtsord-

---

[450] Diese Lehre wird als „Willensunabhängige Haftung in einer Sonderverbindung" (*Müller*, Auskunftshaftung, S. 166), als „Theorie der faktischen Leistungsbeziehung" (*Stahl*, Dritthaftung, S. 65) oder als „Rundumschutz" (*Hirte*, Berufshaftung, S. 400) bezeichnet. Da der Name eine Lehre aber im Verhältnis zu ihrem Inhalt zweitrangig ist, wird hier von einem weiteren Bezeichnungsvorschlag abgesehen.

[451] *Picker*, AcP 183 (1983), 369 (394 f.); *ders.*, JZ 1987, 1041 (1044).

[452] Zu diesem Prinzip und zu seiner historischen Herkunft ausführlich *Picker*, AcP 183 (1983), 369 (460 ff., 484 f.) und FS für Medicus, 1999, 397 (435 f.); vgl. auch *ders.*, JZ 1987, 1041 (1048) und die dort in den Fn. 38, 42 – 44 Genannten.

[453] *Picker*, JZ 1987, 1041 (1048), Anführungszeichen im Original.

[454] *Picker*, JZ 1987, 1041 (1050), Hervorhebungen und Anführungszeichen im Original.

[455] *Picker*, JZ 1987, 1041 (1051); *ders.*, AcP 183 (1983), 369 (466).

nung an, so müsse man einen Perspektivwechsel vornehmen, ja geradezu die herkömmliche Regel-Ausnahme-Vorstellung auf den Kopf stellen: Es sei nicht der Eintritt einer Haftung besonders zu begründen, wozu die Literatur die unterschiedlichsten Pflichtverstärkungsfaktoren (wie Verträge, Vertrauen, Berufszugehörigkeit usw.) anführt, sondern es sei im Gegenteil der Nichteintritt einer Haftung als Durchbrechung dieses allgemeinen Prinzips, der der Legitimierung bedürfe.[456]

Bezogen auf den grundsätzlichen Ausschluss der Ersetzbarkeit von reinen Vermögensschäden im geltenden Deliktsrecht findet *Picker* diese Legitimierung in der Begrenzung der potentiellen Gläubigerzahl, die der Erhaltung der allgemeinen Handlungsfreiheit diene und somit nur ein technisches Mittel der Haftungsbeschränkung darstelle.[457] Das bedeute aber auch, dass dort, wo die Zahl der potentiellen Gläubiger von vornherein feststehe, es keiner Beschränkung der zu ersetzenden Schäden bedürfe. Dies zeige sich eindeutig im vertraglichen Bereich, denn in einem zweiseitigen Schuldverhältnis kämen grundsätzlich schon per definitionem nur zwei Gläubiger – die beiden Vertragspartner – in Betracht. Das sei auch der Grund dafür, dass im Rahmen eines Vertrages grundsätzlich das Vermögen geschützt sei. Aber auch außerhalb des klassischen Vertrages in der Grauzone „zwischen" Vertrag und Delikt sei das Vermögen als solches in den Schutz einer Haftung mit einzubeziehen, wenn der mögliche Gläubiger „zumindest abstrakt schon ex ante ein für allemal feststeht".[458] Diese Voraussetzung sieht *Picker* bei Bestehen einer rechtlichen Sonderverbindung zwischen Schädiger und Geschädigtem für gegeben an, die er auch „konkrete faktische Leistungsbeziehung" nennt.[459] Das Bestehen solcher rechtlicher Sonderverbindungen im Einzelnen festzustellen, bezeichnet er als Aufgabe künftiger Arbeiten,[460] er sieht sie aber bei der Auskunftserteilung und bei der Erstellung von Gutachten oder Prospekten als gegeben an. Dabei bezeichnet er es als charakteristisch, dass in den genannten Fällen durch die zunehmende Arbeitsteilung im modernen Güter- und Dienstleistungsverkehr die Beteiligten einander vertragsrechtlich immer weiter entrückt werden und das Fehlen eines Vertrages auf rein organisatorischen oder technischen Gründen beruhe.[461]

---

456 *Picker*, AcP 183 (1983), 369 (465, 474) und JZ 1987, 1041 (1049, 1052).

457 *Picker*, FS für Medicus, 1999, 397 (433 ff., 436); *ders.*, AcP 183 (1983) 369 (476 f.) und JZ 1987, 1041 (1051, 1053).

458 *Picker*, FS für Medicus, 1999, 397 (437 f.); *ders.*, JZ 1987, 1041 (1053, 1055).

459 *Picker*, FS für Medicus, 1999, 397 (441); *ders.*, JZ 1987, 1041 (1058).

460 *Picker*, AcP 183 (1983), 639 (490).

461 *Picker*, FS für Medicus, 1999, 397 (429, 441); *ders.*, JZ 1987, 1041 (1057 f.). Für die Sachverständigengutachten hält er einen Vertrag zwischen Sachverständigem und Geschädigten deshalb für entbehrlich, da der Informant seine Gegenleistung bereits von anderer Seite erhalte oder aber sein Handeln auf immaterielle Gewinne wie Reklameerfolg oder Verbesserung von Geschäftsbeziehungen ausgerichtet sei.

Als Voraussetzung für eine solche Sonderverbindung zwischen Sachverständigem und Dritten verlangt *Picker* die bewusste und gezielte Adressierung der Leistung (d.h. des Gutachtens) an eine andere Person, die mit der Aufforderung verbunden ist, die offerierte Information den eigenen Dispositionen zugrunde zu legen. Dadurch sei wie bei einem klassischen Vertrag die personale Bezogenheit und die sachliche Finalität des Kontaktes gewährleistet und der definitive Empfänger stehe – für jeden Beteiligten von Anfang an erkennbar – fest.[462]

Im Anschluss an *Picker* hat jetzt *Plötner* eine Weiterentwicklung dieser Lehre vorgelegt.[463] Er unternimmt die von *Picker* künftigen Arbeiten überlassene Bestimmung, wann eine Sonderverbindung im Einzelnen bestehen soll, die den potentiellen Gläubigerkreis von vornherein begrenzt und somit eine Haftung für reine Vermögensschäden ermöglicht.[464] Zu diesem Zweck untersucht er gründlich die Haftung des Handelsmaklers nach § 98 HGB und die Haftung bei Amtspflichtverletzungen nach § 839 BGB und § 19 BNotO.[465] Im Anschluss analysiert er die historischen Grundlagen einer außervertraglichen Haftung bei primären Vermögensschäden, indem er die Haftung des römischen Mensors
ebenso beleuchtet wie die gesetzlichen Regelungen einer Sachverständigenhaftung im 19. Jahrhundert und die Gesetzgebungsmaterialien zum BGB.[466] Daraus zieht er den Schluss, dass die Vorschriften des § 98 HGB und die Arbeitsweise des Gesetzes in § 839 BGB und § 19 BNotO Ausdruck eines allgemeinen Rechtsgedankens seien, auf den auch die Haftung der Sachverständigen und vergleichbare Fallgruppen wie die Haftung des Abschlussprüfers gestützt werden könnten.[467] Danach komme es darauf an, dass der Schädiger nicht bloß Interessenwahrer seines Auftraggebers sei sondern ausnahmsweise eine neutrale, unparteiische Stellung zwischen dem Auftraggeber und dem Geschädigten einnehme.[468] Er nennt eine solche Haftung dementsprechend die „Haftung neutraler Leistungserbringer“, die einen allgemeinen Haftungssatz des objektiven Rechts darstelle, der als gesetzliches Leitbild § 98 HGB und als historisches Vorbild die Haftung des Mensors habe.[469] Für die Bestimmung des potentiellen Gläubigerkreises sei auf den Schutzzweck der Leistung abzustellen, wie er zwischen

[462] *Picker*, FS für Medicus, 1999, 397 (439); *ders.*, JZ 1987, 1041 (1058); *ders.*, AcP 183 (1983), 369 (493).

[463] *Plötner*, Die Rechtsfigur des Vertrags mit Schutzwirkung für Dritte und die sogenannte Expertenhaftung.

[464] *Plötner*, Vertrag mit Schutzwirkung für Dritte und Expertenhaftung, S. 171, 261 ff.

[465] *Plötner*, Vertrag mit Schutzwirkung für Dritte und Expertenhaftung, S. 178 ff., 204 ff.

[466] *Plötner*, Vertrag mit Schutzwirkung für Dritte und Expertenhaftung, S. 220 ff.

[467] *Plötner*, Vertrag mit Schutzwirkung für Dritte und Expertenhaftung, S. 253 f.

[468] *Plötner*, Vertrag mit Schutzwirkung für Dritte und Expertenhaftung, S. 254.

[469] *Plötner*, Vertrag mit Schutzwirkung für Dritte und Expertenhaftung, S. 255.

Schädiger und Auftraggeber vereinbart wurde. Der neutrale Leistungserbringer sei daher denjenigen schadensersatzpflichtig, an die er sich bewusst und erkennbar mit seiner Leistung adressiert und die sich deshalb wie der Auftraggeber auf die fehlerlose Erbringung der Leistung verlassen dürfen.[470]

b. Bewertung

Als Kritik an *Pickers* These ist vorgebracht worden, dass der Grundsatz des neminem laedere nur ein ethisches Gebot sei und in unserer Rechtsordnung gerade nicht gelte. Vielmehr schließe die positivrechtliche Ausgestaltung der §§ 823 ff. BGB die Geltung dieses Prinzips aus.[471] Dem hält *Picker* überzeugend entgegen, dass es sich bei diesem Prinzip um eine der positiven Ausgestaltung des Rechts vorausgehende und sie bestimmende Grundwertentscheidung handele, die nicht selbst das Recht gestalte, sondern von diesem erst verwirklicht werden solle. Das „neminem laedere" stelle nur eine Kurzformel eines allgemeinen, idealen Prinzips dar, das der näheren Präzisierung bedürfe.[472]

Weiter wird kritisiert, dass das Prinzip des neminem laedere aus sich selbst heraus nicht festlege, wann ein Verhalten widerrechtlich sein solle, d.h. Schäden verursache, die als sozial ausschließlich unerwünscht gälten. Es bleibe also zu klären, wann grundsätzlich freies und erlaubtes Verhalten in rechtswidriges Verhalten umschlage.[473] Diese Kritik ist sicher berechtigt. *Picker* selbst beschreibt die Bestimmung dessen, was in diesem Sinne als rechtswidrig angesehen werden solle, als „tastenden Rechtsfindungs- und Abwägungsvorgang"[474], bei dem in Rechnung gestellt werden solle, welcher Handlungserfolg sozial primär oder ausschließlich schädlich, die Sanktion aber tragbar sei, weil sie die Handlungsfreiheit nicht unkontrollierbar einschränke. Für den Fortgang seiner Arbeit geht er dann von solchen Verhaltensweisen aus, die nur schädlich erscheinen und daher einen ausschließlichen Handlungsunwert darstellen.[475] Für die Erstellung unrichtiger Gutachten kann man allerdings sicherlich von einem ausschließlichen Handlungsunwert ausgehen, da nicht ersichtlich ist, wie eine

---

[470] *Plötner*, Vertrag mit Schutzwirkung für Dritte und Expertenhaftung, S. 254; für die Sachverständigenfälle: S. 264 f.; vgl. auch *Picker*, FS für Medicus, 1999, 397 (439); *ders.*, JZ 1987, 1041 (1058); *ders.*, AcP 183 (1983), 369 (493) und oben bei Fn. 462.

[471] *Loges*, Die Begründung neuer Erklärungspflichten und der Gedanke des Vertrauensschutzes, S. 112 f.; *Schwitanski*, Deliktsrecht, Unternehmensschutz und Arbeitskampfrecht, S. 293 und 295.

[472] *Picker*, JZ 1987, 1041 (1049).

[473] *Möschel*, AcP 186 (1986), 187 (225).

[474] *Picker*, JZ 1987, 1041 (1050 in Fn. 54); *ders.* jetzt zu dieser Kritik in FS für Medicus, 1999, 397 (426 in Fn. 73).

[475] *Picker*, JZ 1987, 1041 (1050).

solche Pflichtwidrigkeit in Abwägung mit anderen Rechtsgütern gerechtfertigt werden könnte. Für die hier interessierende Thematik könnte *Pickers* Ansatz also nutzbar gemacht werden; darüber hinaus wäre die Bestimmung der sozialen Rechtswidrigkeit eines Verhaltens tatsächlich noch in Zukunft zu leisten.

Picker und *Plötner* gehen davon aus, dass aufgrund der Adressiertheit und Zielgerichtetheit eines Gutachtens oder einer Information von Beginn an für jeden, also auch für den Gutachter, erkennbar sei, wer möglicherweise durch eine falsche Information geschädigt werden könnte. Dies ist bei der Erfassung der hier interessierenden Gutachterfälle zwar oftmals der Fall. Genauso gut kann es aber vorkommen, dass der Sachverständige für seinen Auftraggeber ein Gutachten erstellt und nicht weiß oder zumindest erkennen kann, wem gegenüber das Gutachten letztendlich verwendet werden wird.[476] Nach *Pickers* Ansicht wäre dann also nicht ohne weiteres vom Bestehen einer Sonderverbindung zwischen Gutachter und Geschädigtem auszugehen. Zwar räumt er selbst ein, dass die Erarbeitung von Sachkriterien für die Feststellung einer Sonderverbindung noch erfolgen müsse,[477] doch hindert es die praktische Anwendbarkeit seiner These auf Dritthaftungsfälle bei Sachverständigen, wenn durch sie bisher nur ein Teil der relevanten Fälle erfasst werden kann.[478] Demgegenüber hat *Plötner* mit der Haftung des „neutralen Leistungserbringers" ein Kriterium vorgeschlagen, anhand dessen das Bestehen einer Sonderverbindung zu prüfen sei. Der Sachverständige hätte danach auch dann eine neutrale, unparteiische Stellung zwischen Auftraggeber und geschädigtem Dritten, wenn noch nicht von vornherein feststeht oder wenigstens bestimmbar ist, wer sich letztlich auf das Gutachten verlassen wird.

Allerdings stellt *Plötner* wie auch *Picker* letztendlich darauf ab, an wen die Leistung (das Gutachten) – zumindest abstrakt bestimmbar – *bewusst und zielgerichtet adressiert* wird.[479] Damit lassen sie auch wieder subjektive Momente darüber entscheiden, ob grundsätzlich eine Haftungssituation gegeben ist. Denn das auf den Gutachter bezogene Bewusstsein bzw. die Zielgerichtetheit seines Gutachtens sind, sofern sie nicht z. B. durch einen Zusatz ausdrücklich im Gutachten festgehalten sind, allein von seinen inneren Vorstellungen abhängig. Dann stellt sich aber eine ähnliche Problemlage dar, wie bei der Bestimmung eines etwaigen Haftungswillens, die die Rechtsprechung schon bei der Prüfung eines stillschweigenden Auskunftsvertrages oder eines über den Parteiwillen

---

476 So z. B. im oben besprochenen Hausbank-Fall, BGH NJW 1987, 1758, in dem der Dritte (Käufer) das Gutachten auch noch seiner kreditgebenden Bank vorlegte und sich sogar noch eine bürgende Sparkasse darauf verließ, vgl. Teil A: Zweites Kapitel - I.2.b.cc.

477 S.o. Fn. 460.

478 Mangelnde Praktikabilität wird diesem Ansatz auch von *Stahl*, Dritthaftung, S. 67 f. und *Medicus*, Probleme um das Schuldverhältnis, S. 24 entgegengehalten.

479 S. o. bei Fn. 462.

begründeten Vertrages mit Schutzwirkung für Dritte beschäftigt hat. Zur Feststellung dieses Bewusstseins und der Zielgerichtetheit wäre die Rechtsprechung wieder zu Spekulationen über die inneren Vorstellungen des Gutachters gezwungen, die auch den Boden für erneute Fiktionen bereiten würden. Diese Voraussetzungen sind also unvereinbar mit dem von *Picker* selbst erhobenen Anspruch, „dass eine generell gebotene Haftung eine heteronome Regelung fordert, gerade weil sie nicht abhängen kann von einer privatautonomen Entscheidung.“[480]

Aus all dem ergibt sich, dass *Picker* und ihm folgend *Plötner* zwar grundlegende Aufklärungsarbeit im Hinblick auf die einer Haftung zugrunde liegenden Wertentscheidungen und den tieferen Sinn und Grund einer Haftung an sich geleistet haben. Insbesondere liefert ihre Argumentation die Begründung dafür, dass in den die Sachverständigen betreffenden Dritthaftungsfällen auch der Ersatz reiner Vermögensschäden geschuldet wird, wenn der Kreis von potentiellen Gläubigern durch das Bestehen einer wie auch immer gearteten Sonderverbindung beschränkt werden kann. Denn dann besteht keine Notwendigkeit mehr, die Ersatzfähigkeit reiner Vermögensschäden nicht anzuerkennen. Das Zurückführen der Haftung auf eine Sonderverbindung bedeutet dabei gleichzeitig die Abkehr von deliktischen Lösungsvarianten, die ja die Haftung in einer Jedermannsbeziehung bedeuten. Dennoch weist dieses Erklärungsmodell praktisch für die Dritthaftung von Gutachtern ebenso Mängel auf, wie andere von ihnen kritisierte Lösungen Auch wenn dieser Ansatz also nicht uneingeschränkt Anwendung finden kann, sind doch solch grundlegende Erkenntnisse bei der Haftung von Sachverständigen gegenüber ihren Nichtvertragspartnern zu berücksichtigen.

7. Haftung aufgrund des Berufes oder der beruflichen Stellung

Der Beruf bzw. die berufliche Stellung sind als Argument für eine Dritthaftung von Sachverständigen sowohl in der Judikatur als auch in der Rechtslehre wiederholt aufgetreten. Im Folgenden sollen Lösungsansätze dargestellt werden, die die Zugehörigkeit zu einem Beruf als entscheidenden Haftungsgrund ansehen.

a. Haftung kraft Amtes

Als Ausgangspunkt seines Beitrages zur Auskunftshaftung untersucht *Lammel* die dem § 675 Abs. 2 BGB zugrundeliegende Mandatshaftung des römischen Rechts und stellt daraus die gesetzgeberische Historie dieser Vorschrift dar. Es war auf die römische Gesellschaftsordnung und das Ansehen der höheren Dienste (artes liberales) zurückzuführen, dass das Mandat unentgeltlich ausgeführt

---

480 *Picker*, FS für Medicus, 1999, 397 (411, 446).

wurde. Daraus folgte die Nichthaftung bei einem Mandat, das ausschließlich im Interesse des Ratempfängers lag und letztendlich auch die Stellung des § 675 Abs. 2 BGB im Auftragsrecht.[481] Er stellt weiter fest, dass die Auskunftserteilung – bedingt durch gewandelte gesellschaftliche Verhältnisse – nunmehr dem Dienst- bzw. Werkvertragsrecht unterfalle und dass damit der gesellschaftliche Grund für die Unverbindlichkeit des früheren mandatum tua gratia entfallen sei.

Dem stellt *Lammel* die römisch-rechtliche mensorische Klage gegenüber, die eine gesetzliche Ausgestaltung einer speziellen Berufshaftung war. Sie begründete eine Schadensersatzpflicht der Feldmesser, die in Ausübung ihrer Berufstätigkeit (auch diese wurde als ars liberalis angesehen und unterfiel somit nicht dem Dienst- oder Werkvertragsrecht) ein falsches Maß angaben und so beim Käufer oder Verkäufer des Feldes einen durch unzutreffende Preisberechnung eintretenden Schaden verursachten. Auf das Bestehen eines Vertrages kam es insoweit nicht an, so dass auch Drittgeschädigte einen Schadensersatzanspruch geltend machen konnten. Die mensorische Klage hatte ihren Grund in der beruflichen Qualifikation des Mensors, die ein besonderes Vertrauen in seinen Sachverstand und in ein ordnungsgemäßes Arbeitsergebnis rechtfertigte.[482] Infolge der immer stärkeren Betonung des Selbstbestimmungsrechts im Naturrecht, das Rechtsfolgen nur aus Willensübereinstimmung (=Vertrag) und Vorwerfbarkeit (=Delikt) anerkannte, wurde schließlich auch die Tätigkeit der Feldmesser dem Dienstvertrag unterstellt, was zum Wegfall der mensorischen Klage und damit der Haftung aus Berufsausübung führte.

Daneben stellt *Lammel* einen Rechtsvergleich mit den Regelungen der Auskunftshaftung sowohl in den kontinental-europäischen als auch in den angloamerikanischen Rechtsordnungen an[483] und untersucht die durch die deutsche Rechtsprechung zur Haftung verurteilten Berufsgruppen.[484] Als Ergebnis stellt er fest, dass nur bestimmte Berufsgruppen zur Auskunftshaftung herangezogen wurden. Es handelte sich bei den von ihm untersuchten einschlägigen Entscheidungen 73-mal um Banken, 19-mal um Wirtschaftsprüfer und Steuerberater, 19-mal um Rechtsanwälte und/oder Notare, 14-mal um öffentlich bestellte Sachverständige und um 37 sonstige Fälle, die aber wegen ihrer Besonderheiten vernachlässigt werden konnten.

Aus alledem zieht er den Schluss, dass eigentlicher Haftungsgrund wie schon im römischen Recht die berufliche Stellung des Auskunftgebers sei. Er begründet dieses Ergebnis mit dem Erwartungshorizont der Ratsuchenden, dem Vertrauen

---

[481] *Lammel*, AcP 179 (1979), 337 (345 f.).
[482] *Lammel*, AcP 179 (1979), 337 (347 f., 351).
[483] *Lammel*, AcP 179 (1979), 337 (352 ff.).
[484] *Lammel*, AcP 179 (1979), 337 (358 f.).

und der beruflichen Rolle des in die Gesellschaft eingebundenen und von dieser in die Pflicht genommenen Funktionsträgers. Dabei seien sowohl die Erwartungen an den Auskunftgebenden als auch die Auferlegung bestimmter Verhaltensweisen des Experten durch die gesetzlichen Regelungen legitimiert, die den Zugang zu den betreffenden Berufen und auch deren Inhalt festlegten.[485] Grundlage der Auskunftshaftung sei also ein berufsbezogenes Vertrauen in die besondere Sachkunde, gerechtfertigt durch gesetzliche oder selbstorganisatorische Öffnung der Berufstätigkeit zur Allgemeinheit. *Lammel* belegt diese Aussage durch eine Analyse der prägenden berufsrechtlichen Normen der betroffenen Berufsgruppen im Hinblick auf deren Gesellschaftsbezogenheit.[486]

Voraussetzung der Haftung sei danach, dass „ein Rat auf berufsbezogenem Gebiet erteilt werde und dieser das in die berufsspezifische Sachkunde legitimer Weise gesetzte Vertrauen infolge mangelhafter Überprüfung der Grundlagen enttäusche".[487] Berechtigt sei das Vertrauen des Auskunftsempfängers in den Sachverständigen dann, wenn entweder ein unmittelbarer Kontakt mit diesem vorhanden gewesen sei (dann müsse der Sachverständige die Interessen des Dritten in seine Überlegungen einbeziehen) oder wenn die Tätigkeit des Sachverständigen an sich bereits drittbezogen sei, d.h. die Gutachtenerstellung dem Auftraggeber nur dienlich sei, wenn er sie der Öffentlichkeit bekannt machen könne (dann müsse der Sachverständigen die Möglichkeit der Verwendung seines Gutachtens gegenüber Dritten erkennen).[488] Da die – „unbestrittenermaßen vorliegende" – Haftung in den kritischen Fallgruppen („Einmalkontakt" und „Drittweitergabe") sich dogmatisch nicht in die bisher anerkannten Schuldrechtsinstitute einordnen ließe,[489] die „berufliche Vertrauenshaftung" aber durch gesetzliche Regelungen legitimiert sei, müsse hierbei im Bezug auf die Nebenfolgen der Haftung von einem gesetzlichen Charakter gesprochen werden.[490]

---

[485] *Lammel*, AcP 179 (1979), 337 (359 f.); *ders.*, NJW 1973, 700 in Anmerkung zu BGH NJW 1973, 321.

[486] Er nennt den „dem Gemeinwesen verpflichteten Juristen", dessen „Öffentlichkeit der Berufsausübung" durch §§ 1 und 3 Abs. 1 BRAO festgelegt sei; für den Zugang zum Beruf führt er §§ 6 ff. BRAO sowie §§ 3 ff. BNotO an; für den Wirtschaftsprüfer und Steuerberater folgert er dies insb. aus §§ 1 Abs. 1, 43 Abs. 1 WPO und §§ 4, 22 Abs. 1 StBerG und für den öffentlich bestellten und vereidigten Sachverständigen aus dem Zweck seiner Bestellung und § 36 GewO; vgl. *Lammel*, AcP 179 (1979), 337 (362 f.).

[487] *Lammel*, AcP 179 (1979), 337 (366).

[488] *Lammel*, NJW 1973, 700; ähnlich auch in AcP 179 (1979), 337 (365).

[489] Zur Kritik an den bestehenden Lösungskonzeptionen *Lammel*, AcP 179 (1979), 337 (340 ff.).

[490] *Lammel*, AcP 179 (1979), 337 (365).

b. Berufshaftung

Hopt will in seiner umfassenden Betrachtung zum Berufsrecht und zur Berufshaftung den tragenden Grund für die Haftung herausarbeiten.[491] Er folgert dabei aus der Tatsache, dass das berufliche Auftreten am Markt in zahlreichen Fällen zur Herausarbeitung besonderer Rechtsregeln geführt habe, dass die Berufszugehörigkeit oder das berufliche Tätigwerden allgemein zu einer vom normalen Privatrecht unterschiedlichen Behandlung führen könne.[492] Er unterscheidet dabei vier Bereiche, in denen sich solch ein berufliches Sonderrecht entwickeln könne:

Zunächst nennt er die auf dem Gebiet des *Vertragsrechts* bestehenden Normen, die den von einem Berufszugehörigen geschlossenen Verträgen besondere Regelungen auferlegten (z. B. BNotO, WPO oder die Spruchpraxis zur Arzthaftung und zum Bankvertrag).[493] Dann führt er die Anordnung von *berufsrechtlichen Vertragsfolgen ohne privatautonomen Vertrag* an, wie sie z. B. im Handelsrecht durch § 362 HGB oder das kaufmännische Bestätigungsschreiben bekannt sind.[494] Des Weiteren rechnet er *berufliche Einstandspflichten ohne Vertrag* zu diesem Sonderrecht, bei denen von Gesetzes wegen für einen Erfolg gehaftet werde. Er fasst hierunter Wechsel- und Scheckzusagen, aber auch die Eigenhaftung des Gebrauchtwagenhändlers.[495] Zuletzt nennt er die seiner Meinung nach wichtigste Gruppe der *beruflichen Schutzpflichten*, die unabhängig vom Bestehen eines Vertrages und auch unabhängig von den Vertragspartnern des Berufsangehörigen zur Geltung kommen könnten.[496] Dabei sei der Grund für die Entwicklung eines speziellen Berufsrechtes die Spezialisierung des Berufsausübenden, die ihn in eine überlegene Stellung im Verhältnis zum Nichtfachmann heben könne. Der Laie könne demgegenüber seinen Schutz nicht durch vertragliche Gestaltung erreichen. Im Ergebnis würde auch der Markt dadurch optimiert.[497]

Voraussetzung für eine Haftung des Fachmannes sei sein „selbständiges berufliches Auftreten am Markt".[498] Selbständiges Tätigwerden bedeute hierbei, dass es nach außen gerichtet sein müsse. Berufliches Auftreten sei dann gegeben, wenn

---

[491] *Hopt*, AcP 183 (1983), 608 (639).
[492] *Hopt*, AcP 183 (1983), 608 (634 ff., insb. 635).
[493] *Hopt*, AcP 183 (1983), 608 (684 ff.): "berufsrechtlich vorgeprägter Vertragsinhalt".
[494] *Hopt*, AcP 183 (1983), 608 (686 ff.).
[495] *Hopt*, AcP 183 (1983), 608 (698 ff.).
[496] *Hopt*, AcP 183 (1983), 608 (705 ff.); so auch in seiner Besprechung des Urteils BGH NJW 1987, 1758 („Hausbank-Fall"), NJW 1987, 1745 (1746).
[497] *Hopt*, AcP 183 (1983), 608 (645, 653, 655 ff.).
[498] *Hopt*, AcP 183 (1983), 608 (669); diesem Kriterium zustimmend, allerdings für eine konkludent erklärte Haftungsübernahme: Lang, WM 1988, 1001 (1006).

die Tätigkeit gerade auf den Beruf des Handelnden bezogen gewesen sei, d.h. im Rahmen seiner beruflichen Tätigkeit gelegen habe.[499] Dabei ist für ihn ein Beruf, auf den dies zutrifft, „jede selbständige, nicht rein private und außerhalb des Erwerbslebens liegende Tätigkeit einer Person am Markt, die dort ihre Waren oder Dienste anbietet".[500] Zur Eingrenzung des Haftungsrisikos schlägt *Hopt* das Kriterium der „beruflichen Gewährübernahme" vor, wobei er selbst dies nur als erste Andeutung versteht und auch nicht weiter konkretisiert.[501] Er räumt auch ein, dass Inhalt und Umfang der beruflichen Schutzpflichten schwierig allgemein festzulegen seien.[502]

Bezüglich der dogmatischen Einordnung seiner Haftung äußert sich *Hopt* dahingehend, dass es sich um „selbständige rechtliche Berufspflichten zwischen Vertrag und Delikt"[503] oder „Schutzpflichten ex lege auf Grund selbständigen beruflichen Auftretens am Markt"[504] handele. Eine definitive Festlegung vermeidet er ausdrücklich: „Ob dies dann als Haftung für berufliche Schutzpflichten oder als gesetzliches Schuldverhältnis aus geschäftlichem Auskunftskontakt oder als Sonderdeliktsrecht bezeichnet wird, ist praktisch sekundär; der besonderen Beziehungsstruktur zwischen dem berufsangehörigen Schädiger und dem Geschädigten muss im einen wie im anderen Fall Rechnung getragen werden. Eine volle Einordnung in das allgemeine Deliktsrecht erscheint mir hingegen nach dem derzeitigen Stand der Rechtsprechung dies *noch* nicht zu leisten."[505]

c. Bewertung

Diese Ansatzpunkte bieten außer einem Vorschlag für eine neue Haftungskategorie – die Berufshaftung – keine praktikablen Abgrenzungskriterien bzw. Voraussetzungen, anhand derer das Bestehen eines Haftungsfalles geprüft werden könnte. Darüber hinaus lassen sie eine dogmatische Fundierung ihrer vorgeschlagenen Haftungsgrundlagen vermissen. Sie stellen lediglich fest, dass diese Haftung die Angehörigen bestimmter Berufe treffen solle, ohne zu begründen, um was für eine Haftung es sich rechtlich handeln solle. Eine eigene Haftungskategorie der Berufshaftung im Wege der Rechtsfortbildung dürfte aber mangels hinreichender Stütze im geltenden Recht unzulässig sein.

---

499 *Hopt*, AcP 183 (1983), 608 (678, 680 ff.).
500 *Hopt*, AcP 183 (1983), 608 (670).
501 *Hopt*, AcP 183 (1983), 608 (682 f.).
502 *Hopt*, AcP 183 (1983), 608 (707).
503 *Hopt*, FS für Fischer, 1979, 237 (252).
504 *Hopt* NJW 1987, 1745 (1746).
505 *Hopt*, AcP 183 (1983), 608 (662, Hervorhebung im Original); vgl. auch *ders.* in Baumbach/*Hopt*, Handelsgesetzbuch, § 347, Rn. 22: „Die Haftungsgründe verlieren dabei zugunsten der Haftungsstandards an Bedeutung".

Generell ist einer solchen Kategorie der Berufshaftung entgegenzuhalten, dass sie den Kreis der möglichen Schuldner von vornherein auf solche Personen beschränkt, die die Voraussetzungen bestimmter Berufe erfüllen. Dabei tun sich bei dem Kriterium der Berufszugehörigkeit wieder ebenso problematische Abgrenzungsschwierigkeiten auf, da festgelegt werden muss, welche Berufe überhaupt zu den haftenden gehören sollen. Darüber hinaus kann die Zugehörigkeit zu einem bestimmten Beruf zwar möglicherweise den Inhalt einer Haftung beeinflussen,[506] die Berufszugehörigkeit kann aber kein *Grund* für eine Haftung sein.

[506] Vgl. dazu die Untersuchung *Grunewalds*, JZ 1982, 627 ff., die sich mit dem Einfluss der sozialen Rolle auf den Inhalt der Haftung auseinandergesetzt hat; ähnlich *Thüsing/Schneider*, JA 1996, 807 (810).

Viertes Kapitel - Einordnung der Sachverständigenhaftung in das geltende Recht

Nach der vorangegangenen ausführlichen Darstellung der Judikatur sowie der in der Literatur vertretenen Lösungsansätze soll nun der Versuch unternommen werden, die Dritthaftung von Sachverständigen in das nunmehr durch die Schuldrechtsreform überarbeitete, geltende Recht einzuordnen und die entscheidenden Kriterien für eine Haftung herauszuarbeiten.

I. Übereinstimmung im Ergebnis

Die Haftung für fehlerhafte Gutachten gegenüber Nichtvertragspartnern stellt nun gewissermaßen schon „seit Jahrzehnten" eines der umstrittensten Probleme der Zivilrechtsdogmatik dar. Die meisten der vorgestellten Lösungsansätze haben eindeutige Schwachstellen in ihrer dogmatischen Begründung und erscheinen in ihren Argumentationsweisen nicht selten als vom Ergebnis her geradezu „rückwärts" hergeleitet. Andererseits fällt aber auf, dass die durch die verschiedenen Lösungsansätze angestrebten Ergebnisse eine zunächst nicht zu erahnende Übereinstimmung aufweisen. Die von der Rechtsprechung getroffenen Entscheidungen zeichnen sich dadurch aus, dass ihnen im Ergebnis zugestimmt, ihre Begründung aber dafür umso heftiger abgelehnt wird.[507] Es lässt sich also festhalten, dass über die grundsätzliche Haftung des Sachverständigen auch Dritten gegenüber Einigkeit besteht. Dieser Konsens reicht zumindest so weit, dass eine über § 826 BGB hinausgehende Haftung auch für primäre Vermögensschäden für erforderlich gehalten wird, und dass der Sachverständige auch für einen fahrlässigen Pflichtenverstoß zur Verantwortung gezogen werden muss. Dieses Ergebnis deckt sich zudem mit dem oben dargestellten rechtspolitischen Bedürfnis nach einer Haftung der Gutachter gegenüber Nichtvertragspartnern.[508] Für die weiteren Überlegungen ist also von einer grundsätzlichen Dritthaftung der Sachverständigen auszugehen. Es bleibt aber zu untersuchen, wie die Bestimmung von haftungsrelevanten Fallkonstellationen erfolgen soll, welche Kriterien für eine Haftung ausschlaggebend sind und unter welcher Anspruchsgrundlage eine solche Haftung erfasst werden könnte bzw. sollte.

---

[507] *Grunewald*, ZGR 1999, 583 (596 f.); *Hirte*, Berufshaftung, S. 412; *Jost*, Vertragslose Auskunfts- und Beratungshaftung, S. 193 f.; *Lang*, WPg 1989, 57 (57 f.); *Schmidt J.*, GS für Schultz, 1987, S. 341, (352 ff., 357 ff.); *Zeuner*, Karlsruher Forum 1988, 3, (4); *Ziegltrum*, Der Vertrag mit Schutzwirkung für Dritte, S. 184; *Zumbansen*, JZ 2000, 442 (443); a.A. *Ebke/Scheel*, WM 1991, 389 (394 ff., 398), die eine generelle Skepsis gegenüber einer Dritthaftung von Wirtschaftsprüfern hegen.

[508] Vgl. oben Teil A: Erstes Kapitel - III.

II. Objektiv-rechtliche Bestimmung der Haftung

Die Analyse der Rechtsprechung zur Dritthaftung von Sachverständigen hat gezeigt, dass diese ihren Rechtsgrund nicht in der privatautonomen Gestaltung von Rechtsgeschäften haben kann, da die Begründung einer solchen Haftung über den (hypothetischen) Parteiwillen nicht möglich ist.[509] So führt auch die Rechtsprechung sowohl zum stillschweigenden Auskunftsvertrag und zu der Einbeziehung Dritter in den vertraglichen Schutzbereich mittels ergänzender Vertragsauslegung als auch in Bezug auf die subjektiven Haftungsvoraussetzungen im Rahmen des § 826 BGB immer wieder objektive Kriterien an, um ihre Ergebnisse zu rechtfertigen. Innerhalb der verschiedenen Begründungsansätze sind die genannten objektiven Kriterien weitgehend identisch. So werden hier wie dort die erkennbare Relevanz des Gutachtens für den Dritten, die Angewiesenheit auf fremde Information, die besondere Sachkunde des Sachverständigen, seine berufliche Position, das durch ihn in Anspruch genommene Vertrauen und die Verkehrsauffassung bzw. das Verkehrsbedürfnis angesprochen. Je mehr der BGH solche objektiven Merkmale betont, desto mehr wird aber auch die dogmatisch-methodische Mangelhaftigkeit seiner eigentlichen Begründung über den subjektiven Parteiwillen klar. Denn wäre ein solcher haftungsbegründender Wille vorhanden, müsste man das Ergebnis der Haftung nicht mehr durch eine Betonung objektiver Kriterien rechtfertigen. Je ausdrücklicher der BGH dies trotzdem tut, desto deutlicher zeigt sich, dass er von seiner eigenen Begründung nicht überzeugt ist. Seine eigene dogmatische Unsicherheit ließ der BGH in folgender Formulierung deutlich erkennen: „Wie auch immer der im Streitfall zugrundeliegende Sachverhalt rechtsdogmatisch einzuordnen sein mag, so muss das Ergebnis jedenfalls sein, dass der Kläger den beklagten Rechtsanwalt auf Ersatz des ihm entstandenen Schadens in Anspruch nehmen kann."[510] Wenn das Ergebnis aber jedenfalls das einer Haftung des Experten sein muss,[511] so ist es objektiv bestimmt und unabhängig von den rechtsgeschäftlichen Vereinbarungen der unmittelbaren Vertragsparteien.

Der BGH argumentiert in seinen Entscheidungen zumeist mit objektiv feststellbaren Umständen. Allerdings folgert er nicht aus ihnen eine Haftung, sondern zieht sie als Instrument für den Schluss auf die subjektiven Vorstellungen des Sachverständigen heran, sei es, dass er auf eine für einen stillschweigenden Auskunftsvertrag konstitutive Willenserklärung des Sachverständigen schließt,

---

[509] Vgl. oben Teil A: Zweites Kapitel - I.2.d.

[510] BGH NJW 1977, 2073 (2074).

[511] Nach *Gottwald*, Haftung für Auskunft und Gutachten, S. 29, „geht es um den speziellen Umfang der Berufshaftung einzelner Dienstleistungsbereiche aus einer objektiven, an Recht und Gerechtigkeit orientierten Sicht".

auf seinen Willen zur Einbeziehung Dritter in den vertraglichen Schutzbereich oder aber auf die besondere Leichtfertigkeit bzw. den Schädigungsvorsatz des Sachverständigen im Rahmen des § 826 BGB. Anstelle dieses Schlusses von objektiven Umständen auf subjektive Vorstellungen sollte gleich von der objektiven Interessenlage auf die Existenz eines Haftungsfalles geschlossen werden können. Die Dritthaftung des Sachverständigen sollte also dort diskutiert werden, wo die sie prägende typische Interessenkonstellation objektiv besteht, in der der Auftraggeber des Sachverständigen ein Gutachten von diesem anfordert, das die Entscheidungen seines potentiellen Vertragspartners beeinflusst. Geht man so zu einer objektiv-rechtlichen Beurteilung der Haftung über, bereitet auch die Problematik des Einwendungsausschlusses bei Arglist bzw. Mitverschulden des Auftraggebers oder eventueller Haftungsbeschränkungen zwischen Auftraggeber und Sachverständigem keine Schwierigkeiten mehr. Diese kann durch eine dem Verhältnis des Dritten zu dem Sachverständigen angemessene Regelung gelöst werden. Denn um eine sachgerechte Haftung annehmen zu können, muss man dann den einer Haftung entgegenstehenden Willen der Vertragsparteien nicht mehr überwinden.

III. Vertrag mit Schutzwirkung für Dritte oder Dritthaftung aus culpa in contrahendo?

Die Darstellung der verschiedenen Lösungsansätze hat gezeigt, dass sich die meisten von ihnen gewichtigen Gegenargumenten ausgesetzt sehen und für die Sachverständigenhaftung aus den oben im einzelnen angeführten Gründen nicht zu gebrauchen sind. Lediglich die Institute des Vertrages mit Schutzwirkung für Dritte als Ergebnis richterlicher Rechtsfortbildung und der Dritthaftung aus culpa in contrahendo sind in der Lage, auf dogmatisch gesichertem Boden eine Begründung für die Haftung von Sachverständigen zu liefern, die sich in das geltende Recht einordnen lässt und mit der sich die Ergebnisse der Rechtsprechung in Einklang bringen lassen. Sie erfüllen zudem die Voraussetzung der objektivrechtlichen Bestimmung einer Gutachterhaftung, da sie nicht vom (hypothetischen) Parteiwillen abhängig sind. Es gilt nun herauszuarbeiten, welches Institut zur Lösung der in Frage stehenden Konstellationen herangezogen werden sollte. Dazu ist aber zunächst der Einfluss des Schuldrechtsmodernisierungsgesetzes auf diese Rechtsinstitute zu beleuchten, um deren durch die Schuldrechtsreform möglicherweise modifizierten Anwendungsgebiete bestimmen zu können.

1. Kodifizierung der culpa in contrahendo durch das Gesetz zur Modernisierung des Schuldrechts

Das vor allem auf *von Jhering* zurückgehende Institut der culpa in contrahendo ist seit langer Zeit in Rechtsprechung und Lehre anerkannt und hat sich zu einem wichtigen Bestandteil des deutschen Zivilrechts entwickelt. Die Grundsätze der culpa in contrahendo „als eines der zentralen Rechtsinstitute des deutschen Zivilrechts" in § 311 Abs. 2 und 3 BGB sollten laut der Begründung des Schuldrechtmodernisierungsgesetzes auch im „Bürgerlichen Gesetzbuch als der zentralen deutschen Zivilrechtskodifikation" ihren textlichen Ausdruck finden.[512] Durch die Kodifizierung sollte also erreicht werden, dass das BGB über den wirklichen Entwicklungsstand des deutschen Schuldrechts wieder Auskunft gibt, u.a. auch um ausländischen Rechtsinteressierten oder weniger mit der Rechtsprechungsentwicklung in Deutschland Vertrauten den Zugang zum deutschen Recht durch eine textliche Grundlage zu erleichtern.[513] Dabei sollte sich die Integration der in das BGB an den von Rechtsprechung und Lehre erarbeiteten Kriterien orientieren, eine schriftliche Konkretisierung darstellen und gleichzeitig so abstrakt und generalklauselartig sein, dass die Fortentwicklung durch Rechtsprechung und Lehre möglich bleibt und nicht behindert wird.[514]

So regelt § 311 Abs. 2 BGB[515] die klassischen Fälle der culpa in contrahendo wie Vertragsverhandlungen (Nr. 1) oder Anbahnung von Verträgen (Nr. 2). Durch die weite Fassung der Nr. 3 („ähnliche geschäftliche Kontakte") ist sichergestellt, dass die Anwendung der culpa in contrahendo in Zweipersonenverhältnissen nicht auf die zuerst genannten Fälle beschränkt bleiben muss und dass eben eine Fortentwicklung und Ausdifferenzierung durch die Rechtsprechung stattfinden kann. Durch § 311 Abs. 3 BGB[516] wird ausdrücklich anerkannt, dass unter Umständen auch Dritte nach den Grundsätzen der culpa in contrahendo haften müssen, die nicht Vertragspartei des Geschädigten werden sollen. Ge-

---

[512] BT-Drucks. 14/6040, S. 162.

[513] BT-Drucks. 14/6040, S. 84, 162.

[514] BT-Drucks. 14/6040, S. 162.

[515] § 311 Abs. 2 BGB besagt:
Ein Schuldverhältnis mit Pflichten nach § 241 Abs. 2 entsteht auch durch
1. die Aufnahme von Vertragsverhandlungen,
2. die Anbahnung eines Vertrags, bei welcher der eine Teil im Hinblick auf eine etwaige rechtsgeschäftliche Beziehung dem anderen Teil die Möglichkeit zur Einwirkung auf seine Rechte, Rechtsgüter und Interessen gewährt oder ihm diese anvertraut, oder
3. ähnlich geschäftliche Kontakte.

[516] § 311 Abs. 3 BGB lautet:
[1]Ein Schuldverhältnis mit Pflichten nach § 241 Abs. 2 kann auch zu Personen entstehen, die nicht selbst Vertragspartei werden sollen. [2]Ein solches Schuldverhältnis entsteht insbesondere, wenn der Dritte in besonderem Maße Vertrauen für sich in Anspruch nimmt und dadurch die Vertragsverhandlungen oder den Vertragsschluss erheblich beeinflusst.

dacht wurde hier in erster Linie an die ebenfalls durch die Rechtsprechung entwickelte Eigenhaftung von Vertretern, Verhandlungsgehilfen oder sonstigen Sachwaltern wegen der Inanspruchnahme besonderen persönlichen Vertrauens oder eines überragenden wirtschaftlichen Eigeninteresses.[517] Dies zeigt sich auch in dem in Satz 2 aufgenommenen Fallbeispiel, wo die Inanspruchnahme besonderen Vertrauens ausdrücklich angesprochen wird. Das zweite von der Rechtsprechung in diesen Fällen herangezogene Kriterium des wirtschaftlichen Eigeninteresses ist allerdings nicht ausdrücklich erwähnt. Das liegt daran, dass dieses – in der Literatur seit jeher stark umstrittene – Kriterium auch von der Rechtsprechung inzwischen nur noch sehr restriktiv angewandt wird. Insbesondere seit der Entscheidung BGHZ 126, 181 aus dem Jahr 1994, die einen Geschäftsführer und Alleingesellschafter einer GmbH betraf, kann das wirtschaftliche Eigeninteresse nur noch ausnahmsweise als Grund für eine Eigenhaftung Dritter herangezogen werden. Auf die Aufnahme dieser Fallgruppe in § 311 Abs. 3 BGB wurde daher verzichtet, um nicht hinter die Entwicklung in der Rechtsprechung zurückzufallen.[518] Sollte eine Eigenhaftung Dritter noch einmal mit dem eigenen wirtschaftlichen Interesse begründet werden, so lässt sich dies aufgrund der weiten Formulierung (S. 1: „... kann ... entstehen ..."; S. 2: „... entsteht insbesondere ...") problemlos auch ohne ausdrückliche Erwähnung unter § 311 Abs. 3 BGB subsumieren. Durch diese Formulierungen ist auch hier sichergestellt, dass der Anwendungsbereich und der konkrete Inhalt eines vorvertraglichen Dritt-Schuldverhältnisses nach der culpa in contrahendo der Entwicklung durch die Rechtsprechung zugänglich bleibt.

2. Auswirkungen der Schuldrechtsreform auf den Vertrag mit Schutzwirkung für Dritte

Anders als die Rechtsinstitute der culpa in contrahendo, der positiven Forderungsverletzung und des Wegfalls der Geschäftsgrundlage ist der Vertrag mit Schutzwirkung für Dritte, obwohl ebenfalls durch Richterrecht entwickelt und von erheblich größerer praktischer Bedeutung als z. B. der Wegfall der Geschäftsgrundlage, nicht durch das Schuldrechtsmodernisierungsgesetz kodifiziert worden. Das hat Anlass zu Spekulationen über den generellen Fortbestand dieses Rechtsinstituts gegeben. So wird teilweise denn auch angenommen, dass durch die Neuregelung der Dritthaftung aus culpa in contrahendo in § 311 Abs. 3 BGB auch die Fälle des Vertrages mit Schutzwirkung für Dritte erfasst und der Vertrag mit Schutzwirkung für Dritte somit auf eine gesetzliche Grundlage gestellt worden sei.[519] Begründet wird diese Ansicht mit der vom Gesetzge-

---

[517] BT-Drucks. 14/6040, S. 163.
[518] *Canaris*, JZ 2001, 499 (520).
[519] *Schwab*, JuS 2002, 872 (873); *Eckebrecht*, MDR 2002, 425 (427); *Baumann*, FS für Honsell, 2002, 545 (549, 553).

ber zur Ermöglichung der Weiterentwicklung gewählten weiten Fassung („... entsteht insbesondere ...“), die auch die Abdeckung des Vertrages mit Schutzwirkung für Dritte durch § 311 Abs. 3 BGB ermögliche. Wäre dies der Fall, so müsste für die Dritthaftung von Sachverständigen nicht mehr die Wahl der Anspruchsgrundlage diskutiert werden, da es dann nur noch eine mögliche Anspruchsgrundlage, nämlich § 311 Abs. 3 BGB gäbe. Herauszuarbeiten wären dann nur noch die Kriterien, nach denen sich die Haftung des Sachverständigen bestimmen ließe.

Aus der Gesetzesbegründung zu § 311 Abs. 3 BGB wird nicht deutlich, ob auch der Vertrag mit Schutzwirkung für Dritte durch die gesetzliche Regelung erfasst werden sollte. Anders als in der Begründung zu § 311 Abs. 2 Nr. 3 BGB wird der Vertrag mit Schutzwirkung für Dritte hier überhaupt nicht genannt. Zu § 311 Abs. 2 Nr. 3 BGB stellt die Gesetzesbegründung ausdrücklich klar, dass solche Personen, die in einem Näheverhältnis zum potentiellen Vertragspartner des Schädigers stünden, nicht schon durch § 311 Abs. 2 Nr. 3 BGB erfasst werden sollten. Der Schutz dieser Personen hänge von der Einbeziehung in den Schutzbereich des Schuldverhältnisses ab, was weiterhin nach den Grundsätzen des Vertrages mit Schutzwirkung für Dritte entschieden werden solle.[520]

Da ausweislich der Gesetzesbegründung aber durch § 311 Abs. 2 und Abs. 3 BGB nur vorvertragliche Schuldverhältnisse geregelt werden sollten,[521] hätte die vorgenannte Ansicht, nach der die gesetzliche Regelung auch den Vertrag mit Schutzwirkung für Dritte umfasst, zur Folge, dass es nur eine Teilregelung für die Einbeziehung Dritter in (vor)vertragliche Schuldverhältnisse gäbe. Außerdem ist in der Gesetzesbegründung sonst ausführlich dargestellt, welches Ziel die Neuregelung der § 311 Abs. 2 und 3 BGB verfolgt. Hierdurch sollten die Grundsätze der culpa in contrahendo einer gesetzlichen Regelung zugeführt werden. Insoweit hat das Fehlen einer Erwähnung des Vertrages mit Schutzwirkung für Dritte in der Gesetzesbegründung indizielle Bedeutung: Hätte der Gesetzgeber auch den Vertrag mit Schutzwirkung für Dritte regeln wollen, hätte er dies in seiner Begründung als ein Regelungsziel genannt. Auch das Herausgreifen der Fallgruppe der Inanspruchnahme besonderen Vertrauens durch Dritte deutet in diese Richtung. Wenn der Vertrag mit Schutzwirkung für Dritte wirklich von § 311 Abs. 3 BGB hätte erfasst werden sollen, so wäre es angebracht gewesen, auch für dieses in der Praxis so relevante Rechtsinstitut eine eigene Fallgruppe beispielsweise als Satz 3 einzufügen. Darüber hinaus hätte eine Regelung des Vertrages mit Schutzwirkung für Dritte wegen des sachlichen Zusammenhanges bei §§ 328 ff. BGB deutlich näher gelegen. Aus all dem ergibt

---

[520] BT-Drucks. 14/6040, S. 163, rechte Spalte oben.
[521] BT-Drucks. 14/6040, S. 162, rechte Spalte oben.

sich, dass die Verfasser der Regelung über die culpa in contrahendo nicht auch eine gleichzeitige Kodifizierung des Vertrages mit Schutzwirkung für Dritte im Blick hatten. Nicht nur im Rahmen des Anwendungsbereiches des § 311 Abs. 2 Nr. 3 BGB, sondern auch darüber hinaus bleibt der Vertrag mit Schutzwirkung für Dritte bestehen und seine Grundsätze bleiben neben der Neuregelung der culpa in contrahendo anwendbar. Das bedeutet aber auch, dass die Dritthaftung von Sachverständigen entweder dem einen oder dem anderen Rechtsinstitut zugeordnet werden muss.

3. Die Dritthaftung von Sachverständigen als Fall des Vertrages mit Schutzwirkung für Dritte

Eine Haftung des Sachverständigen gegenüber Dritten mit der Annahme eines Vertrages mit Schutzwirkung für Dritte zu begründen, ist zumindest dann nicht vertretbar, wenn man – wie die Rechtsprechung – den Vertrag mit Schutzwirkung für Dritte auf eine ergänzende Vertragsauslegung stützt, indem man versucht, den Willen der am Gutachtervertrag Beteiligten zu ermitteln. Dass diese Vorgehensweise außerhalb der Grenzen der ergänzenden Vertragsauslegung liegt, wie sie sonst in der Rechtsgeschäftslehre verstanden und praktiziert wird, und mit dem nicht wegzudiskutierenden Makel der Fiktion behaftet ist, wurde oben festgestellt.[522] Es wäre allerdings denkbar, die Gutachter- und Auskunftshaftung über einen Vertrag mit Schutzwirkung für Dritte zu konstruieren, wenn man diesen als richterliche Rechtsfortbildung ansieht und somit objektivrechtlich bestimmt. Die Einbeziehung des Dritten in den Schutzbereich wäre dann nach dem Vertragszweck zu bestimmen und daher vom Willen der Vertragsparteien unabhängig. Sie wäre damit nicht mehr dem Einwand ausgesetzt, Resultat eines den Parteien unterstellten, fiktiven Willens zu sein.

Auch innerhalb der neueren Lehre der richterlichen Rechtsfortbildung, die den Vertrag mit Schutzwirkung für Dritte teilweise als gesetzliches Schuldverhältnis begreift,[523] sind die einzelnen Voraussetzungen für eine Einbeziehung des Dritten in den Schutzbereich des Vertrages zwischen Gläubiger (Auftraggeber) und Schuldner (Sachverständiger) stark umstritten. Herkömmlicherweise wird die Erstreckung vertraglicher Schutzwirkungen auf einen Dritten anhand der folgenden vier Kriterien geprüft: Leistungsnähe, Gläubigernähe, Erkennbarkeit der Leistungs- und Gläubigernähe für den Schuldner und Schutzbedürftigkeit des Dritten. Zur Konkretisierung dieser Kriterien wurden im Zuge der Ausdehnung des Anwendungsbereiches des Vertrages mit Schutzwirkung für Dritte immer neue Definitionsvorschläge unterbreitet, so dass insgesamt keine gesicherten,

---

[522] Vgl. oben Teil A: Zweites Kapitel - I.2.d.
[523] Vgl. oben Teil A: Drittes Kapitel - I.2 bei Fn. 328.

konsensfähigen Tatbestandsvoraussetzungen mehr existieren. Im Folgenden soll versucht werden, die verschiedenen Vorschläge zur Abgrenzung des vertraglichen Schutzbereiches in Bezug auf Dritte auf ihre Tauglichkeit zur Lösung der Dritthaftung von Sachverständigen zu untersuchen.

a. Leistungsnähe

Zur Rechtfertigung eines Anspruchs des Dritten, der durch eine ihm eigentlich fremde vertragliche Beziehung geschädigt wird, wird allgemein zunächst gefordert, dass er sich in einer gewissen Leistungs- bzw. Vertragsnähe befunden haben muss. Nachdem die Rechtsprechung eine Leistungsnähe ursprünglich schon bei einer irgendwie gearteten Berührung des Dritten mit der Leistung des Vertrages ausreichen ließ,[524] wird von der Literatur mehrheitlich verlangt, dass zunächst der Dritte nach dem Vertragszweck bestimmungsgemäß[525] oder typischerweise[526] mit der vertraglich geschuldeten Leistung in Berührung kommen muss.

Der Vertragszweck bei einem Gutachtervertrag besteht für den Sachverständigen in der kommerziellen Verwertung seines aufgrund besonderer beruflicher Sachkunde vorhandenen Wissensvorsprungs. Mit anderen Worten will er mit der Erstellung seines Gutachtens Geld verdienen. Aus diesem Vertragszweck lässt sich die Einbeziehung eines Dritten, der potentieller Vertragspartner des Gutachten-Auftraggebers ist, in den vertraglichen Schutzbereich sicher nicht herleiten. Für den Auftraggeber des Sachverständigen besteht in den hier behandelten Fällen einer Dritthaftung der Zweck des Vertrages regelmäßig darin, ein Gutachten zu erhalten, welches er gegenüber einem Dritten verwenden kann. Dieser Vertragszweck ist für den Gutachter ohne weiteres erkennbar und bezieht sich direkt auf einen Dritten, so dass diese Verwendungsabsicht eine Einbeziehung des Dritten nahe legt. Die Verwendung des Gutachtens gegenüber einem Dritten soll diesen in seiner Entscheidung über die geplante Transaktion beeinflussen, indem durch die Aussage des Gutachtens über den Gegenstand der Transaktion – sei es ein zu gewährender Kredit, ein zu kaufendes Haus, Grundstück oder Kunstgegenstand, eine Vermögensanlage oder Ähnliches – der Wert des Transaktionsgegenstandes dadurch gesteigert wird, dass die potentiellen Risiken der Transaktion (nämlich die negative Abweichung des Verhältnisses von Leistung und Gegenleistung) verringert werden. Der Auftraggeber und spätere Verwender des Gutachtens möchte, dass sich der Dritte auf die Aussage des Gutachtens ver-

[524] BGHZ 49, 350 (354); BGH NJW 1968, 1929 (1931); BGH VersR 1975, 839 (839).

[525] Soergel/*Hadding*, Anh. § 328 BGB, Rn. 14; Staudinger/*Jagmann*, § 328, Rn. 98; *Strauch*, JuS 1982, 823 (826); *Musielak*, Haftung für Rat, Auskunft und Gutachten, S. 38 f.; *ders.*, VersR 1977, 973 (978); *Hirth*, Ausgleich von Drittschäden, S. 122 ff.

[526] MüKo/*Gottwald*, § 328 BGB, Rn. 111; *Assmann*, JuS 1986, 885 (888).

lässt; und am liebsten wäre ihm wohl, dass der Dritte sich sogar dann auf das Gutachten verlässt, wenn es für ihn (den Auftraggeber) vorteilhaft fehlerhaft ist. Bei Sachverständigengutachten kommt also der Dritte, dem das Gutachten vorgelegt wird und dessen Interessen in der Regel zu denen des Gutachten-Auftraggebers gegenläufig sind, bestimmungsgemäß mit der von dem Sachverständigen erbrachten (Haupt-)Leistung in Berührung. Denn das Gutachten wird – wie eben dargelegt – gerade zu diesem Zweck bestellt.

Durch das Erfordernis eines bestimmungsgemäßen In-Berührung-Kommens sind allerdings noch nicht alle Fälle der nur zufälligen Leistungsberührung ausgeschieden (man denke nur an Postboten, Besucher oder Handwerker im Bereich der Wohnungsmiete), die nach allgemeiner Meinung nicht vom vertraglichen Schutzbereich erfasst sein sollen.[527] Daher wird zusätzlich gefordert, dass der Dritte eine dem Gläubiger vergleichbare Stellung einnehmen müsse, indem er den Gefahren der Leistung in gleicher Weise ausgesetzt sei wie der Gläubiger,[528] der Dritte der eigentliche Benefiziar der Leistung sei[529] oder der Dritte nach dem Zweck und Inhalt des Vertrages von der Leistung des Schuldners in einer Weise betroffen sei, wie sonst bei einer Zweierbeziehung der Gläubiger.[530] Nach dem Zweck des Vertrages ist das Gutachten für die Vorlage an einen Dritten bestimmt. Der Gläubiger des Vertrages ist aber derjenige, der das Gutachten zu diesem Zweck verwendet und nicht derjenige, dem es zur Entscheidungsfindung vorgelegt wird. Das Verhältnis von Gläubiger und Drittem zu dem Gutachten ist also durchaus verschieden. Bezieht man zusätzlich die für die hier in Frage stehenden Haftungsfälle typische Konstellation der Gegenläufigkeit der Interessen von Auftraggeber und Drittem mit in die Überlegung ein, ergibt sich Folgendes:

Der Dritte kommt zwar bestimmungsgemäß mit dem Gutachten in Berührung, ist den Gefahren des Gutachtens aber nicht in gleicher Weise ausgesetzt wie der Gläubiger. Aufgrund der zwischen Gläubiger und Drittem bestehenden gegenläufigen Interessen kann immer nur einer von ihnen von einer eventuellen Unrichtigkeit des Gutachtens profitieren. Verdeutlicht werden soll dies an dem Beispiel, dass ein Gutachten von dem Verkäufer eines Hausgrundstücks in Auftrag gegeben wird, um es dem Käufer im Zuge der Verhandlungen über den Kaufpreis vorzulegen. Der Verkäufer profitiert in dem Fall von der Falschheit des

---

[527] Vgl. BGHZ 2, 97; OLG Köln, VersR 2001, 205; MüKo/*Gottwald*, § 328 BGB, Rn. 111; Staudinger/*Jagmann*, § 328 BGB, Rn. 98, m.w.N.

[528] *Gernhuber*, FS für Nikisch, 1958, 249 (270); *Neuner*, JZ 1999, 126 (129); Palandt/*Heinrichs*, § 328 BGB, Rn. 16 m.w.N; BGHZ 133, 168 (173); 129, 136 (168) m.w.N.

[529] *Köndgen*, Karlsruher Forum 1998, 3 (36 f.).

[530] *Musielak*, Haftung für Rat, Auskunft und Gutachten, S. 38 f; *ders.*, VersR 1977, 973 (977); *Ziegltrum*, Der Vertrag mit Schutzwirkung für Dritte, S. 185 f.

Gutachtens, wenn der Wert des Hausgrundstücks von dem Sachverständigen zu hoch eingeschätzt worden ist. Umgekehrt ist es vorteilhaft für den Käufer, wenn der Sachverständige in seinem Gutachten den Wert des Hausgrundstücks zu niedrig bemisst. Es können der Gläubiger und der Dritte durch ein falsches Gutachten also nicht beide geschädigt werden. Vielmehr profitiert sogar der eine von dem durch ein unrichtiges Gutachten verursachten Schaden des anderen. Die Fälle der gegenläufigen Interessen weisen eine erhebliche Abweichung zu den sonst für Drittschutzwirkungen typischen Konstellationen auf.[531] Denn erbringt z. B. ein Vermieter seine Leistung nicht sachgerecht oder verstößt er gegen aus dem Mietvertrag folgende Schutzpflichten, dann können die bei dem Mieter lebenden Angehörigen genauso geschädigt werden, wie der Mieter als Gläubiger selbst. In diesen Fällen schließt also der Eintritt des Schadens bei dem Gläubiger nicht den Eintritt des Schadens bei dem Dritten aus (und umgekehrt).

Ebenso wenig wie der Dritte den Gefahren der Leistung in gleicher Weise ausgesetzt ist wie der Gläubiger, kann er als der eigentliche Benefiziar der Leistung angesehen werden. Das Gutachten wird in Auftrag gegeben, um z. B. die Verkaufsabsichten oder Kreditaufnahmeabsichten des Gläubigers zu fördern, indem es dem Dritten vorgelegt wird. Der Sachverständige erstellt es primär für den Auftraggeber, der es dann im Rahmen von Verhandlungen dem Dritten zugänglich machen kann oder nicht. Die Verwendung gegenüber dem Dritten soll nach dem Zweck des Gutachtervertrages also nicht in altruistischer Weise den Interessen des Dritten dienen. Vielmehr ist sie nur ein Mittel, um die eigenen Interessen des Gläubigers zu unterstützen. Deshalb ist der Auftraggeber der eigentliche Benefiziar des Gutachtens, selbst wenn sich bestimmungsgemäß auch der Dritte auf dessen Richtigkeit verlässt.

Zu untersuchen bleibt, ob der Dritte dadurch eine dem Gläubiger vergleichbare Stellung einnimmt, dass er von der Leistung (dem Gutachten) in einer Weise betroffen ist, wie im Regelfall, d.h. in einer Zweierbeziehung der Gläubiger. Zu analysieren ist das Verhältnis, das der Dritte zu der vertraglichen Leistung einnimmt. Im Normalfall erhält der Gläubiger das Gutachten, benutzt es für seine Zwecke und erleidet selbst die Schäden, die aufgrund der im Gutachten enthaltenen Fehler verursacht werden. Eine Einbeziehung des Dritten in den vertraglichen Schutzbereich des Gutachtervertrages scheint nahe zu liegen, wenn das

[531] Das gesteht auch *Köndgen* ein, der in seinem neuesten Beitrag zu diesem Thema aber dennoch die Sachverständigenhaftung durch den Vertrag mit Schutzwirkung für Dritte, begründet mit ergänzender Vertragsauslegung (!) erfassen will; vgl. *Köndgen*, Karlsruher Forum 1998, 3 (47); gegen die Erfassung der Fälle gegenläufiger Interessen durch den Vertrag mit Schutzwirkung für Dritte auch *Schwab*, JuS 2002, 872 (876), der das Einbeziehungsinteresse des Auftraggebers verneint (vgl. zu den Interessen des Auftragebers auch oben Teil A: Zweites Kapitel - I.2.d).

Gutachten bestimmungsgemäß dem Dritten vorgelegt wird, so dass der Dritte es benutzt wie im Normalfall der Gläubiger und folglich auch die Schäden erleidet, die aus seiner Fehlerhaftigkeit resultieren. Außer Acht gelassen wird bei einem solchen Vergleich die Tatsache, dass in den Fällen, in denen dem Dritten das Gutachten vorgelegt wird, es gerade auch von dem Gläubiger genutzt wird, um durch die Vorlage seine (dem Dritten i.d.R. gegenläufigen) Verhandlungsabsichten zu fördern. Außerdem verlässt der Gläubiger sich u. U. ebenso auf die Expertise wie der Dritte, so dass auch er durch sie verursachte Schäden erleiden kann. Der Dritte ist also nicht – wie in einer Zweierbeziehung der Gläubiger – alleiniger Nutzer des Gutachtens, sondern nur einer von zwei (oder auch mehreren) Verwendern, deren durch das Gutachten tangierte Interessen typischerweise gegenläufig sind. Blendet man diese Umstände aus[532] und konzentriert das Kriterium der Leistungsnähe allein auf das isolierte Verhältnis des Dritten zu der Leistung des Gutachtervertrages, erscheint die Bejahung der Vertrags- bzw. Leistungsnähe in den Fällen der Drittweitergabe von Sachverständigengutachten möglich.

b. Gläubigernähe

Mit dem Kriterium der Gläubigernähe wird umschrieben, dass der Vertragsgläubiger an der sorgfältigen Ausführung der Leistung nicht nur ein eigenes, sondern auch ein berechtigtes Interesse zugunsten des Dritten haben müsse. Dies geht historisch zurück auf das von der Rechtsprechung ursprünglich geforderte Wohl-und-Wehe-Verhältnis des Gläubigers gegenüber dem in den vertraglichen Schutzbereich einzubeziehenden Dritten.[533] Die Voraussetzung eines Wohl-und-Wehe-Verhältnisses im Sinne einer Fürsorgepflicht mit personenrechtlichem Einschlag kann aber als überholt angesehen werden, denn auch die Rechtsprechung verlangt inzwischen nur noch ein berechtigtes Interesses des Gläubigers zugunsten des Dritten[534] und sieht sogar gegenläufige Interessen zwischen Gläubiger und Drittem nicht als Hindernis gegen eine Erstreckung vertraglicher Schutzwirkungen an.[535] In der Literatur gehen die Ansichten über das Erfordernis der Gläubigernähe auseinander. Einige Vertreter stellen auf rechtliche

[532] Ob die Berücksichtigung der gegenläufigen Interessenlage und der Tatsache, dass in Drittweitergabefällen auch (wenn nicht sogar primär) der Gläubiger das Gutachten nutzt, unterbleiben kann, wird noch zu überlegen sein, vgl. unten Teil A: Viertes Kapitel - III.3.b.cc.

[533] Vgl. oben Teil A: Zweites Kapitel - I.2.a.

[534] Z. B. BGHZ 133, 168 (173).

[535] Vgl. oben Teil A: Zweites Kapitel - I.2.b.aa und bb und Teil A: Zweites Kapitel - I.2.d zur Unhaltbarkeit des Begründungsansatzes der Rechtsprechung, die dieses Ergebnis mittels einer ergänzenden Vertragsauslegung zu erreichen können glaubt.

Schutzpflichten des Gläubigers gegenüber dem Dritten,[536] auf ein „personelles Näheverhältnis“,[537] die Stellung eines „Obhutsgaranten“[538] oder weiterhin auf das Vorliegen eines Fürsorgeverhältnisses[539] ab. Andere verlangen, dass es zumindest eines wie auch immer gearteten besonderen Innenverhältnisses zwischen Gläubiger und Drittem bedürfe, das je nach den Umständen des Einzelfalles unter Berücksichtigung von Treu und Glauben bestimmt werden müsse.[540] Während einige einfach ohne nähere Konkretisierung von einem berechtigten Interesse des Gläubigers an der Einbeziehung des Dritten in den vertraglichen Schutzbereich sprechen,[541] verzichten wieder andere gänzlich auf die Berücksichtigung des Verhältnisses zwischen Gläubiger und Drittem und wollen allein an die nach dem Vertrag geschuldete Leistung anknüpfen.[542]

aa. Erforderlichkeit einer Gläubigernähe

All denjenigen Lösungsansätzen, die in der einen oder anderen Weise das erforderliche Verhältnis zwischen Gläubiger und Drittem näher zu bestimmen versuchen, ist gemeinsam, dass die vorgeschlagenen Abgrenzungskriterien entweder zu unbestimmt sind und so den Kreis potentiell geschützter Dritter zu weit ausdehnen, oder dass sie die problematischen Haftungsfälle, in denen es um den Ersatz reiner Vermögensschäden und gegenläufige Interessen geht, nicht erfassen können. So lassen sich rechtliche Schutzpflichten nahezu gegenüber jedermann annehmen, man denke nur an die deliktsrechtlichen Verkehrssicherungspflichten, die sich gerade dadurch auszeichnen, dass sie gegenüber jedermann bestehen.[543] Auch eine Abgrenzung nach „personellem Näheverhältnis“, das dann gegeben sein soll, wenn aufgrund besonderer Umstände wie z. B. nachbarschaftlicher oder geschäftlicher Kontakte ein gegenseitiges Näheverhältnis besteht,[544] weitet den geschützten Personenkreis zu sehr aus. Denn es bleibt unklar, von welcher Intensität der Kontakt sein muss, um ein solches Näheverhältnis zu

---

536 *Strauch*, JuS 1982, 823 (827); Staudinger/*Jagmann*, § 328 BGB, Rn. 100.

537 *Puhle*, Vertrag mit Schutzwirkung zugunsten Dritter und Drittschadensliquidation, S. 69 f.

538 *Urban*, „Vertrag“ mit Schutzwirkung für Dritte und Drittschadensliquidation, S. 136 f.

539 *Neuner*, JZ 1999, 126 (128 ff., 135); *Keitel*, Rechtsgrundlage und systematische Stellung des Vertrages mit Schutzwirkung für Dritte, S. 163.

540 MüKo/*Gottwald*, § 328 BGB, Rn. 113 ff. (116); Soergel/*Hadding*, Anh. § 328 BGB, Rn. 16.

541 *Medicus*, Bürgerliches Recht, Rn. 845; *Brox/Walker*, Allgemeines Schuldrecht, § 33 Rn. 9; Palandt/*Heinrichs*, § 328 BGB, Rn. 17, 17 a.

542 *Gernhuber*, Das Schuldverhältnis, S. 530, 534 ff.; *ders.*, Festschrift für Nikisch, 1958, 249 (270 f.); *Assmann*, JuS 1986, 885 (888); *Musielak*, Haftung für Rat, Auskunft und Gutachten, S. 38 f.; *ders.*, VersR 1977, 973 (976 f.); *Ziegltrum*, Der Vertrag mit Schutzwirkung für Dritte, S. 183 ff.

543 Darauf weist *Ziegltrum*, Der Vertrag mit Schutzwirkung für Dritte, S. 164, hin.

544 *Puhle*, Vertrag mit Schutzwirkung zugunsten Dritter und Drittschadensliquidation, S. 72.

begründen. Darunter ließen sich auch an der Haustür klingelnde Vertreter und um Geld bittende Obdachlose fassen, die auf diese Weise die Nähe des Mieters suchen. Auch der Vorschlag, ähnlich wie im Strafrecht nach einer Obhutsgarantenpflicht die Einbeziehung in den Schutzbereich des Vertrages zu bestimmen,[545] hilft nicht weiter, da diese Frage im Strafrecht ebenfalls umstritten ist. Davon abgesehen müsste auf dieser Grundlage ebenso wie bei der Forderung eines Fürsorgeverhältnisses die Einbeziehung des Dritten in den Schutzbereich des Gutachtervertrages ausscheiden, da aufgrund der gegenläufigen Interessen zwischen Auftraggeber und Drittem weder eine „Obhutsgarantenstellung" des Auftraggebers gegenüber dem Vermögen des Dritten noch eine Fürsorgepflicht angenommen werden könnte.[546] Diejenigen, die die Bestimmung des berechtigten Interesses des Gläubigers an der Einbeziehung des Dritten je nach Einzelfall bestimmen wollen, vermeiden mit diesem Ansatzpunkt die Festlegung abstrakter Kriterien, nach denen sich die Erstreckung des vertraglichen Schutzbereichs richten soll. Die Entscheidung soll je nach den Umständen des Einzelfalles, anhand des Vertragszwecks nach Treu und Glauben und unter Berücksichtigung der Interessen des Schuldners und des Dritten, des Verhältnisses des Dritten zu der Vertragsleistung, des Schutz- und Sicherheitsbedürfnisses des Dritten und der Zumutbarkeit für den Schuldner bestimmt werden.[547] Dass dieser Ansatzpunkt kein der Rechtssicherheit dienendes, vorhersehbares Ergebnis liefert, sondern sich je nach Gewichtung der einzelnen in die Abwägung einzustellenden Kriterien sowohl die Einbeziehung des Dritten in den Schutzbereich als auch die Ablehnung derselben begründen lässt, liegt auf der Hand. Die Ansichten, die ein berechtigtes Interesse des Gläubigers an der Einbeziehung des Dritten in den vertraglichen Schutzbereich fordern, sind daher entweder als zu unbestimmt bzw. zu weitgehend abzulehnen oder müssen bei konsequenter Anwendung in den Fällen gegenläufiger Interessen ein Einbeziehungsinteresse des Gläubigers verneinen.

bb. Verzicht auf eine Gläubigernähe

Anders verhält es sich bei den Vertretern, die auf ein Einbeziehungsinteresse des Gläubigers zugunsten des Dritten verzichten.[548] Dies geschieht zum Teil vor dem Hintergrund, dass sich aufgrund der Entwicklung und Ausdehnung des Vertra-

---

[545] *Urban*, „Vertrag" mit Schutzwirkung für Dritte und Drittschadensliquidation, S. 136 f.

[546] Konsequent lehnt auch *Urban* eine Sachverständigenhaftung gegenüber Dritten ab; a.a.O., S. 148 f. Ausführlich zur Interessenlage der Beteiligten bei gegenläufigen Interessen oben Teil A: Zweites Kapitel - I.2.d.

[547] MüKo/*Gottwald*, § 328 BGB, Rn. 114, 116; Soergel/*Hadding*, Anh. § 328 BGB, Rn. 16.

[548] *Musielak*, Haftung für Rat, Auskunft und Gutachten, S. 38 f.; *ders.*, VersR 1977, 973 (977 f.); *Ziegltrum*, Der Vertrag mit Schutzwirkung für Dritte, S. 183 ff. (186); *Hirth*, Ausgleich von Drittschäden, S. 126 f., 136; *Assmann*, JuS 1986, 885 (888).

ges mit Schutzwirkung für Dritte durch die Rechtsprechung die Auffassung verbreitet hat, dass dieses Rechtsinstitut nicht auf ergänzender Vertragsauslegung beruht, sondern vom Willen der Parteien unabhängig ist. Das Abstellen auf eine Fürsorgepflicht bzw. die Anknüpfung an das Verhältnis des Gläubigers zu dem Dritten war nur insoweit gerechtfertigt, als man nach dem hypothetischen Willen der Vertragsparteien fragte und davon ausging, dass sie dann dem vertragsfremden Dritten einen unmittelbaren Anspruch hätten verschaffen wollen, wenn jener dem Gläubiger persönlich besonders nahe stand und der Gläubiger daher ein erkennbares Interesse an seinem Schutz hatte. Mit der Erkenntnis, dass es für die Einbeziehung des Dritten nicht auf den Willen der Parteien ankommen kann, wurde nach neuen, objektiven und sachlich gerechtfertigten Kriterien gesucht, um zu bestimmen, ob dem Dritten ein Anspruch aus einem fremden Vertragsverhältnis zustehen soll. Dies hat dazu geführt, dass die Vertreter dieser Auffassung von dem Vertrag selbst, d.h. von dem durch die Parteien vereinbarten Leistungs- und Pflichtenprogramm als Anknüpfungspunkt für eine vertragliche Dritthaftung ausgehen. Statt nach einer personenrechtlichen Beziehung zu suchen, wird somit ein leistungsbezogener Ansatz verfolgt.[549] Ob das Verhältnis des Dritten zu der vertraglich geschuldeten Leistung ein solches ist, das seine Einbeziehung in den vertraglichen Schutzbereich rechtfertigt, wird nach dem oben geschilderten Kriterium der Leistungs- bzw. Vertragsnähe bestimmt. Die Anknüpfung an die nach dem Vertragszweck geschuldete Leistung und das Verhältnis des Dritten zu dieser hat dabei zur Folge, dass auf ein Einbeziehungsinteresse des Gläubigers und damit auf das Kriterium der Gläubigernähe verzichtet wird. Allein entscheidend ist die nach dem Vertragszweck zu bestimmende Leistungsnähe des Dritten.[550]

Andere unterscheiden verschiedene Fallgruppen des Vertrages mit Schutzwirkung für Dritte und verzichten nur in einzelnen Fallgruppen auf die Voraussetzung der Gläubigernähe. Unterschieden werden Fälle, in denen der Schuldner eine ihm obliegende Schutzpflicht verletzt und Fälle, in denen er durch Nicht- oder Schlechterfüllung seiner Leistungspflicht nicht umfassend nachkommt.[551] Dabei wird in der Fallgruppe der Verletzung von Schutzpflichten das Erfordernis der Gläubigernähe beibehalten, während es bei der Verletzung von Leistungspflichten aufgegeben wird.[552] Grund hierfür ist die Tatsache, dass ein An-

---

[549] So *Ziegltrum*, Der Vertrag mit Schutzwirkung für Dritte, S. 172.

[550] Dazu soeben unter Teil A: Viertes Kapitel - III.3.a.

[551] *Hirth*, Ausgleich von Drittschäden, S. 121 ff.; *Martiny*, JZ 1996, 19 (22 ff.); *Gernhuber*, Das Schuldverhältnis, S. 512 f., 518 ff., 534 ff.; MüKo/*Gottwald*, § 328 BGB, Rn. 108 f; Staudinger/*Jagmann*, § 328 BGB, Rn. 98 ff. und 101 ff.

[552] So ausdrücklich Staudinger/*Jagmann*, § 328 BGB, Rn. 101: „Eingrenzungen des Kreises der geschützten Dritten nach den genannten Kriterien sind nicht erforderlich in der zweiten Fallgruppe des Vertrages mit Schutzwirkung für Dritte …"; *Martiny*, JZ 1996, 19 (24); der

liegen des Vertragsgläubigers, dessen Interessen denen des Dritten widersprechen, zur Einbeziehung des Dritten in den vertraglichen Schutzbereich gerade nicht angenommen werden kann. So musste man für die Fälle der gegenläufigen Interessen, die gerade bei der Verletzung von Leistungspflichten und dadurch verursachten Vermögensschäden eine Rolle spielen, auf die Voraussetzung der Gläubigernähe verzichten und auf andere Kriterien abstellen, wenn man nicht eine Haftung aus dem Vertrag mit Schutzwirkung für Dritte überhaupt versagen wollte. Da im Ergebnis aber Einigkeit besteht, dass auch in Fällen gegenläufiger Interessen, insbesondere in den Sachverständigenfällen, dem Dritten ein Schadensersatzanspruch gegen den Sachverständigen zustehen soll, hat man für diese Fälle die sonst angenommenen Tatbestandsvoraussetzungen einer Haftung aus Vertrag mit Schutzwirkung für Dritte kurzer Hand außer Kraft gesetzt.

cc. Bewertung

Eine solche Zweiteilung des Vertrages mit Schutzwirkung für Dritte führt zur ergebnisorientierten Aufspaltung dieser Rechtsfigur, die dann auf neue Haftungskriterien ausweicht, wenn nach den herkömmlichen Voraussetzungen eine Haftung zu versagen wäre. Eine dogmatische Begründung für die Festlegung verschiedener Kriterien für die verschiedenen Fallgruppen gibt es nicht. Sie führt damit zu größerer Unsicherheit über die eigentlichen Tatbestandsmerkmale des Vertrages mit Schutzwirkung für Dritte, verstärkt damit die Rechtsunsicherheit und ist als inkonsequent abzulehnen. Konsequent ist allerdings die Lösung derjenigen, die sich von dem Kriterium der Gläubigernähe ganz gelöst haben und einzig auf das Verhältnis des Dritten zu der vertraglich geschuldeten Leistung, also die sog. Leistungsnähe abstellen. Denn sie können ihre Haftungsvoraussetzungen auf alle Fälle des Vertrages mit Schutzwirkung für Dritte anwenden. Der leistungsorientierte Ansatz, der die Einbeziehung des Dritten nach seinem Verhältnis zur Vertragsleistung bestimmen will, ist also wegen seiner Möglichkeit von einheitlichen Haftungsvoraussetzungen für die verschiedenen Fallgruppen zu begrüßen.

Zu fragen ist aber, ob ein völliger Verzicht auf die Berücksichtigung des Verhältnisses von Gläubiger und Drittem möglich ist. Anders ausgedrückt: Ist zwar für die Einbeziehung in den vertraglichen Schutzbereich kein besonderes Näheverhältnis oder eine (Fürsorge-)Pflicht des Gläubigers gegenüber dem Dritten zu fordern, so bleibt doch zu klären, ob die Tatsache, dass sich die Interessen des

---

Sache nach auch MüKo/*Gottwald*, § 328 BGB, Rn. 113 ff., der zwar für alle Fälle ein besonderes Innenverhältnis zwischen Gläubiger und Drittem verlangt, dies aber je nach Einzelfall bestimmen will und im Fall einer Leistungspflichtverletzung bei gegenläufigen Interessen entscheidend auf die Drittbezogenheit der Leistung und nicht auf das Verhältnis Gläubiger – Dritter abstellt.

Gläubigers und des zu schützenden Dritten widerstreiten, für die Bestimmung der Haftung unbedeutend ist und daher außer Acht gelassen werden darf. Dafür könnte sprechen, dass die Einbeziehung des Dritten völlig losgelöst von seiner Beziehung zum Gläubiger einzig nach seinem Verhältnis zur vertraglichen Leistung bestimmt werden soll, wie es diejenigen tun, die auf eine Gläubigernähe als Voraussetzung verzichten. Gegen eine völlige Außerachtlassung der bestehenden Interessenlage spricht aber, dass die vertraglich geschuldete Leistung, nach deren Zweck die Einbeziehung des Dritten bestimmt werden soll, von den Parteien des Hauptschuldverhältnisses zur Verwirklichung ihrer jeweiligen Interessen vereinbart wird. Die vertraglich geschuldete Leistung dient nach ihrem Sinn und Zweck also der Interessenverwirklichung der Vertragsparteien. Diese Interessen aber bei der Bestimmung des vertraglichen Schutzbereiches gegenüber Dritten unberücksichtigt zu lassen, hieße, den Vertragszweck nur unvollständig zu ermitteln. Ergibt sich der Anspruch des Dritten bei dem Vertrag mit Schutzwirkung für Dritte aus einem für ihn fremden Schuldverhältnis, dann kann seine Beziehung zu den Parteien des fremden Schuldverhältnisses nicht völlig gleichgültig sein. Wollte man die Beziehung des Gläubigers gegenüber dem Dritten gänzlich für unerheblich erklären, dann könnte man direkt auf das Verhältnis des Dritten zum Schuldner abstellen und untersuchen, ob zwischen ihnen ein unmittelbares Schuldverhältnis begründet ist, wie es z. B. bei einer (Dritt-)Haftung aus culpa in contrahendo der Fall wäre.

Dass die Interessenlage zwischen Gläubiger und Dritten bei gegenläufigen Interessen auch für die Haftung aus dem Vertrag mit Schutzwirkung für Dritte eine Rolle spielt, verdeutlicht folgende Argumentation. Grundsätzlich besteht bei einer Haftung aus Vertrag mit Schutzwirkung für Dritte darüber Einigkeit, dass der Dritte, der seinen Anspruch aus einem fremden Schuldverhältnis ableitet, nicht besser gestellt sein kann als der Gläubiger selbst. Es wird also davon ausgegangen, dass der Schuldner Einwendungen, die ihm gegen den Gläubiger zustehen, auch dem Dritten gegenüber geltend machen kann. Dies wird entweder auf eine analoge Anwendung des § 334 BGB[553] oder auf einen entsprechenden Rechtsgedanken[554] gestützt. Bei konsequenter Anwendung dieses Grundsatzes müsste der Sachverständige dem Dritten nicht haften, wenn die Fehlerhaftigkeit seines Gutachtens auf Arglist oder ein Mitverschulden des Gläubigers zurückzuführen wäre. Da dieses Ergebnis aber gerade in den Fällen der gegenläufigen Interessen zwischen Gläubiger und Drittem vermieden werden soll, wird in diesen Fällen die Anwendung des Grundsatzes aus § 334 BGB mit unterschiedlichen Begründungen abgelehnt. Die Rechtsprechung arbeitet insoweit nicht ü-

[553] Palandt/*Heinrichs*, § 328 BGB, Rn. 20; BGHZ 33, 247 (249 f.); BGHZ 127, 378 (384).
[554] MüKo/*Gottwald*, § 328 BGB, Rn. 123; Soergel/*Hadding*, Anh. § 328 BGB, Rn. 21; *Gernhuber*, FS für Nikisch, 1958, 249 (268).

berzeugend mit einer stillschweigenden Abbedingung des § 334 BGB[555]. Im Schrifttum wird zwar diese Vorgehensweise ebenso wie die Begründung der Haftung aus dem hypothetischen Parteiwillen abgelehnt, der Sache nach der Rechtsprechung aber darin zugestimmt, dass der Dritte in den Fällen von gegenläufigen Interessen besonders schutzbedürftig sei und gerade deshalb auch vor einem Fehlverhalten des Gläubigers geschützt werden müsse.[556] Infolge der besonderen Umstände bei sich widerstreitenden Interessen genieße der Sachverständige eine besondere Vertrauensstellung gegenüber dem Dritten, so dass die Beziehung des Sachverständigen zu dem Dritten eine gewisse Verselbständigungstendenz aufweise. Dies führe dazu, dass sich der Sachverständige gegenüber dem Dritten nicht auf das den Schaden mitverursachende Verhalten des Gläubigers berufen dürfe.[557] Es wird also die Gegenläufigkeit der Interessen als Argument dafür angeführt, dass der aus § 334 BGB folgende Grundsatz ausnahmsweise nicht gelten soll. Ebenso wie oben schon abgelehnt wurde, dass nur in Fällen gegenläufiger Interessen auf das Erfordernis der Gläubigernähe verzichtet wird, ist auch abzulehnen, dass nur in Fällen gegenläufiger Interessen der Grundsatz des § 334 BGB nicht anwendbar sein soll, während er sonst bei dem Vertrag mit Schutzwirkung für Dritte aufrechterhalten wird. Diese Vorgehensweise zeigt sowohl, dass die Gegenläufigkeit der Interessen von Gläubiger und Drittem nicht völlig außer Acht gelassen werden kann, wie auch, dass diese Fälle nicht in das System einer Haftung aus Vertrag mit Schutzwirkung für Dritte integriert werden können, ohne zu Ungereimtheiten in den Tatbestandsvoraussetzungen dieses Rechtsinstituts zu führen.[558] Selbst wenn man die Einbeziehung des Dritten in den vertraglichen Schutzbereich nach dem Vertragszweck bestimmt und auf das Erfordernis der Gläubigernähe verzichtet, ist dennoch aus den angeführten Gründen eine Haftung aus Vertrag mit Schutzwirkung für Dritte abzulehnen, wenn die Interessen des Gläubigers und des Dritten gegenläufig sind.

c. Erkennbarkeit

Der Kreis der geschützten Dritten muss für den Schuldner erkennbar sein.[559] Verzichtet man auf das Erfordernis einer Gläubigernähe, muss für den Schuldner vorhersehbar sein, welche Dritten so mit der Leistung in Berührung kom-

---

555 Vgl. oben Teil A: Zweites Kapitel - I.2.b.dd und Teil A: Zweites Kapitel - I.2.d.

556 *Musielak*, Haftung für Rat, Auskunft und Gutachten, S. 41; MüKo/*Gottwald*, § 328 BGB, Rn. 123.

557 *Musielak*, Haftung für Rat, Auskunft und Gutachten, S. 41.

558 Ebenso *Papst*, Die Fortentwicklung des Vertrags mit Schutzwirkung zugunsten Dritter, S. 101 ff,

559 Staudinger/*Jagmann*, § 328 BGB, Rn. 105; MüKo/*Gottwald*, § 328 BGB, Rn. 117; Soergel/*Hadding*, nh. § 328 BGB, Rn. 17; Palandt/*Heinrichs*, § 328 BGB, Rn. 18.

men, dass ihre Leistungsnähe angenommen werden kann. Dabei ist nicht erforderlich, dass der geschädigte Dritte im Zeitpunkt der Leistung bereits namentlich feststeht. Es genügt, dass er als potentieller Vertragspartner des Auftraggebers zu dem Kreis derjenigen gehört, denen das Gutachten gemäß seinem Erstellungsanlass und -zweck vorgelegt werden kann.

d. Schutzbedürftigkeit

Des Weiteren muss der in den vertraglichen Schutzbereich einzubeziehende Dritte schutzbedürftig sein, d.h. es darf ihm kein anderweitiger Anspruch zustehen, der auf den Ausgleich des von ihm erlittenen Schadens gerichtet ist und sich auf den gleichen Sachverhalt gründet.[560] Lässt sich aber die Dritthaftung von Sachverständigen unter § 311 Abs. 3 BGB subsumieren,[561] hat der Dritte einen unmittelbaren Schadensersatzanspruch gegen den Sachverständigen, so dass seine Einbeziehung in den Gutachtervertrag zwischen Auftraggeber und Sachverständigem mangels Schutzbedürftigkeit nicht mehr in Betracht kommt.

e. Ergebnis

Auch wenn man also den Vertrag mit Schutzwirkung für Dritte als Ergebnis richterlicher Rechtsfortbildung ansieht, das die Einbeziehung des Dritten nach dem Vertragszweck und der gläubigergleichen Stellung bestimmt, sind die Sachverhalte der Dritthaftung von Sachverständigen nicht mit diesem Rechtsinstitut zu erfassen, da die Gegenläufigkeit der Interessen des Gläubigers im Verhältnis zu dem Dritten dem entgegensteht. Es kommt daher für die Haftung eines Sachverständigen gegenüber einem Dritten nicht auf dessen Einbeziehung in den Schutzbereich des Gutachtervertrages an, sondern auf seine unmittelbare Beziehung zu dem Sachverständigen als Schädiger. Der Anspruch des Dritten ist losgelöst von den vertraglichen Vereinbarungen des Auftraggebers und des Sachverständigen und daher auch „immun“ gegen etwaige in jenem Verhältnis vereinbarte Haftungsbeschränkungen oder andere Einwendungen.

Dass es entscheidend auf das unmittelbare Verhältnis des Dritten zu dem Sachverständigen ankommen sollte, verdeutlicht folgende Überlegung: Bestellt der Auftraggeber mit dem Hinweis ein Gutachten, es solle bestimmte (ggf. falsche) Werte enthalten, dann ist die Aufnahme dieser Werte in das Gutachten vertraglich vereinbart und das Gutachten somit nicht mehr fehlerhaft; ein Anspruch aus § 635 BGB oder § 280 Abs. 1 BGB. scheidet aus. Ist das

---

[560] BGHZ 70, 327 (330); BGHZ 129, 136 (169); BGHZ 133, 168 (173 ff.); *Martiny*, JZ 1996, 19 (25); MüKo/*Gottwald*, § 328 BGB, Rn. 118; Soergel/*Hadding*, Anh. § 328 BGB, Rn. 16; Palandt/*Heinrichs*, § 328 BGB, Rn. 18.

[561] Dazu sogleich unter Teil A: Viertes Kapitel - III.4.d.

§ 635 BGB oder § 280 Abs. 1 BGB. scheidet aus. Ist das Gutachten in diesem Sinne vertragsgemäß erstellt, so nützt dem Dritten auch die Einbeziehung in den Schutzbereich nichts, da er mangels Fehlerhaftigkeit (d.h. mangels Pflichtverletzung des Sachverständigen) dann keinen Anspruch haben dürfte.[562] Will man trotzdem eine Haftung des Sachverständigen gegenüber dem Dritten bejahen, so muss es sich um eine Pflichtverletzung gegenüber dem Dritten, das bedeutet einen Verstoß gegen eine Pflicht aus einem dem Dritten gegenüber bestehenden Schuldverhältnis handeln. Dieses muss dann von dem Vertragsverhältnis des Sachverständigen mit dem Auftraggeber verschieden sein, weil ihm diesem gegenüber gerade keine Pflichtverletzung vorzuwerfen ist.

Auch in den Fällen eines nichtigen Vertrages bestätigt sich das gefundene Ergebnis. Hält man den Gutachtervertrag für den grundsätzlichen Anknüpfungspunkt für eine Dritthaftung des Sachverständigen, so entfiele dieser Anknüpfungspunkt bei der (z. B. auf unerkannter Geschäftsunfähigkeit beruhenden) Nichtigkeit des Vertrages. Stellt man hingegen auf ein zwischen dem Sachverständigen und dem Dritten unmittelbar bestehendes Schuldverhältnis ab, hat die Nichtigkeit des Gutachtervertrages auf die Dritthaftung des Sachverständigen keinen Einfluss. Der Vertrag mit Schutzwirkung für Dritte sollte daher für die Haftung von Sachverständigen gegenüber Dritten grundsätzlich nicht herangezogen werden, da die in diesen Fällen typischerweise bestehende Gegenläufigkeit der Interessen des Auftraggebers und des Dritten einer konsequente Anwendung der sonst bestehenden Tatbestandsmerkmale des Vertrages mit Schutzwirkung für Dritte entgegensteht. Sind allerdings die Interessen des Auftraggebers und des Dritten in einem Sachverständigenfall gleichgerichtet, spricht nichts gegen eine Anwendung des Vertrages mit Schutzwirkung für Dritte.

4. Die Sachverständigenhaftung als Anwendungsfall der Dritthaftung aus culpa in contrahendo (§ 311 Abs. 3 BGB)

Zu prüfen bleibt also, ob sich die Sachverständigenhaftung als Anwendungsfall der Dritthaftung aus culpa in contrahendo in der Ausgestaltung des § 311 Abs. 3 BGB erfassen lässt. Da diese Regelung an die von der Rechtsprechung gefundenen Ergebnisse zur Eigenhaftung von Stellvertretern, Verhandlungsgehilfen und Sachwaltern anknüpft,[563] sollen diese zunächst kurz dargestellt werden.

---

[562] Darauf weist *Kiss*, WM 1999, 117 (118 f.) hin, der daraus folgert, dass das „Interesse des Gläubigers am Schutz des Dritten" nicht zu den Tatbestandsvoraussetzungen des Vertrages mit Schutzwirkung für Dritte gehöre, sondern bereits über dessen generelle Anwendbarkeit entscheide.

[563] BT-Drucks. 14/6040, S. 163.

a. Die Rechtsprechung zur Sachwalterhaftung

Vertreter und Verhandlungsgehilfen haften selbst grundsätzlich nur aus § 179 BGB sowie gegebenenfalls aus Delikt, insbesondere § 826 BGB. Für die von ihnen begangenen Pflichtverletzungen hat normalerweise nur der Vertretene über § 278 BGB einzustehen.[564] Als Ausnahme dazu hat aber schon das RG entschieden, dass auch ein sogenannter Vertreter in eigenen Angelegenheiten haftbar sein kann, wenn das wirtschaftliche Interesse am Zustandekommen des Vertrages bei dem Vertreter und nicht bei dem Vertretenen liegt, der Vertreter also gleichsam als procurator in rem suam aufgetreten ist. Diese Haftung stützte das RG zunächst auf eine Analogie zu § 179 Abs. 2 BGB,[565] später gewährte es diesen Anspruch aus culpa in contrahendo.[566] Der BGH übernahm den Ansatz des RG und weitete ihn aus, indem er nur noch ein eigenes wirtschaftliches Interesse des Vertreters verlangte, nicht aber, dass das in Aussicht genommene Geschäft wirtschaftlich gesehen dem Vertreter zuzuordnen sei.[567] Mit der Zeit wurden die von der Rechtsprechung gestellten Anforderungen an das eigene wirtschaftliche Interesse des Vertreters immer geringer. So reichte schon aus, dass der Vertreter an dem Vertragsschluss interessiert war, um eventuelle Regressansprüche des Vertretenen zu vermeiden,[568] dass er durch den Vertrag Deckung für eigene Forderungen zu erlangen suchte[569] oder dass ihm die Forderungen des Vertretenen im Voraus zur Sicherheit abgetreten worden waren.[570] Insbesondere wurde das wirtschaftliche Eigeninteresse bei maßgeblich beteiligten Gesellschaftergeschäftsführern einer GmbH bejaht, da sie von Natur aus ein dringendes eigenes Interesse an den Geschäften ihrer Gesellschaft haben, weil sie bei wirtschaftlicher Betrachtungsweise praktisch mit ihr identisch sind. Es wurde also regelmäßig das Beteiligungsinteresse allein als ausreichend betrachtet.[571]

Diese Rechtsprechung hat in der Literatur vor allem deshalb erhebliche Kritik hervorgerufen, weil sie der grundsätzlichen Wertung, die Haftung der GmbH auf das Gesellschaftsvermögen zu beschränken (§ 13 Abs. 2 GmbHG), zuwiderlau-

---

[564] Vgl. nur BGHZ 56, 81 (83); BGHZ 88, 67 (68); BGHZ 126, 181 (183); Palandt/*Heinrichs*, § 311 BGB, Rn. 60.

[565] RGZ 102, 68 (73 f.).

[566] Erstmals RGZ 120, 249 (252 f.).

[567] BGHZ 14, 313 (318).

[568] BGH NJW 1963, 2166.

[569] BGH MDR 1959, 187.

[570] BGH WM 1967, 121 (123).

[571] BGHZ 87, 27 (33 f.); BGH MDR 1967, 667; BGH NJW 1983, 676; BGH NJW 1984, 2284.

fe.[572] Anfang der neunziger Jahre setzte dann eine Wende in dieser Rechtsprechungsentwicklung ein und der BGH ging zunehmend restriktiver mit der Haftung wegen eines eigenen wirtschaftlichen Interesses um, so dass nunmehr ein mittelbares eigenes wirtschaftliches Interesse, z. B. Gewinne oder Provisionen, nicht mehr ausreicht.[573] Auch bei einem Gesellschaftergeschäftsführer einer GmbH reicht inzwischen weder seine maßgebliche Beteiligung an der Gesellschaft allein[574] noch die zusätzliche Stellung von Sicherheiten für die Gesellschaft aus, um eine Eigenhaftung aus culpa in contrahendo zu begründen.[575]

Als weitere Entwicklung ist zu verzeichnen, dass seit einer Entscheidung des Bundesgerichtshofes im Jahr 1971 die formelle Vertretereigenschaft nicht mehr Voraussetzung für eine Haftung ist.[576] In dem der Entscheidung zugrundeliegenden Fall hatte ein Finanzmakler die finanzielle Überwachung eines Bauprojektes übernommen, nachdem der Bauherr in Finanzierungsschwierigkeiten geraten war und die Beteiligten vereinbart hatten, dass weitere Arbeiten nur mit Zustimmung des Maklers ausgeführt werden sollten. Der BGH bejahte den Anspruch eines Handwerkers, dessen Arbeiten von dem Makler genehmigt worden waren, gegen den Makler aus culpa in contrahendo. Obwohl der Makler kein Vertreter des Bauherrn war, habe er als im Geschäftsleben anerkannter Finanzfachmann das Zustandekommen des Vertrages entscheidend beeinflusst.[577] In einer späteren Entscheidung beschreibt der BGH den Sachwalter ganz allgemein als eine Person, die „auf der Seite des Vertragspartners an dem Zustandekommen des Vertragsschlusses beteiligt ist und dabei über das bei der Anbahnung von Geschäftsbeziehungen immer vorauszusetzende normale Verhandlungsvertrauen hinaus in besonderem Maße Vertrauen für sich persönlich in Anspruch nimmt und dadurch dem anderen Verhandlungspartner eine zusätzliche gerade von ihm persönlich ausgehende Gewähr für Bestand und Erfüllung des in Aussicht genommenen Rechtsgeschäfts bietet."[578] Allerdings ist diese allgemeine Beschreibung eines Sachwalters zu unscharf und daher keine geeignete Definition, unter die man ohne weiteres die haftenden Personen subsumieren könnte.[579]

[572] Z. B. *Canaris*, FS für Giger, 1989, 91 (114 f.); *Medicus*, FS für Steindorff, 1990, 725 (727, 734 ff.); *Müller*, ZIP 1993, 1531 (1533 ff.); *Roth*, JuS 1987, 196 (197); *Ulmer*, NJW 1983, 1577 (1579 f.).

[573] BGH WM 1989, 1923; BGH NJW-RR 1991, 1241; BGH WM 1992, 599; BGH NJW-RR 1992, 1061; BGH NJW 1994, 197; BGH NJW 1997, 1233.

[574] Seit BGH ZIP 1986, 26 (29) = NJW 1986, 586 (587).

[575] BGHZ 126, 181 (183 ff., vgl. dazu schon oben Teil A: Viertes Kapitel - III.1); BGH WM 1995, 108.

[576] BGHZ 56, 81.

[577] BGHZ 56, 81 (84, 86), wo er auch erstmals den Begriff des „Sachwalters" gebraucht.

[578] BGH WM 1988, 1535 (1536).

[579] *Schautes/Mallmann*, JuS 1999, 537 (538) gehen davon aus, dass „ohne dass der BGH dies ausdrücklich sagt, man also in der Person des Sachwalters namentlich denjenigen sehen

Vielmehr kommt es für die Haftung eines Dritten, der nicht Vertragspartei werden soll, darauf an, dass er die von der Rechtsprechung entwickelten Kriterien der Einflussnahme auf ein fremdes Rechtsgeschäft erfüllt.[580]

Als zweiter Grund neben dem restriktiv zu handhabenden wirtschaftlichen Eigeninteresse für die Haftung desjenigen, der nicht selbst Vertragspartei werden soll, wird in der Rechtsprechung die Inanspruchnahme besonderen, persönlichen Vertrauens herangezogen.[581] Dies kann einmal dann der Fall sein, wenn der Dritte bzw. Sachwalter infolge seines besonderen Einflusses auf eine der verhandelnden Parteien ein Stück weit selbst als der maßgebliche Entscheidungsträger erscheint, der als Herr der Verhandlungen[582] oder der Vertragsdurchführung[583] für die Ordnungsgemäßheit der von ihm beherrschten Vorgänge verantwortlich sein soll. Dabei wird durch ein besonderes Näheverhältnis, ungewöhnliche Einflussmöglichkeiten oder umfangreiche finanzielle Interessenwahrnehmung eine zusätzliche Gewähr für Vollständigkeit und Richtigkeit der Erklärungen übernommen, die über das normale Verhandlungsvertrauen hinausgeht.[584] So haftet z. B. ein finanzieller Sachwalter, der den Anschein erweckt hat, maßgeblichen Einfluss auf Finanzierung und Abwicklung des Geschäfts zu haben[585] oder – wie dargestellt – ein Finanzmakler, von dessen Entscheidung letztlich die Durchführung des Geschäfts abhängen soll.[586]

Zum anderen kann das besondere persönliche Vertrauen dann zu einer Haftung des Dritten führen, wenn dieser sich an den Vertragsverhandlungen beteiligt und dabei Einfluss auf die Willensbildung der anderen Partei ausübt. Die eindeutigsten Fälle dieser Untergruppe sind die der Eigenhaftung des Gebrauchtwagen-

---

wird, der gerade zum Verhandlungsgegenstand, also zur maßgeblichen Sache eine besondere Beziehung inne hat", und erwägen auch die Anlehnung des Sachwalterbegriffes an § 91 der seit 1.1.1999 durch die InsO ersetzten VglO; *Canaris* spricht davon, dass „der Begriff des Sachwalters nahezu keinen fassbaren juristischen Gehalt hat", *ders.*, ZHR 163 (1999), 206 (222); eine gründliche Begriffsanalyse findet sich bei *Wiegand*, Sachwalterhaftung, S. 30 ff.

580 Dazu unten Teil A: Viertes Kapitel - III.4.d.

581 BGHZ 56, 81 (83); BGHZ 58, 216 (223); BGHZ 70, 337; BGHZ 74, 103 (108 f.); BGHZ 80, 80 (82); BGH VersR 1986, 35 (36); BGH ZIP 1986, 562 (563); BGHZ 87, 27 (32 f.).

582 BGHZ 56, 81 (84 f.); BGHZ 87, 27 (33).

583 BGHZ 70, 337 (343) – sog. „Chartervertragsfall", wo der BGH eine Haftung eines nicht am Vertrag Beteiligten aus culpa in contrahendo bejahte, der dadurch besonderes Vertrauen in Anspruch nahm, dass er entscheidenden Einfluss auf die Durchführung des Vertrages zu haben vorgab. MüKo/*Emmerich*, § 311 BGB, Rn. 216 spricht in diesem Zusammenhang vom „Garant der Vertragsdurchführung".

584 Soergel/*Wiedemann*, vor § 275 BGB, Rn. 228.

585 BGHZ 70, 337 (343).

586 BGHZ 56, 81 (84 f.).

händlers, der als Vermittler zwischen dem bisherigen Fahrzeugeigentümer und dem potentiellen Käufer auftritt.[587] Hierher gehören auch die Fälle des Lieferanten bzw. Herstellers bei einem Leasinggeschäft. Führt der Lieferant die Verhandlungen über den Abschluss des Leasingvertrages zwischen Leasingnehmer und Leasinggeber und verletzt er dabei Aufklärungs-, Hinweis- oder Beratungspflichten, kann er als Dritter aus culpa in contrahendo haftbar sein, wenn er besonderes Vertrauen erweckt hat.[588] Auch Wirtschaftsprüfer und Rechtsanwälte, die in einem Werbeprospekt unter namentlicher Nennung die Richtigkeit bestimmter Aussagen des Prospekts bestätigen, haften den Anlegern aus culpa in contrahendo.[589] Dabei hält der BGH die Angewiesenheit des Anlegers auf die Richtigkeit der Prospekte und andererseits die „allgemein anerkannte und herausgehobene berufliche und wirtschaftliche Stellung" dieser Experten für entscheidend, die durch ihre Erklärung in ihrer „Eigenschaft als berufsmäßige Sachkenner" eine „Garantenstellung" einnehmen.[590]

Der BGH betont aber, dass das in Anspruch genommene Vertrauen über das normale Verhandlungsvertrauen hinausgehen muss. In einer Entscheidung, in der der BGH die Dritthaftung eines Anwalts aufgrund einer von ihm formulierten Klausel in dem zwischen seinem Mandanten und dem Kläger geschlossenen Vertrag ablehnte, formulierte er hinsichtlich des über das normale Verhandlungsvertrauen hinausgehenden besonderen Vertrauens wie folgt: „Zieht eine Partei bei Vertragsverhandlungen zu ihrer Beratung einen Rechtsanwalt ihres Vertrauens heran, so begründet dies, ohne Hinzutreten besonderer Umstände ... keine persönliche Haftung. Dies gilt insbesondere dann, wenn sich auch die Gegenseite anwaltlichen Beistandes versichert. Die Annahme, ein Rechtsanwalt sei allein aufgrund des von ihm ausgeübten Berufes eine Vertrauensperson ... findet im geltenden Recht keine Stütze. ... Der Schluss des Berufungsgerichts ... [,dass der Kläger auf die Richtigkeit der Klausel gerade deswegen vertraute, weil sie von dem Anwalt stammte,] ... hätte nur dann berechtigt sein können, wenn be-

---

[587] BGHZ 63, 382 (384); BGHZ 79, 281 (286); BGHZ 87, 302 (304).

[588] BGH WM 1984, 1092 (1094); Soergel/*Wiedemann*, vor § 275 BGB, Rn. 232.

[589] BGHZ 77, 172 (176); BGHZ 79, 337 (348); BGH WM 1986, 904 (906); BGH NJW 1990, 2461 (2462).

[590] BGHZ 77, 172 (177); daher auch die Bezeichnung „Garantenprospekthaftung" für diese Fälle. Da durch die Voraussetzung der namentlichen Nennung des Sachverständigen im Prospekt den Aussagen eben dieser identifizierten Person besonderes Vertrauen geschenkt wird, geht es bei der Garantenprospekthaftung im Unterschied zur Emissionsprospekthaftung nicht um „abstraktes" bzw. „typisiertes Vertrauen", was auch der BGH als Grund dafür anführt, die Verjährungsfrist bei der Garantenprospekthaftung nicht in Analogie zur spezialgesetzlichen Prospekthaftung auf 6 Monate zu verkürzen, vgl. BGHZ 83, 222 (227); BGH WM 1986, 904 (906); zur Unterscheidung zwischen Garantenprospekthaftung und Emissionsprospekthaftung ferner *Ebke/Scheel*, WM 1991, 389 (394), Soergel/*Wiedemann*, vor § 275 BGB, Rn. 333 ff. m.w.N.

sondere Umstände vorgelegen hätten, die die Annahme hervorrufen konnten, der Beklagte [d.h. der Anwalt] wolle in seiner Person eine besondere Gewähr für die Richtigkeit der Angaben zum Unternehmenswert übernehmen, etwa indem er zu verstehen gegeben hätte, dass er das Zahlenwerk erstellt oder überprüft habe oder sich aus sonstigen Gründen für dessen Verlässlichkeit stark machen könne" bzw. sich in einer Weise geäußert hätte, „dass der Kläger den Eindruck gewinnen musste, der Beklagte gebe hier nicht fremde Angaben, sondern eigene Kenntnisse von den wirtschaftlichen Verhältnissen der Gesellschaft wieder, für die er notfalls einstehen könne."[591] Allgemein erwecke der Dritte, der auf seine den Geschäftsherrn unterstützende Sachkunde verweise, „dadurch nur das normale Verhandlungsvertrauen, dass sein Geschäftsherr – was der Vertragspartner verlangen kann – einen sachkundigen Vertreter oder Vermittler eingesetzt hat."[592] Der BGH bekräftigte mehrmals, es komme vielmehr darauf an, dass er „dem anderen Teil eine zusätzliche, gerade von ihm persönlich ausgehende Gewähr für die Seriosität und die Erfüllung des Geschäfts oder für die Richtigkeit und Vollständigkeit der Erklärungen, die für den Willensentschluss des anderen Teils bedeutsam gewesen sind, geboten" hat.[593] In besonderem Maße Vertrauen nimmt der Dritte also dann in Anspruch, wenn er diese über das normale Vertrauen hinausgehende Gewähr bietet. Dabei nennt der BGH als Beispiel für diese persönliche Gewähr ausdrücklich die „außergewöhnliche Sachkunde des Sachwalters für den Vertragsgegenstand"[594].

Da für die Eigenhaftung von Sachwaltern in der Fallgruppe des eigenen wirtschaftlichen Interesses mittelbare Interessen wie Provisionen oder Gewinne nun nicht mehr ausreichen,[595] der Sachverständige an die Erstellung seines Gutachtens aber nur die Gegenleistungserwartung eines Honorars durch seinen Auftraggeber knüpft und im Normalfall wirtschaftlich in das zwischen Auftraggeber und Drittem geplante Rechtsgeschäft nicht weiter eingebunden ist, scheidet seine Eigenhaftung aufgrund dieses Kriteriums regelmäßig aus. Zu untersuchen ist also nur noch, ob sich die Dritthaftung des Sachverständigen unter dem Gesichtspunkt der Inanspruchnahme besonderen persönlichen Vertrauens, wie er jetzt auch ausdrücklich in § 311 Abs. 3 S. 2 BGB normiert ist, erfassen lässt. Dazu sollen zunächst die in Rechtsprechung und Literatur angeführten maßgeblichen Kriterien für eine Haftung des Sachverständigen herausgearbeitet werden.

---

[591] BGH NJW 1989, 293 (294); vgl. auch BGH NJW 1991, 32 (33) und BGH DB 1995, 319 (320).

[592] BGH WM 1989, 1923 (1924).

[593] BGH WM 1992, 699 (700); BGH DB 1995, 319 (320); BGH NJW-RR 1989, 110 (112); BGH NJW 1990, 389 (390); BGH ZIP 1991, 1140 (1142 f.); vgl. auch BGHZ 74, 103 (108); BGH NJW 1990, 1907 (1908); BGH WM 1993, 295 (298).

[594] BGHZ 56, 81 (85).

[595] Vgl. oben bei Fn. 573.

b. Kriterien für eine Dritthaftung von Sachverständigen

Wie schon mehrfach angemerkt, sind die von der Rechtsprechung innerhalb der verschiedenen Anspruchsgrundlagen herangezogenen Argumente für eine Dritthaftung von Sachverständigen weitgehend identisch.[596] Eine herausgehobene Stellung unter den Argumenten nehmen immer wieder die berufliche Position, die besondere Sachkunde und das von dem Sachverständigen in Anspruch genommene Vertrauen ein. Dabei ist zu beachten, dass diese Kriterien eng zueinander im Verhältnis stehen: Aus der besonderen Sachkunde, die ein sachverständiger Beruf (Wirtschaftsprüfer, Steuerberater, Rechtsanwalt, öffentlich bestellter und vereidigter Sachverständiger) aufgrund seiner Ausbildung und staatlichen Anerkennung erfordert, folgt die Erwartungshaltung der Allgemeinheit an die Zuverlässigkeit der Angehörigen solcher Berufe. In dieser Erwartungshaltung liegt das besondere Vertrauen begründet, dass man den Sachverständigen entgegenbringt. Ein Blick auf die Rechtsprechung soll diesen Zusammenhang und die Bedeutung der genannten Kriterien verdeutlichen:

Erstmals wurde in der Lastschrift-Entscheidung davon gesprochen, dass die Voraussetzung eines Wohl-und-Wehe Verhältnisses „unnötig eng [sei], wenn es sich ... um Massengeschäfte ... mit einem einheitlich praktizierten Verfahren handelt, das dem Rechtsverkehr in großem Stile unter Inanspruchnahme des Vertrauens auf sach- und interessengerechte Abwicklung angeboten wird".[597] Im Dachboden-Fall stellte der BGH zunächst für die Einbeziehung des Dritten auf die anerkannte Sachkunde des Sachverständigen ab: Es „wird deutlich, dass eine ... Verpflichtung [des Sachverständigen] durch eine juristische Person des öffentlichen Rechts geeignet ist, in der Öffentlichkeit die berechtigte Erwartung einer gegenüber dem bloß „privaten" Sachverständigen hervorgehobenen Sachkunde und Zuverlässigkeit hervorzurufen. Erstattet ein solcher Sachverständiger – wie hier – ein Wertermittlungsgutachten ..., so nimmt er die ... Vertrauensstellung auch gegenüber seinem Auftraggeber in Anspruch."[598] Weiter folge die stillschweigende Abbedingung des § 334 BGB aus dem „besonderen Vertrauen, das Kaufinteressenten regelmäßig in die Zuverlässigkeit und Sachkunde eines anerkannten Sachverständigen haben, [so dass] seinen gutachterlichen Äußerungen möglicherweise ein größeres Gewicht zukommt als den Angaben des Verkäufers selbst und deshalb ein Gutachten dazu geeignet ist, ein etwaiges Misstrauen dieser Kaufinteressenten gegenüber der Richtigkeit der Angaben des Verkäufers zu zerstreuen ... Vor allem entspricht es dem offenkundigen Interes-

---

[596] *Damm*, JZ 1991, 373 (377) bezeichnet es als „generelles Merkmal der Berufshaftung", dass immer wieder die gleichen Abgrenzungsfragen und materiellen Begründungselemente im Rahmen verschiedener Anspruchsgrundlagen auftauchen; *Emmerich*, Jura 1987, 561 (566) spricht von „unterschiedlichen, offenbar weithin austauschbaren Rechtsfiguren".

[597] BGHZ 69, 82 (86).

[598] BGHZ 127, 378 (381 f.) = BGH NJW 1995, 392.

se des möglichen Käufers, dass sein Vertrauen auf die Richtigkeit des Gutachtens gerade in den Fällen rechtlich geschützt wird, in denen der Verkäufer die willkürliche Beschaffenheit des Kaufgegenstands in unredlicher Weise zu verschleiern sucht."[599] Im Bürgschaftsfall vergleicht der BGH erstmals den Sachverständigen mit dem Sachwalter: „Wie der Sachwalter und der Vertreter oder Verhandlungsgehilfe der künftigen Vertragspartei nimmt auch der öffentlich bestellte und vereidigte Sachverständige ein besonderes Vertrauen dessen in Anspruch, dem das von ihm gefertigte Gutachten erkennbar vorgelegt werden soll. Das besondere Vertrauen, das dem Gutachten eines öffentlich bestellten Sachverständigen im Geschäftsverkehr beigemessen wird, setzt voraus, dass der Sachverständige das Gutachten nach bestem Wissen und Gewissen erstellt hat und dafür Dritten gegenüber einsteht."[600] In BGHZ 145, 187, wo er die Haftung eines Sachverständigen aus Verschulden bei Vertragsverhandlungen bejaht, formuliert der BGH sogar den „allgemeinen Rechtsgedanken ..., dass für die Vollständigkeit und Richtigkeit der in Verkehr gebrachten Angaben jeder einstehen muss, der durch von ihm in Anspruch genommenes und ihm auch entgegengebrachtes Vertrauen auf den Willensentschluss der Kapitalanleger Einfluss genommen hat."[601] Wieder in der Prüfung eines Vertrages mit Schutzwirkung für Dritte verneint der BGH eine Haftung gegenüber Klägern, die sich ein zweites Gutachten bestellt hatten, weil „sie gerade nicht auf die Richtigkeit des Gutachten vertraut [haben] und nicht im Vertrauen hierauf den Kaufvertrag mit der Gemeinde abschlossen."[602] Schließlich lehnt der BGH die Einbeziehung der Klägerin in den Schutzbereich eines Gutachtervertrages ab, da „insbesondere der für die bisherige Rechtsprechung zum Gutachtervertrag maßgebliche Gesichtspunkt des Vertrauensschutzes [es] nicht [gebietet]," die Klägerin als in den Schutzbereich des Vertrages einbezogen anzusehen, da der hier „beauftragte Sachverständige solches Vertrauen desjenigen, der durch die Aufsichtsmaßnahme des BAK [Bundesaufsichtsamt für das Kreditwesen] betroffen ist, nicht in Anspruch" nehme.[603]

---

599 BGHZ 127, 378 (386).

600 BGH JZ 1998, 624 (625) im Zusammenhang mit der Erläuterung, ob der Kreditgeber trotz gegenläufiger Interessen in den Schutzbereich des Sachverständigenvertrages mit einbezogen ist. Darüber hinaus verweist der BGH an dieser Stelle auf seine Entscheidungen zur Haftung für fehlerhafte Aussagen in Prospekten (BGHZ 77, 172 (176); BGH NJW 1984, 865 (966); BGHZ 111, 314 (320) – vgl. dazu oben bei Fn. 589 f.).
Bemerkenswert ist auch, dass der BGH in NJW 1992, 2080 (2083) – allerdings ohne nähere Begründung – noch entschieden hatte, die Tatsache, dass ein Steuerberater über die für seine Tätigkeit erforderliche Sachkunde verfüge, reiche für das Kriterium der Inanspruchnahme eines besonderen persönlichen Vertrauens nicht aus.

601 BGHZ 145, 187 (198).

602 BGH NJW 2001, 512 (513).

603 BGH NJW 2001, 3115 (3117, rechte Spalte oben).

Bei diesem Überblick über die in der neueren Rechtsprechung wiederholt betonten Haftungskriterien verwundert es dann auch nicht, wenn sogar BGH-Richter die Dritthaftung von Sachverständigen als „Vertrauenshaftung der beruflichen Sachkundigen gegenüber Dritten auf überwiegend vertraglicher und vorvertraglicher Grundlage“[604] bezeichnen und das „zentrale Merkmal der vertraglichen Dritthaftung“ darin sehen, dass „eine Person mit besonderer Sachkunde, die kraft dieser Sachkunde in der Öffentlichkeit besonderes Vertrauen genießt und das auch beruflich auswertet.“[605] Auch im Rahmen der Prüfung des § 826 BGB wird immer wieder der Vertrauensgesichtspunkt von der Rechtsprechung betont,[606] so dass auch hier die leichtfertige Enttäuschung des in den Beruf gesetzten Vertrauens den Grund für den Verstoß gegen die guten Sitten bildet: „Die Annahme eines Sittenverstoßes liegt besonders nahe, wenn der Schädiger mit Rücksicht auf sein Ansehen oder seinen Beruf eine Vertrauensstellung einnimmt.“[607]

Auch in der Literatur wird die besondere Bedeutung des in Anspruch genommenen Vertrauens anerkannt, selbst von Vertretern, die für andere dogmatische Lösungen eintreten: „Es geht bei der Auskunftshaftung, wie die Darstellung der Rechtsprechung und die bisherige Darstellung von Lehrmeinungen zu diesem Problem gezeigt haben, insbesondere um den Schutz des Vertrauens, das der Auskunftsempfänger in den Auskunftgeber und seine Auskunft setzt.“[608] „Im Mittelpunkt steht heute die Schaffung einer Berufshaftung für Fachleute aufgrund typisierten öffentlichen Vertrauens.“[609] „Man kann heute sicher sagen, dass eine solche (quasi-) vertragliche Vertrauenshaftung im Grundsatz anerkannt wird.“[610] „Diese Ausführungen [erinnern] eher an eine Vertrauenshaftung des Gutachters.“[611] Auch *von Bar* stellt in seinem Reformgutachten bei der vorgeschlagenen Neufassung des § 828 Nr. 1 BGB auf das Vertrauen ab[612] und *Könd-*

---

604 *Zugehör* (ehemals Mitglied des IX. Zivilsenats des BGH) in: NJW 2000, 1601 (1602).

605 *Lang* (Vorsitzender Richter a.D. des VII. Zivilsenats des BGH) in: WM 1988, 1001 (1006).

606 Vgl. oben Teil A: Zweites Kapitel - II.3.

607 *Lang*, WM 1988, 1001 (1003).

608 *Müller*, Auskunftshaftung, S. 196, vertritt die Haftung über einen stillschweigend geschlossenen Auskunftsvertrag, siehe oben Teil A: Drittes Kapitel - I.1.

609 *Schindelm/Grothe*, DStR 1989, 445 (450).

610 *Gottwald*, Haftung für Auskunft und Gutachten, S. 26.

611 *Kiss*, WM 1999,117 (118), in seiner Besprechung des Bürgschaftsfalles (BGH JZ 1998, 624 = NJW 1998, 1059).

612 *von Bar*, Gutachten und Vorschläge zur Überarbeitung des Schuldrechts, Bd. II, S. 1681 (1761): „Wer vorsätzlich oder fahrlässig 1. einer bestimmten Person in Vermögensangelegenheiten eine unwahre Auskunft oder eine fehlerhafte Empfehlung erteilt oder diese trotz neuer Erkenntnisse nicht berichtigt, *obwohl er infolge seiner beruflichen Tätigkeit eine besondere Vertrauensstellung genießt und dieses Vertrauen von dem Empfänger in Anspruch*

gen will in seinem Ansatz der Selbstbindung ohne Vertrag den Begriff des Vertrauens mit dem der „legitimen Erwartungen" ersetzen.[613] Ebenso spricht *Lammel* von einer „berufsspezifischen Vertrauenshaftung", wobei „Grundlage für die Auskunftshaftung ein berufsbezogenes Vertrauen in die besondere Sachkunde" sei.[614]

Wenn in der Literatur nicht im in Anspruch genommenen Vertrauen das entscheidende Haftungskriterium gesehen wird, wird doch auf die berufliche Position des Sachverständigen und die damit verbundene anerkannte Sachkunde abgestellt. Dieses Merkmal findet sich naturgemäß am eindeutigsten bei den Vertretern der Berufshaftung.[615] Aber auch *Köndgen* knüpft an die Berufsrollen an,[616] ebenso wie die Vertreter der deliktsrechtlichen Lösungsalternativen die Verkehrspflichten zum Schutz fremden Vermögens berufsspezifisch festlegen wollen[617] und *Jost* mit seiner vertragslosen Auskunfts- und Beratungshaftung auf die durch die berufliche Sachkunde bedingte besondere Stellung abstellt.[618] Auch *Grunewald* hat schon in ihrer ersten Untersuchung zu diesem Thema den Einfluss der sozialen Rolle des Berufs durch gewandelte Rollenerwartungen an Fachleute und Experten auf den Inhalt möglicher Haftungen umfassend dargelegt.[619] Obwohl der Beruf bzw. die berufliche Position keinen tauglichen Haftungs*grund* darstellen,[620] so üben diese Kriterien doch augenscheinlich Einfluss auf die Haftung der Sachverständigen aus. Dies wiederum lässt sich am ehesten dadurch erklären, dass die berufliche Position ein Kriterium ist, das die Erwartungshaltung und damit das in Anspruch genommene Vertrauen beeinflusst und bestimmt.

Die entscheidenden Kriterien für eine Dritthaftung des Sachverständigen sind also – unabhängig von der jeweils gewählten dogmatischen Haftungsgrundlage

---

genommen werden darf ... ist zum Ersatz des daraus entstehenden Schadens insoweit verpflichtet, als er den Umfang des Schadens hätte vorhersehen müssen." (Hervorhebung hinzugefügt).

613 Vgl. die Darstellung seines Ansatzes oben unter Teil A: Drittes Kapitel - III.1, insbesondere bei Fn. 376.

614 *Lammel*, AcP 179 (1979), 337 (365).

615 Vgl. oben Teil A: Drittes Kapitel - III.7.

616 Vgl. oben Teil A: Drittes Kapitel - III.1, insbesondere bei Fn. 377 f.; *Köndgen* sieht die Berufsrolle als „überragend wichtiges Kriterium der Haftungsdifferenzierung" an: „Die Berufsrolle wirkt mildernd oder – meist – verschärfend auf die Einstandspflichten, die ihre Wurzel in den anerkannten Haftungsgründen von Vertrag, Quasi-Vertrag oder Delikt haben.", *ders.*, Karlsruher Forum 1998, 3 (9).

617 Vgl. oben Teil A: Drittes Kapitel - II.2 bei Fn. 356, 359 und 363.

618 Vgl. oben Teil A: Drittes Kapitel - III.2.

619 Vgl. oben Teil A: Drittes Kapitel - III.4 bei Fn. 418 ff.

620 Vgl. die Kritik an der Berufshaftung, oben Teil A: Drittes Kapitel - III.7.c.

– das von dem Sachverständigen aufgrund seiner beruflichen Sachkunde und Position in Anspruch genommene Vertrauen und die damit verbundene Einflussmöglichkeit auf die Entscheidung des Dritten, der dem Sachverständigen dadurch, dass er sich auf dessen Gutachten verlässt, seinerseits Vertrauen gewährt. Die Inanspruchnahme besonderen persönlichen Vertrauens und die damit verbundene Einflussmöglichkeit auf die Entscheidung des Geschädigten sind auch die Kriterien, nach denen der BGH die Dritthaftung eines Vertreters oder sonstigen Sachwalters bejaht.[621] So hat er schon in seiner Leitentscheidung die Haftung des Sachwalters bejaht, weil dieser „in besonderem Maße *persönliches Vertrauen in Anspruch genommen* und dadurch die Vertragsverhandlungen beeinflusst hat".[622] Nach diesen Feststellungen scheint es auf der Hand zu liegen, auch die Sachverständigenhaftung unter das Rechtsinstitut der Eigenhaftung Dritter aus culpa in contrahendo in Form des neuen § 311 Abs. 3 BGB zu subsumieren.

c. Sachverständigenhaftung als Dritthaftung aus culpa in contrahendo

Begreift man die Sachverständigenhaftung als Dritthaftung aus culpa in contrahendo wechselt auch der Anknüpfungspunkt der Haftung. Dreh- und Angelpunkt ist dann nicht mehr der zwischen Auftraggeber und Sachverständigem geschlossene Gutachtervertrag, sondern das Schuldverhältnis des Sachverständigen zu dem Drittem in Bezug auf das zwischen diesem und dem Auftraggeber in Aussicht genommene Geschäft. Mit anderen Worten tritt an die Stelle der Haftung *gegenüber* einem Dritten (durch von dem Gutachtervertrag ausgehende, den Dritten erfassende Schutzpflichten) die Haftung *eines* Dritten, nämlich des Sachverständigen, ausgerichtet auf den zwischen Auftraggeber und Geschädigtem in Aussicht genommenen Vertrag.[623] Der Vorteil dieser Konstruktion liegt darin, dass die Position des geschädigten Dritten völlig unabhängig von dem Gutachtervertrag bestimmt werden kann.[624] Sein Anspruch ist also in keiner

---

[621] Vgl. die Darstellung der Sachwalterhaftung unter Teil A: Viertes Kapitel - III.4.a; die Möglichkeit der Einflussnahme auf die Entscheidung des Dritten wird dabei nicht ausdrücklich genannt, aber vorausgesetzt, wenn der BGH die von dem Sachwalter ausgehende persönliche Gewähr für die Richtigkeit und Vollständigkeit solcher Erklärungen verlangt, die für den Willensentschluss des anderen Teils bedeutsam sind, vgl. oben bei Fn. 593. Auch in dem vom BGH festgestellten allgemeinen Rechtsgedanken zur Inanspruchnahme von Vertrauen durch in Verkehr gebrachte Angaben, wird die Einflussnahme auf den Willensentschluss der Geschädigten betont, vgl. oben bei Fn. 601.

[622] BGHZ 56, 81 (84) – Hervorhebung im Original!

[623] Darauf weist schon *Canaris*, ZHR 163 (1999), 206 (225) hin; zustimmend auch *Weber*, NZG 1999, 1 (6).

[624] Auch *Zeuner*, Karsruher Forum 1988, 43 (44), hält für die Haftung eine direkte Beziehung des Geschädigten zum Gutachter für erforderlich.

Weise mehr an ein fremdes Schuldverhältnis angelehnt, an dem er gar nicht beteiligt ist. Damit ist der oben dargelegten Notwendigkeit genüge getan, dass die Haftung des Sachverständigen objektiv-rechtlich bestimmt werden sollte.[625]

Dass die Betrachtung von dem Gutachtervertrag losgelöst sein sollte, zeigen auch die Fälle, in denen es um eine Arglist des Auftraggebers und einen damit zusammenhängenden Einwendungsausschluss geht (vgl. den oben geschilderten Dachbodenfall[626]). Handelt nämlich der Auftraggeber arglistig, indem er dem Sachverständigen erhebliche Tatsachen verschweigt und legt er dann das so zu Stande gekommene Gutachten, von dessen Unrichtigkeit er weiß, einem potentiellen Käufer vor, um ihn zum Kauf zu bewegen, so liegt darin eine arglistige Täuschung durch Verschweigen offensichtlich entscheidungserheblicher Umstände, die den Käufer nach § 123 BGB zur Anfechtung des Kaufvertrages berechtigt und eine Schadensersatzpflicht des Verkäufers aus § 823 Abs. 2 BGB i.V.m. § 263 StGB nach sich ziehen kann. Eine daneben bestehende Haftung des Gutachters ist aber nur gerechtfertigt, wenn er unabhängig von seinem Auftraggeber einen Haftungsgrund gesetzt hat. Ein solcher ist dann in dem aufgrund seiner Sachkunde und beruflichen Position in Anspruch genommenen Vertrauen zu sehen, das losgelöst von dem Handeln des Auftraggebers zu einer Haftung des Sachverständigen führt.

Die Vorzugswürdigkeit eines Anspruchs des Geschädigten, der von dem Vertrag zwischen Auftraggeber und Sachverständigem unabhängig ist, zeigt sich auch, wenn dieser Vertrag einmal nichtig sein sollte. Hält man den Gutachtervertrag für den grundsätzlichen Anknüpfungspunkt für eine Dritthaftung des Sachverständigen, so entfiele dieser Anknüpfungspunkt bei der Nichtigkeit des Vertrages. Beruht die Nichtigkeit z. B. auf der unerkannten Geschäftsunfähigkeit des Auftraggebers, dann wäre es nicht interessengerecht, wenn die Haftung des Sachverständigen gegenüber dem auf das Gutachten vertrauenden Geschädigten nur aus diesem Grund entfiele.

Ein weiterer Grund für eine derartige Einordnung der Sachverständigenhaftung als Dritthaftung ähnlich der des Sachwalters besteht darin, dass im Gegensatz zur Haftung des Letzteren wegen wirtschaftlichen Eigeninteresses im allgemeinen und zu der Haftung des Gesellschaftergeschäftsführers im besonderen das „Ob“ der Haftung beim Sachverständigen gar nicht umstritten ist. Denn wie die Schlussfolgerung aus der Darstellung der verschiedenen Lösungsansätze in Rechtsprechung und Literatur gezeigt hat,[627] besteht hinsichtlich des Ergebnisses einer Dritthaftung des Sachverständigen Einigkeit. Hinzu kommt, dass der mit

---

[625] Vgl. Teil A: Viertes Kapitel - II.
[626] BGHZ 127, 378, siehe oben Teil A: Zweites Kapitel - I.2.b.dd.
[627] Oben Teil A: Viertes Kapitel - I.

besonderer, anerkannter Sachkunde ausgestattete Experte unstreitig Vertrauen in sein Gutachten in Anspruch nimmt, wie die Rechtsprechungsnachweise und auch die verschiedenen Literaturmeinungen betonen. Dann ist aber kein Grund ersichtlich, warum diesem entscheidenden Haftungskriterium seine Bedeutung für die Wahl der richtigen Anspruchsgrundlage abgesprochen werden sollte und in Anknüpfung an dieses Merkmal nicht §§ 311 Abs. 3 S. 2, S. 1 i.V.m. 241 Abs. 2 und 280 Abs. 1 BGB die Anspruchsgrundlage für die Dritthaftung des Sachverständigen sein sollte.[628] Diese Paragraphenkette lässt sich dann als „sonstige gesetzliche Bestimmung" im Sinne des § 675 Abs. 2 BGB begreifen.[629]

Darüber hinaus ergibt sich aus der vorgelegten Begründung auch eine klare Abgrenzungsmöglichkeit zum Vertrag mit Schutzwirkung für Dritte. Wie oben gezeigt, liegt der Unterschied der Sachverständigenfälle zu den klassischen Fällen des Vertrages mit Schutzwirkung für Dritte gerade in der Gegenläufigkeit der Interessen des Gläubigers und des Dritten, die verhindert, dass der Dritte durch eine Pflichtverletzung des Sachverständigen genauso geschädigt werden kann wie der Gläubiger und eine konsequente Handhabung der sonst bestehenden Haftungsvoraussetzungen des Vertrages mit Schutzwirkung für Dritte unmöglich macht.[630] Dann sollte danach auch die Einordnung in die verschiedenen Haftungskonstruktionen vorgenommen werden, indem man den Vertrag mit Schutzwirkung für Dritte bei gleichgerichteten Interessen anwendet, eine Dritthaftung aus culpa in contrahendo (§ 311 Abs. 3 BGB) aber bei sich widerstreitenden Interessen.[631] Dies hätte den Vorteil, dass die Abgrenzung der beiden Rechtsinstitute eindeutig wäre, da die Interessen der in Frage kommenden Parteien nur entweder gleichgerichtet oder gegenläufig sein können; beides schließt sich gegenseitig aus. Das hätte darüber hinaus die Zurückführung des Vertrages mit Schutzwirkung für Dritte auf einen festgelegten, gesicherten Anwendungsbereich zur Folge, für den er eigentlich auch entwickelt wurde.

---

[628] In diesem Sinne nunmehr ebenso *Westermann*, FS für Honsell, 2002, S. 137 ff.; MüKo/*Emmerich* § 311 BGB, Rn. 232; *Lieb*, in: Dauner-Lieb (u.a.), Das neue Schuldrecht, § 3 Rn. 46 f. (S. 143 f.); *Muthers*, in: Henssler/Graf von Westphalen, Praxis der Schuldrechtsreform, § 311 BGB, Rn. 26; Haas (u.a.)/*Medicus*, Das neue Schuldrecht, Kap. 3, Rn. 171.

[629] Davon geht auch *Schaub*, AcP 202 (2002), 757 (799) aus.

[630] Vgl. dazu oben Teil A: Viertes Kapitel - III.3.

[631] Auch *Canaris* hält den Vertrag mit Schutzwirkung für Dritte in Sachverständigenfällen mit gleichgerichteten Interessen des Auftraggebers und des Geschädigten für brauchbar, ohne allerdings die Gegenläufigkeit der Interessen als entscheidendes Abgrenzungskriterium zwischen dem Vertrag mit Schutzwirkung für Dritte und der Dritthaftung aus culpa in contrahendo zu erkennen; *ders.*, ZHR 163 (1999), 206 (218).

aa. Einschub: Schutzpflicht- bzw. Leistungspflichtverletzung

Ein Problem der Einordnung der Sachverständigenhaftung in die culpa in contrahendo in Form des § 311 Abs. 3 S. 2 i.V.m. Abs. 3 S. 1 BGB könnte darin liegen, dass S. 1 bestimmt, dass „ein Schuldverhältnis mit Pflichten nach § 241 Abs. 2" entsteht. Durch die Verweisung auf § 241 Abs. 2 BGB werden aber nur solche Fälle erfasst, in denen der Sachverständige eine Pflicht zur Rücksichtnahme auf Rechte, Rechtsgüter oder Interessen des Geschädigten verletzt hat. Die Gesetzesbegründung bezieht sich in diesem Zusammenhang auf Schutzpflichten[632], die jede Sonderverbindung begleiten, über allgemeine deliktische Verhaltenspflichten hinausgehen und die gegenwärtige Güterlage jedes Beteiligten des Schuldverhältnisses vor Beeinträchtigungen bewahren sollen.[633] Die fehlerfreie Erstellung von Gutachten entspricht aber in erster Linie dem Leistungsinteresse des Auftraggebers, stellt somit eine von § 241 Abs. 2 BGB nicht erfasste Leistungspflicht dar. Um trotzdem die Dritthaftung von Sachverständigen in § 311 Abs. 3 BGB einzuordnen, müsste also die Verletzung der Leistungspflicht durch den Sachverständigen, die in der fehlerhaften Erstellung seines Gutachtens liegt, gleichzeitig die Verletzung einer Schutzpflicht gegenüber dem später geschädigten Nichtvertragspartner des Sachverständigen darstellen.

Es ist seit langem anerkannt, dass z. B. eine Verkäuferzusicherung auch den Zweck verfolgen kann, den Käufer vor Integritätsschäden zu bewahren.[634] Darüber hinaus wird nach dem gesetzlichen Leitbild bei der Wohnungsmiete durch die Leistungspflichten des Vermieters auch der Integritätsschutz des Mieters verfolgt, da in Mietverhältnissen das Recht des Eigentums und das Rechtsgut der physischen Integrität des Mieters besonders unmittelbar gefährdet sind.[635] Das bedeutet, dass die Überschneidung von Leistungs- und Schutzpflichten schon im geltenden Recht anerkannt ist. Somit kann die Leistungspflicht gegenüber einer Person auch gleichzeitig eine ihr gegenüber bestehende Schutzpflicht sein. Dann ist aber kein Grund ersichtlich, warum die Leistungspflicht gegenüber dem Auftraggeber eine gegenüber dem späteren Empfänger des Gutachtens bestehende Schutzpflicht zur fehlerfreien Erstattung des Gutachtens ausschließen sollte. Auch in der Begründung zum Schuldrechtsmodernisierungsgesetz wird festgestellt, dass es keine klare Grenze zwischen Leistungs- und Schutz-

---

632 Bereits *Heinrich Stoll*, Leistungsstörungen, 1936, S. 26 ff.; AcP 136 (1932), 257 ff. (298), hat darauf hingewiesen, dass im Vertragsverhältnis neben Leistungspflichten eigenständige Schutzpflichten bestehen; er dachte an PVV, bemerkte dazu jedoch auch, dass diese Lehre auch im Verhältnis zu Dritten nützlich sein könnte.

633 BT-Drucks. 14/6040, S. 125.

634 BGHZ 50, 200 (204 f.).

635 *Köndgen*, Karlsruher Forum 1998, 3 (32).

pflichten gibt.[636] Auffallend ist ebenso, dass auch der Vertrag mit Schutzwirkung für Dritte eigentlich für die Verletzung von Schutzpflichten entwickelt worden ist und nach der Rechtsprechung nun auch die Verletzung von Leistungspflichten in Gutachterfällen erfassen soll. Auch dort erfolgt also keine klare Trennung zwischen der Ersatzfähigkeit von Schäden, die durch Schutz- oder Leistungspflichtverletzungen entstanden sind.

Es besteht also kein Hindernis anzunehmen, dass neben der Leistungspflicht des Sachverständigen gegenüber seinem Auftraggeber eine Schutzpflicht gegenüber dem späteren Geschädigten besteht, die den Sachverständigen ebenfalls zur fehlerfreien Erstellung seines Gutachtens verpflichtet. Als Schutzziel dieser Pflicht des Sachverständigen ist dann die Entscheidungsfreiheit des Gutachtenempfängers anzusehen, die durch die Einfügung des Begriffes „Interessen" in § 241 Abs. 2 BGB ausweislich der Gesetzesbegründung von dem Schutz umfasst werden sollte.[637]

bb. Kritik an der Sachverständigenhaftung als Dritthaftung aus culpa in contrahendo

Gegen die Einordnung der Sachverständigenfälle in die Dritthaftung aus culpa in contrahendo ist verschiedentlich eingewandt worden, dass dadurch der ohnehin schon unscharfe Tatbestand der culpa in contrahendo vollends seine Konturen verliere und die Grenzen zum Deliktsrecht zu sehr verwischt würden.[638] Dem kann entgegengehalten werden, dass auch die Einordnung der Sachverständigenfälle in den Vertrag mit Schutzwirkung für Dritte durch die vielen vom gewünschten Ergebnis her getroffenen Einzelfallentscheidungen mit ihren immer neuen Kriterien zur Einbeziehung Dritter und zur Durchsetzung seiner Ansprüche auch bei bestehenden Einwendungen des Sachverständigen den Tatbestand dieses Rechtsinstituts immer unbestimmter und unbestimmbarer haben werden lassen. Zugleich wurden die Grenzen des Vertragsrechts bzw. des Grundsatzes der Relativität von Verträgen immer mehr aufgeweicht. Dieses Argument der „verwischenden Grenzen" kann also sowohl dem einen als auch dem anderen Rechtsinstitut entgegengesetzt werden und vermag daher nicht zu überzeugen.

Schwerer wiegt jedoch die Kritik an dem Merkmal des Vertrauens als geeignetem Haftungsgrund überhaupt, die insbesondere *Picker* formuliert hat und die der Dritthaftung aus culpa in contrahendo auch von anderen Autoren entgegen-

---

636 BT-Drucks. 14/6040, S. 125, linke Spalte unten.

637 BT-Drucks. 14/6040, S. 126; vgl. hierzu auch *Canaris*, JZ 2001, 499 (519).

638 *Köndgen*, Selbstbindung ohne Vertrag, S. 98 ff.; *Teubner*, Alternativkommentar zum BGB, § 242, Anm. 56; *Picker*, AcP 183 (1983), 369 (420 f.); *Musielak*, Haftung für Rat, Auskunft und Gutachten, S. 30.

gehalten wird.[639] Sie kritisieren, dass das Vertrauen in allen Bereichen des Haftungsrechts, seien sie deliktisch, vertraglich oder quasi-vertraglich, eine wesentliche Rolle spiele und deshalb nicht Haftungsgrund in nur einem dieser Bereiche sein könne. Dagegen hat sich *Canaris* mit der überzeugenden Feststellung gewandt, dass der Vertrauensgedanke in allen Haftungsbereichen anzutreffen sei, dort aber nur als ergänzendes und nicht als konstituierendes Prinzip fungiere[640]. Immerhin wirke auch das Risikoprinzip auf verschiedene Weise in der Vertrags- und Deliktshaftung, ohne dass irgendjemand in Abrede stelle, dass es im Bereich der Gefährdungshaftung systemtragenden Charakter habe. Weiter sei es auch noch keinem gelungen, z. B. die Haftung aus § 179 BGB anders als eine Vertrauenshaftung zu charakterisieren.[641] Darüber hinaus bezeichnet auch die Rechtsprechung zu der Sachwalterhaftung aus culpa in contrahendo das Vertrauen ganz offen als Haftungsgrund, und nimmt dabei ausdrücklich Bezug auf *Ballerstedt*,[642] auf den die Lehre von der Vertrauenshaftung maßgeblich zurückzuführen ist.[643] Zudem hat der Gesetzgeber in § 311 Abs. 3 S. 2 BGB die Inanspruchnahme von Vertrauen nunmehr als maßgebliches Haftungskriterium ausdrücklich anerkannt. Dann kann aber auch die Anknüpfung daran nicht verwehrt werden.

Ein weiterer Gesichtspunkt, der gegen die Erfassung der außervertraglichen Haftung von Sachverständigen als Dritthaftung aus culpa in contrahendo wegen Inanspruchnahme besonderen Vertrauens sprechen könnte, ist, dass damit eine Berufshaftung in dem oben erläuterten und abgelehnten Sinn[644] eingeführt werde. Denn das besondere Vertrauen, das die Allgemeinheit Sachverständigen entgegenbringt, nährt sich gerade aus der beruflichen Position der Sachverständigen und der damit verbundenen ausgewiesenen Sachkunde. Daraus folgt, dass bei einer über culpa in contrahendo begründeten Haftung aufgrund der Inanspruchnahme besonderen Vertrauens die sachverständigen Berufe in ganz besonderer Weise betroffen wären und man in diesem Sinn doch wieder von einer Berufshaftung sprechen könnte.

---

[639] *Picker*, AcP 183 (1983), 369 (427); *ders.*, JZ 1987, 1041 (1046), der Vertrauen als „ubiquitäres Moment" bezeichnet, das „sowohl als sozialpsychologisches Faktum wie als aktueller seelischer Zustand immer ein Glied in der Ursachenkette [ist], die von der Verletzungshandlung zum Schaden führt", wobei es die gleiche Rolle bei deliktischen, vertraglichen und quasi-vertraglichen Verletzungshandlungen spiele. Vgl. auch *Köndgen*, Selbstbindung ohne Vertrag, 1981, S. 98 ff.; *Philippsen*, Dritthaftung des privat beauftragten Gutachters, S. 220 f.

[640] *Canaris*, FS für Schimansky, 1999, 43 (55).

[641] *Canaris*, FS für Schimansky, 1999, 43 (54).

[642] Z. B. in BGHZ 63, 382 (384 f.).

[643] *Ballerstedt*, Zur Haftung für culpa in contrahendo bei Geschäftsabschluss durch Stellvertreter, AcP 151 (1950/1951), 501 ff.

[644] Vgl. oben Teil A: Drittes Kapitel - III.7.c.

Der Unterschied zu den oben kritisierten Ansatzpunkten besteht bei einer Dritthaftung aus culpa in contrahendo aber darin, dass nicht eine neue Haftungskategorie eingeführt wird, die der bisherigen Systematik fremd ist. Darüber hinaus wird die Haftung nicht von dem Kriterium der Berufszugehörigkeit abhängig gemacht, sondern von dem Kriterium der Inanspruchnahme besonderen Vertrauens, das sowohl von der Rechtsprechung als auch von der Literatur als entscheidend für eine Haftung von Sachverständigen angesehen wird.[645] Dass die soziale Rolle Einfluss auf eine mögliche Haftung haben kann, ist schon von *Grunewald* umfassend erörtert worden.[646] Die soziale Rolle und berufliche Position beeinflusst die Erwartungshaltung an die sie ausfüllende Person. Insoweit verwundert es nicht, dass sie Einfluss auf die Inanspruchnahme besonderen Vertrauens hat und dementsprechend die Dritthaftung aus culpa in contrahendo in größerem Umfang Sachverständige treffen kann als andere Personen. Die berufliche Position von Sachverständigen und die damit verbundene Sachkunde sind aber lediglich Faktoren, die zur Bejahung der Inanspruchnahme besonderen Vertrauens beitragen. Solches Vertrauen kann jedoch ebenso von anderen Personen in Anspruch genommen werden, so dass die Dritthaftung aus culpa in contrahendo sich nicht auf Sachverständige beschränkt, sondern aufgrund ihrer Voraussetzungen Experten nur häufiger trifft. Sie ist keine Kategorie der Berufshaftung im oben angesprochenen Sinn, weil die Berufszugehörigkeit zwar das in Anspruch genommene Vertrauen beeinflusst, aber nicht Voraussetzung für eine solche Haftung ist.

cc. Intention des Gesetzgebers

Als Argument für die Einordnung der Sachverständigenhaftung als Fall des § 311 Abs. 3 BGB ist auch die Intention des Gesetzgebers anzusehen. Er spricht nämlich in der Begründung zu § 311 Abs. 3 S. 2 BGB die Auskunfts- und Sachverständigenfälle ausdrücklich an, indem er formuliert:

> „Angesprochen ist damit auch die Sachwalterhaftung. Es handelt sich um die Haftung von Sachverständigen oder anderer „Auskunftspersonen", die nicht selbst ein Eigeninteresse an einem Abschluss des Vertrags haben, dennoch aber durch ihre Äußerungen entscheidend zum Vertragsabschluss beitragen, weil sich ein Verhandlungspartner auf ihre Objektivität und Neutralität verlässt. Hierfür hat sich der Begriff Sachwalter eingebürgert. Solche Fälle werden derzeit nicht durchgängig als Anwendungsfälle des Rechtsinstituts der culpa in contrahendo begriffen. Teilweise wird eine Haftung nur angenommen, wenn zwischen dem Sachverständigen oder der Auskunftsperson und einem der Verhandlungspartner (oder beiden) ein Auskunfts- oder Beratungsvertrag zustande gekommen ist, was auch durch schlüssiges Verhalten geschehen sein kann

[645] Vgl. Teil A: Viertes Kapitel - III.4.b.

[646] *Grunewald*, JZ 1982, 627 ff.; vgl. oben Teil A: Drittes Kapitel - III.4; ähnlich *Thüsing/Schneider*, JA 1996, 807 (810)

(dazu Sutschet, Der Schutzanspruch zugunsten Dritter, 1999, S. 134 f. und 137 f.). Teilweise werden diese Fälle aber auch als Anwendungsfälle der culpa in contrahendo angesehen. Diese setzt eine vertragliche Bindung gerade nicht voraus, die in diesen Fällen oft nicht einfach zu bejahen ist. Bei Anwendung der culpa in contrahendo kommt es entscheidend darauf an, ob Vertrauen in Anspruch genommen worden ist oder nicht. Die Vorschrift soll der Rechtsprechung aufzeigen, dass diese Fälle auch auf diesem Wege zu lösen sind.“ [647]

Hinzu kommt, dass nicht die in ständiger Rechtsprechung verwendete Formel „besonderes persönliches Vertrauen“[648] Gesetz geworden ist, aus der vereinzelt geschlossen wurde, dass das Vertrauen von bestimmter personaler Intensität sein müsse, wie sie nur bei Bestehen eines unmittelbaren Kontaktes zwischen dem Dritten und dem Geschädigten angenommen werden könne.[649] Stattdessen wählte der Gesetzgeber die Formulierung, dass der Dritte Vertrauen „für sich“ in Anspruch nehmen muss. Diese vom Gesetzgeber – in Kenntnis der in ständiger Rechtsprechung verwendeten Formel – gewählte Begrifflichkeit deutet zumindest nicht mehr auf das Erfordernis einer unmittelbaren persönlichen Beziehung zwischen Drittem und Geschädigtem hin, die in den typischen Dritthaftungsfällen von Sachverständigen oftmals nicht besteht.[650]

Außerdem bestimmt Satz 2 – in der Formulierung im Gegensatz zu Satz 1 („... kann ... entstehen“) scheinbar keine Ausnahme zulassend – ein Schuldverhältnis „entsteht“ unter den dort genannten Voraussetzungen. Der so näher beleuchtete Wortlaut der Vorschrift im Zusammenhang mit der ausdrücklichen Erwähnung der Sachverständigenfälle in der Begründung deutet zunächst darauf hin, der Gesetzgeber habe die Rechtsprechung zu einer dogmatischen Wende in der Sachverständigenproblematik verpflichten wollen. Andererseits hat der Gesetzgeber den Wortlaut des § 311 Abs. 3 BGB bewusst offen gestaltet, um die Entwicklung und Ausgestaltung des Rechtsinstituts der culpa in contrahendo Praxis und Wissenschaft zu überlassen und ausdrücklich klargestellt, dass er der Rechtsprechung lediglich die Möglichkeit aufzeigen wolle, diese Fälle auf diesem Wege zu lösen.[651]

---

[647] BT-Drucks. 14/6040, S. 163.

[648] Vgl. oben Teil A: Viertes Kapitel - III.4.a.

[649] *Land*, Wirtschaftsprüferhaftung gegenüber Dritten in Deutschland, England und Frankreich, S. 85 ff.; einen unmittelbaren Kontakt für erforderlich hält auch *Musielak*, Haftung für Rat, Auskunft und Gutachten, S. 31.

[650] *Muthers*, in: Henssler/Graf von Westpahlen, Praxis der Schuldrechtsreform, § 311 BGB, Rn. 25. Zu dem Erfordernis eines unmittelbaren Kontaktes detailliert unten Teil A: Viertes Kapitel - III.4.d.aa.aaa.

[651] S.o., BT-Drucks. 14/6040, S. 163, letzter Satz.

Das bedeutet, der Gesetzgeber wollte der Rechtsprechung zwar empfehlen, die Sachverständigenfälle über § 311 Abs. 3 BGB zu lösen, sie aber nicht dazu zwingen.[652] Nichtsdestotrotz hält der Gesetzgeber die Einordnung der Sachverständigenfälle als Sachwalterhaftung in § 311 Abs. 3 BGB offenbar für vorzugswürdig, da er sonst eine solche Empfehlung nicht ausdrücklich in die Gesetzesbegründung geschrieben hätte. Die Absicht des Gesetzgebers ist im Rahmen der Auslegung allerdings nur eines von mehreren Kriterien. Sie erlangt insbesondere dann als Auslegungshilfe Bedeutung, wenn sich aus Wortlaut und Bedeutungszusammenhang einer Norm noch keine eindeutige Auslegungsvariante ergibt.[653] Lässt sich die Dritthaftung von Sachverständigen nach den oben ermittelten Kriterien unter § 311 Abs. 3 S. 2 BGB subsumieren,[654] so stellt die in der Gesetzesbegründung zum Ausdruck gekommene Absicht des Gesetzgebers – auch wenn dessen Regelungstechnik aufgrund mancher Schwächen und Fehlleistungen im Schuldrechtsmodernisierungsgesetz kritisiert wird – doch zumindest ein Indiz dar. Auch dies spricht – gerade im Zusammenspiel mit der Übereinstimmung der Haftungskriterien bei der Sachwalterhaftung und der Sachverständigenhaftung, die eine bruchlose Einordnung der Letzteren in die gefestigte Rechtsprechung des Bundesgerichtshofs erlaubt – für die Erfassung der Dritthaftung von Sachverständigen nach der hier vertretenen Meinung als Dritthaftung im Rahmen der culpa in contrahendo.

dd. Schlussfolgerung

Dass die Einordnung der Sachverständigenfälle in die culpa in contrahendo eigentlich naheliegend ist,[655] verdeutlicht folgende Überlegung: Gerade in derjenigen Entscheidung, in der der BGH das Wohl-und-Wehe Kriterium zum ersten Mal für entbehrlich hält, weil er es als „zu eng“ ansieht, stützt er sich auf die Inanspruchnahme von Vertrauen.[656] Hätte er dort schon die Inanspruchnahme des Vertrauens zum entscheidenden Haftungskriterium erhoben, wäre von An-

---

[652] *Teichmann*, BB 2001, 1485 (1492); Haas (u a.)/*Medicus*, Das neue Schuldrecht, 3. Kap., Rn. 172; *Schumacher/Lada*, ZGS 2002, 450 (456). So auch *Canaris*, JZ 2001, 499 (520): „Von der Formulierung gedeckt und in der Tat von der Kommission gewollt ist grundsätzlich auch die Einbeziehung der Haftung von Sachverständigen gegenüber einem Geschäftspartner ihres Auftraggebers, doch hätte es der Funktion des Gesetzgebers nicht entsprochen, die Rechtsprechung, die sich insoweit bisher bekanntlich noch der Konstruktion des Vertrags mit Schutzwirkung für Dritte bedient, durch eine ausdrückliche Regelung dogmatisch festzulegen“.

[653] *Larenz*, Methodenlehre, S. 344.

[654] Dazu unten Teil A: Viertes Kapitel - III.4.d.

[655] Dementsprechend gingen z. B. auch *Esser/Schmidt*, AT I/2, S. 273, schon vor der Schuldrechtsreform davon aus, dass im Bereich der Sachverständigenhaftung eine Erfassung durch culpa in contrahendo möglich sei.

[656] BGHZ 69, 82 (86), sog. Lastschrift-Fall, vgl. das Zitat oben bei Fn. 597.

fang an der Weg frei gewesen, die Sachverständigenfälle, in denen ja regelmäßig wegen der Gegenläufigkeit der Interessen das Wohl-und-Wehe Kriterium nicht erfüllt ist, mit den Regeln der culpa in contrahendo zu lösen und den Vertrag mit Schutzwirkung für Dritte auf Fälle gleichgerichteter Interessen zu beschränken. Eine solche Entwicklung wurde damals sogar als wahrscheinlich angesehen. *Herrmann* etwa prognostizierte zu dem Zeitpunkt (als es die Lastschrift-Entscheidung schon gab, aber eine Haftung von Sachverständigen aus Vertrag mit Schutzwirkung für Dritte wegen fehlenden Wohl-und-Wehe Verhältnisses in der Rechtsprechung noch abgelehnt wurde[657]), dass „eine besondere praktische Bedeutung für die Berufshaftung der geänderten Rspr. zum Vertrag mit Schutzwirkung zugunsten Dritte nach alledem nicht [wird] zugemessen werden können"[658]. Demgegenüber ging er davon aus, dass die Rechtsprechung zur Sachwalterhaftung eine Entwicklung initiiert habe, die auf die Erfassung auch der Haftung von Angehörigen vermögenssorgender Berufe durch die culpa in contrahendo hinauslaufe.[659] Zwar kann aufgrund derartiger Überlegungen die damalige Weichenstellung nicht mehr rückgängig gemacht werden. Jedoch eignen sie sich als bestätigende Kontrollüberlegungen für das durch diese Arbeit vorgelegte Plädoyer, gerade die durch die Schuldrechtsreform eingeführten § 311 Abs. 2 und 3 BGB zum Anlass einer neuen und längst überfälligen Weichenstellung zu nehmen. Darüber hinaus ist durch die Möglichkeit einer Erfassung der Dritthaftung von Sachverständigen durch § 311 Abs. 3 BGB ein Rückgriff auf den Vertrag mit Schutzwirkung für Dritte ausgeschlossen. Denn für dessen Anwendbarkeit wird allgemein vorausgesetzt, dass der Dritte schutzbedürftig in dem Sinne ist, dass ihm kein anderweitiger Anspruch gegen den Schädiger zusteht.[660] Ein solcher anderweitiger Anspruch ist aber jetzt in dem unmittelbar gegen den Sachverständigen bestehenden Anspruch aus § 311 Abs. 3 BGB zu sehen, so dass dem Geschädigten kein Anspruch aus Vertrag mit Schutzwirkung für Dritte zusteht, wenn sich die Dritthaftung von Sachverständigen unter § 311 Abs. 3 BGB subsumieren lässt.

d. Subsumtion unter § 311 Abs. 3 S. 2 BGB

Es soll nun erläutert werden, wie die Dritthaftung von Sachverständigen unter die von der Rechtsprechung entwickelten und durch § 311 Abs. 3 S. 2 BGB zum Anknüpfungspunkt gemachten Kriterien subsumiert werden kann. Dabei wird untersucht, ob der Dritte in besonderem Maße Vertrauen für sich in Anspruch

---

[657] Wie z. B. in BGH NJW 1973, 321 (322).

[658] *Herrmann*, JZ 1983, 422 (424).

[659] *Herrmann*, JZ 1983, 422 (424 f., 429 f.).

[660] BGHZ 70, 327 (330); BGHZ 129, 136 (169); BGHZ 133, 168 (173 ff.); *Martiny*, JZ 1996, 19 (25); MüKo/*Gottwald*, § 328 BGB, Rn. 118; Soergel/*Hadding*, Anh. § 328 BGB, Rn. 16.

nimmt (aa.) und dadurch die Vertragsverhandlungen oder den Vertragsschluss erheblich beeinflusst (bb.), wie es § 311 Abs. 3 S. 2 BGB verlangt. Bei der Untersuchung werden die von der Rechtsprechung entwickelten Kriterien des besonderen persönlichen Vertrauens und der Einflussnahme auf die Entscheidung des Geschädigten herangezogen, wie sie oben herausgearbeitet worden sind.[661] Im Anschluss wird untersucht, wie weit das von einem Sachverständigen in Anspruch genommene besondere Vertrauen reicht und in welchem Umfang das ihm von dem Geschädigten entgegengebrachte Vertrauen schutzwürdig ist (cc.).

aa. Inanspruchnahme besonderen persönlichen Vertrauens

aaa. Persönliches Vertrauen und unmittelbarer Kontakt

Zunächst muss der Sachverständige durch sein Gutachten besonderes persönliches Vertrauen in Anspruch genommen haben. Aus der Formulierung „besonderes persönliches Vertrauen“ die in ständiger Rechtsprechung verwendet wurde,[662] ist teilweise geschlossen worden, dass hierfür ein unmittelbarer Kontakt zwischen Sachverständigem und Geschädigten bestehen muss,[663] wie es z. B. der Fall ist, wenn der Vertreter die Vertragsverhandlungen mit dem später Geschädigten führt. Aus der nun in § 311 Abs. 3 S. 2 BGB gewählten Formulierung wird aber deutlich, dass der Sachverständige das Vertrauen „für sich“ und eben nicht für seinen Auftraggeber als den potentiellen Vertragspartner des Geschädigten in Anspruch nehmen muss.[664] Die geforderte Qualität des Vertrauens hat also nichts mit einer persönlichen Intensität, sondern nur mit der Richtung des Vertrauens aus Sicht des Geschädigten zu tun.

Daraus folgt allerdings noch nicht direkt, dass auf einen unmittelbaren Kontakt zwischen Sachverständigem und Geschädigtem verzichtet werden kann. Einen unmittelbaren Kontakt hält aber noch nicht einmal der BGH in seiner Rechtsprechung zu den Sachwalterfällen für erforderlich. Er sieht es als entscheidend an, ob „der Dritte an den Vertragsverhandlungen selbst beteiligt *oder* im Rahmen der Vertragsverhandlungen mit einem Anspruch auf Vertrauen hervorgetreten ist“[665]. Dabei wertet er es als ausreichend, dass der „Sachwalter einer Vertragspartei sich selbst bei den Verhandlungen im Hintergrund hält und eigene

---

[661] Vgl. oben Teil A: Viertes Kapitel - III.4.a und b.
[662] S.o. Teil A: Viertes Kapitel - III.4.a.
[663] *Land*, Wirtschaftsprüferhaftung gegenüber Dritten in Deutschland, England und Frankreich, S. 85 ff.; *Musielak*, Haftung für Rat, Auskunft und Gutachten, S. 31.
[664] *Schumacher/Lada*, ZGS 2002, 450 (455); *Canaris*, JZ 2001, 499 (520); so auch schon *Schulze*, JuS 1983, 81 (84).
[665] BGH WM 1986, 583 (583), Hervorhebung hinzugefügt.

Beziehungen zu dem Verhandlungspartner nur mittelbar über den von ihm betreuten Verhandlungspartner ... herstellt"[666]. Auch bei der Garantenprospekthaftung, die der BGH auf ein durch die namentliche Nennung hergestelltes persönliches Vertrauen stützt, besteht naturgemäß kein unmittelbarer Kontakt zwischen Sachverständigen und Geschädigten.[667] Verdeutlicht man sich, dass auch bei den Fällen, in denen ein potentieller Kunde in den Geschäftsräumen eines anderen durch von diesem begangene Schutzpflichtverletzungen zu Schaden kommt, kein unmittelbarer Kontakt zu dem Inhaber des Geschäfts oder auch nur zu seinen Erfüllungsgehilfen für nötig befunden wird, die Haftung aber unstreitig aus culpa in contrahendo eingreift,[668] gelangt man zu dem Schluss, dass ein unmittelbarer Kontakt zwischen Sachverständigem und Geschädigten nicht Voraussetzung für die Haftung des Ersteren sein kann.[669] All diesen Fällen ist gemeinsam, dass der Geschädigte nur mittelbar in Kontakt mit dem Schädiger kommt, über den Geschäftsraum desselben, ein Prospekt oder ein Gutachten.

Für die persönliche Inanspruchnahme des Vertrauens durch den Sachverständigen ist also nur maßgeblich, dass er besonderes Vertrauen für sich, d.h. für die in seinem Gutachten enthaltenen Aussagen, in Anspruch nimmt. Ein unmittelbarer Kontakt zwischen ihm und dem Geschädigten ist deswegen entbehrlich, weil der Sachverständige hauptsächlich durch sein Gutachten Vertrauen in Anspruch nimmt, das die Verkörperung seiner Erklärung darstellt und dem Geschädigten unmittelbar zur Entscheidungsfindung vorgelegt wird. Es ist dann allerdings Voraussetzung für eine Haftung, dass das Gutachten demjenigen, der sich darauf verlässt, auch wirklich zur Kenntnis gebracht wird. Nicht gefolgt werden kann daher der Ansicht des Bundesgerichtshofes im „Bürgschaftsfall"[670], dass der Sachverständige auch gegenüber der der kreditgebenden Bank bürgenden Sparkasse haftet, die sein Gutachten nie zu Gesicht bekommen hatte. Diese hat nämlich lediglich in die Aktivitäten und die Prüfung der kreditgebenden Bank, nicht aber in die Erklärungen des Gutachters selbst Vertrauen gesetzt.

---

[666] BGHZ 56, 81 (86).
[667] Vgl. oben Fn. 590 und BGHZ 111, 314 (319 f.); BGH NJW 1984, 865 (866); BGH NJW-RR 1992, 879; BGH NJW 1995, 1025.
[668] Vgl. nur den berühmten Linoleum-Fall, RGZ 78, 239 und den Gemüseblatt-Fall, BGHZ 66, 54. Auch hinsichtlich der Neuregelung in § 311 Abs. 2 Nr. 2 BGB wird ein unmittelbarer persönlicher Kontakt nicht für erforderlich gehalten, vgl. Bamberger/Roth/*Grüneberg*, § 311 BGB, Rn. 46.
[669] So auch Haas (u.a.)/*Medicus*, Das neue Schuldrecht, Kap. 3, Rn. 171.
[670] BGH JZ 1998, 624 = NJW 1998, 1059; vgl. Teil A: Zweites Kapitel - I.2.b.ee.

bbb. Besonderes Vertrauen bzw. persönliche Gewähr

Besonderes, über das normale Verhandlungsvertrauen hinausgehendes Vertrauen nimmt der Sachverständige dann in Anspruch, wenn er dem anderen Teil eine persönliche Gewähr für die Richtigkeit und Vollständigkeit der von ihm abgegebenen Erklärungen bietet.[671]

Dazu hat der BGH schon früh darauf hingewiesen, dass sich solch eine persönliche Gewähr aus „außergewöhnlicher Sachkunde [des Sachwalters] für den Vertragsgegenstand"[672] ergeben kann. Auch in den zur Sachverständigenhaftung ergangenen Entscheidungen wird immer wieder die besondere Sachkunde des Sachverständigen betont, die gerade aufgrund ihrer staatlichen Anerkennung eine besondere Erwartungshaltung der Allgemeinheit in die von ihnen erstellten Gutachten begründe.[673] In der beruflichen Position und der mit ihr verbundenen Sachkunde ist auch jenes Merkmal genannt, dass der ganz überwiegende Teil der Literatur zur Begründung der Sachverständigenhaftung auf die eine oder andere Weise heranzieht.[674]

Das Vertrauen, das der Sachverständige in besonderem Maße in Anspruch nimmt, wird entscheidend dadurch genährt, dass für die vermögenssorgenden Berufe und die öffentlich bestellten und vereidigten Sachverständigen gesetzliche Regelungen existieren, die sie zur gewissenhaften und sorgfältigen Berufsausübung und Objektivität verpflichten (§ 57 Abs. 1 StBerG; § 43 Abs. 1 WPO; § 43 BRAO; § 36 Abs. 1 GewO). Dadurch bedingt erwächst in der Öffentlichkeit eine Erwartungshaltung, die sich auf die Einhaltung dieser Vorschriften bezieht. Der Sachverständige, von dem die Einhaltung dieser Vorschriften also redlicherweise erwartet werden kann, erklärt mit der Erstellung eines Gutachtens daher auch, dass er die darin enthaltenen Feststellungen und Erklärungen besten Wissens und Gewissens getroffen habe und von ihrer Richtigkeit überzeugt sei.[675] Darauf muss sich der Gutachtenempfänger dann aber verlassen dürfen, weil sonst die Gutachtenerstellung ihres eigentlichen Zwecks beraubt würde. Mit anderen Worten ist das einem Gutachten entgegengebrachte Vertrauen schutzwürdig.

---

[671] So die ständige Rechtsprechung zur Sachwalterhaftung, vgl. die Nachweise oben Teil A: Viertes Kapitel - III.4.a, insb. Fn. 593.

[672] BGHZ 56, 81 (85).

[673] Vgl. die Nachweise unter Teil A: Viertes Kapitel - III.4.b.

[674] Vgl. die Darstellung der verschiedenen Meinungen unter Teil A: Drittes Kapitel - und die Nachweise oben bei Fn. 615 ff.

[675] Vgl. zu dem mit einem Gutachten verbundenen Glaubwürdigkeitsmoment schon oben, Teil A: Zweites Kapitel - I.1.a.bb nach Fn. 92.

Da der Sachverständige vertraglich grundsätzlich zur persönlichen Gutachtenerstellung verpflichtet ist,[676] bringt er mit dem Gutachten außerdem zum Ausdruck, dass es sich um von ihm geprüfte Aussagen und somit um seine eigenen Erklärungen und eben nicht nur um Wiedergaben der Ansichten seines Auftraggebers handelt. Dass der Sachwalter nicht lediglich Erklärungen seines Auftraggebers formuliert, sondern zum Ausdruck bringt, er gebe eigene Kenntnisse bzw. Erkenntnisse wieder, sah auch der BGH als Umstand an, der auf seine persönliche Gewähr schließen lasse.[677] Durch die Erwartungshaltung an seine Objektivität nimmt er über das normale zwischen dem Auftraggeber des Gutachtens und dem Geschädigten als dessen potentiellem Vertragspartner bestehende Verhandlungsvertrauen hinausgehendes Vertrauen in Anspruch, da – wie ebenfalls schon der BGH betont[678] – den Aussagen des Gutachters in der Regel größeres Gewicht beigemessen wird als denen des Auftraggebers. Dass der Sachverständige nicht in gleicher Weise wie ein Vertreter oder Verhandlungsgehilfe auf Seiten bzw. „im Lager" seines Auftraggebers steht, kann daher nicht gegen seine Haftung ins Feld geführt werden, sondern spricht im Gegenteil gerade dafür. Denn eben weil der Gutachter zur Objektivität verpflichtet ist, wird ihm ja in besonderem Maße Vertrauen entgegengebracht.

Daraus lassen sich nun zwei weitere wichtige Schlüsse für die Haftung von Sachverständigen ziehen: Erstens ist es nach diesen Erläuterungen selbstverständlich, dass nur *berufsbezogene* Gutachten und Erklärungen der Sachverständigen genau die Eigenschaften aufweisen, die zu einer Inanspruchnahme besonderen Vertrauens führen. Erklärungen, die der Sachverständige außerhalb seines Spezialgebietes abgibt, sowie im privaten Bereich getätigte Äußerungen besitzen nicht dieselbe Qualität und führen daher, auch wenn sich ein anderer auf sie verlässt, nicht zur Haftung des Sachverständigen. Dadurch wird aber das von Canaris herangezogene Abgrenzungskriterium der „Teilnahme am rechtsgeschäftlichen Verkehr"[679], dessen Abgrenzungsfähigkeit er selbst schon stark relativiert,[680] gänzlich überflüssig, da solchermaßen berufsbezogene Gutachten wohl nur innerhalb des rechtsgeschäftlichen Verkehrs erstellt werden.

---

676 Sachverständigenleistungen sind nach allgemeiner Ansicht grundsätzlich höchstpersönliche Leistungen und daher durch den Sachverständigen selbst zu erbringen; *Bleutge*, NJW 1985, 1185 ff. m.w.N.; Bayerlein/*Roeßner*, Praxishandbuch Sachverständigenrecht, § 9 Rn. 19; *Wellmann*, Der Sachverständige in der Praxis, S. 23 ff.

677 BGH NJW 1989, 293 (294); vgl. oben bei Fn. 591.

678 BGHZ 127, 378 (586); vgl. das Zitat oben bei Fn. 599.

679 Vgl. oben bei Fn. 403 und die daran anknüpfende Kritik unter Teil A: Drittes Kapitel - III.3 am Ende.

680 *Canaris*, ZHR 163 (1999), 206 (234).

Zweitens trifft die Dritthaftung zunächst nur solche Sachverständige, deren Berufspflichten wie oben dargestellt normiert sind und sie zur sorgfältigen und gewissenhaften Gutachtenerstellung bzw. zur Objektivität verpflichten. Denn daran knüpft genau die besondere Erwartungshaltung der Allgemeinheit in ihre Zuverlässigkeit in erheblichem Maße an. Die betroffenen Berufsgruppen sind also in erster Linie die der Wirtschaftsprüfer, Steuerberater, Rechtsanwälte und der öffentlich bestellten und vereidigten Sachverständigen. Nicht ohne weiteres trifft die gleiche Haftung auch die sonstigen privaten Sachverständigen, die nicht öffentlich bestellt und vereidigt sind.[681] Denn bei ihnen fehlt gerade der gesetzlich normierte Anknüpfungspunkt des besonderen Vertrauens und somit die Grundlage der oben beschriebenen Erwartungshaltung. Das bedeutet freilich nicht, dass sie von einer Dritthaftung aus culpa in contrahendo völlig befreit wären. Allerdings muss bei ihnen verlangt werden, dass zusätzlich zu ihrer Gutachtertätigkeit andere vertrauenserweckende Umstände hinzutreten,[682] die bewirken, dass von ihnen in gleichem Maße Zuverlässigkeit und Richtigkeit ihrer Erklärungen erwartet werden kann, wie das bei staatlich anerkannten Sachverständigen der Fall ist. Derartige vertrauenserweckende Umstände werden insbesondere darin gesehen werden können, dass solche Gutachter in der Öffentlichkeit den Anschein anstreben, als stünden sie mit ihrer Qualifikation öffentlich bestellten und vereidigten Sachverständigen gleich. Dies kann durch vertrauenswerbende Formulierungen in ihren Briefköpfen geschehen, die solchen der öffentlich bestellten Sachverständigen gleichen, oder auch durch darüber hinausgehende ausdrückliche Hinweise auf ihre außergewöhnliche Sachkunde. Denn wenn sie in der Öffentlichkeit den Anschein eines anerkannten Sachverständigen zu erwecken suchen, so müssen sie sich an diesem Anschein auch festhalten lassen und können sich im Haftungsfall nicht darauf berufen, sie seien gar nicht öffentlich bestellt.

Knüpft man solchermaßen an das vom Sachverständigen in Anspruch genommene Vertrauen an, lässt sich auch die Haftung von Rechtsanwälten hinreichend differenziert begründen, bei denen die Besonderheit besteht, dass sie in erster Linie die Interessen ihrer Mandanten wahrnehmen und diesbezüglich sorgfältig und gewissenhaft arbeiten müssen. Befindet sich ein Rechtsanwalt aber in einem Mandatsverhältnis und gibt er im Rahmen dessen Auskünfte an die Gegenpartei seines Mandanten, dann nimmt er zwar unter Umständen auch dessen Vertrauen in Anspruch, aber grundsätzlich nicht in einem über das normale Verhandlungs-

[681] Davon ging auch der BGH in seinem Urteil vom 10.11.1994 (BGHZ 127, 378) aus, wo der Sachverständige zwar nicht nach § 36 GewO öffentlich bestellt und vereidigt, aber von einer rechtsfähigen Anstalt des öffentlichen Rechts (Kreissparkasse) aufgrund öffentlichrechtlicher Vorschriften verpflichtet worden war, vgl. BGHZ 127, 378 (381).

[682] Zu weiteren möglichen vertrauenswerbenden Umständen vgl. *Wiegand*, Sachwalterhaftung, S. 272 ff.

vertrauen hinausgehenden besonderen Maße, das für eine Dritthaftung aus culpa in contrahendo notwendig wäre. Denn auch die Gegenpartei weiß, dass der Rechtsanwalt grundsätzlich nur die Interessen seines Mandanten, d.h. ihres Kontrahenten fördert und vertritt.

Anders wäre es aber in Fällen der sogenannten „third party legal opinion", die in Amerika Usus ist und sich auch in Deutschland immer mehr zu verbreiten beginnt. Damit wird in Vertragsverhandlungen ein Anwalt beauftragt, der seine rechtliche Ansicht zu einem geplanten Geschäftsabschluss abgibt, auf die sich dann beide Parteien sollen verlassen können. Solch ein Gutachten, dass ersichtlich nicht – wie z. B. ein im Rahmen von Vergleichsverhandlungen vorgelegtes Parteigutachten – dazu bestimmt ist, allein die Interessen eines der Geschäftspartner zu fördern, und eine eigene Erklärung und Bewertung des Anwalts zu dem geplanten gemeinsamen Projekt der beiden potentiellen Geschäftspartner enthält, ist von der Qualität, besonderes persönliches Vertrauen selbst dann erwecken zu können, wenn der Rechtsanwalt nur von einer der Parteien bezahlt wird.[683] Durch die Anknüpfung an das in Anspruch genommene Vertrauen ist also auch die Haftung von Rechtsanwälten gegenüber Nichtmandanten sachgerecht lösbar.

bb. Beeinflussung der Vertragsverhandlungen oder des Vertragsschlusses

Weitere Voraussetzung für die Dritthaftung von Sachverständigen aus culpa in contrahendo ist, dass der Sachverständige durch sein Gutachten die Vertragsverhandlungen oder den Vertragsschluss erheblich beeinflusst. Die Haftungsvoraussetzung der Einflussnahme auf den Willensentschluss des Geschädigten findet sich ebenso in der Rechtsprechung zur Sachwalterhaftung.[684] Von einer erheblichen Beeinflussung ist dann auszugehen, wenn das Vertrauen des Geschädigten in das Gutachten des Sachverständigen für den Verhandlungsverlauf oder dessen Ergebnis, den Vertragsschluss, kausal geworden ist. Richtet der Geschädigte seine Willensbildung und Entscheidung an dem Gutachten aus, weil er sich auf die Richtigkeit desselbigen verlässt, so liegt darin die Gewährung von Vertrauen auf Seiten des Geschädigten. Dies ist notwendige Voraussetzung für eine an das Vertrauen anknüpfende Haftung des Sachverständigen, da der Geschädigte nur dann eines haftungsrechtlichen Schutzes bedarf, wenn er sein Vertrauen tatsächlich in das Gutachten gesetzt hat. Da es aber gerade Zweck des Gutach-

---

[683] Vgl. zu den „third party legal opinions" *Adolff*, Die zivilrechtliche Verantwortlichkeit deutscher Anwälte bei der Abgabe von Third Party Legal Opinions, der auch für eine Einordnung solcher Fälle als Dritthaftung aus culpa in contrahendo eintritt, insb. S. 122 ff.

[684] Vgl. oben Teil A: Viertes Kapitel - III.4.b bei Fn. 621.

tens ist, dem Geschädigten eine Entscheidungsgrundlage zu bieten, den in Aussicht genommenen Vertrag zu fördern und Einfluss auf dessen Konditionen auszuüben, ist es nur natürlich, dass der Empfänger des Gutachtens eben diesem Zweck entsprechend seine Entscheidung an dessen Aussagen ausrichtet. Bei der Inanspruchnahme besonderen Vertrauens dürfte daher im Regelfall die Erfüllung dieses Kausalitätserfordernisses vermutet werden.[685] In dieser Einflussnahme ist wiederum die Parallelität zur Sachwalterhaftung erkennbar, da auch die Aktivität des Vertreters oder Verhandlungsgehilfen gerade darauf abzielt, die Konditionen des geplanten Vertrages und damit die Entscheidung des später Geschädigten zu beeinflussen. Umgekehrt bedeutet dies auch, dass der Sachverständige nicht haftet, wenn er zwar ein Gutachten erstellt, dieses jedoch keinerlei Einfluss auf die Entscheidung des Geschädigten gehabt hat.

cc. Grenzen der Inanspruchnahme besonderen Vertrauens

Nachdem die Haftung von Sachverständigen gegenüber Nichtvertragspartnern unter Beibehaltung der von der Rechtsprechung im Rahmen der Sachwalterfälle entwickelten Kriterien als Dritthaftung aus culpa in contrahendo unter § 311 Abs. 3 S. 2 BGB subsumiert werden kann, bleibt noch die praktisch wichtige Frage zu klären, welchen Personen der Sachverständige für sein fehlerhaft erstelltes Gutachten einzustehen hat. Der Auslotung der Haftungsgrenzen vorangestellt ist jedoch die Frage, ob und wie sich im Rahmen der Haftung aus culpa in contrahendo eine Begrenzung der Haftung begründen lässt.

Der BGH hat im Rahmen seiner Lösung über den Vertrag mit Schutzwirkung für Dritte des Öfteren betont, dass die zu schützende Personengruppe „überschaubar und objektiv abgrenzbar" sein müsse,[686] bzw. dass „der Kreis der unter die Schutzpflichten fallenden Personen [nicht] uferlos ausgeweitet" werden dürfe.[687] Auch in der Literatur wird immer wieder betont, die Abgrenzbarkeit des geschützten Personenkreises sei deshalb so bedeutsam, weil sonst den Sachverständigen ein unüberschaubares Haftungsrisiko träfe, was als Konsequenz auch die Versicherbarkeit von durch seine Gutachten verursachten Schäden ernstlich in Frage stellen würde. In der Literatur sind diverse Versuche unternommen worden, den Kreis der geschützten Dritten einzugrenzen. So ist vorgeschlagen worden, der Sachverständige hafte dem „ersten Dritten", dem sein Gutachten vorgelegt wird oder nur demjenigen, an den sein Gutachten adressiert bzw. ge-

---

685 MüKo/*Emmerich*, § 311 BGB, Rn. 205; AnwKomm-BGB/*Krebs*, § 311 BGB, Rn. 50; Bamberger/Roth/*Grüneberg*, § 311 BGB, Rn. 117.

686 Vgl. z. B. BGH NJW 1984, 355 (357); BGH NJW 1987, 1758 (1760).

687 BGH NJW 1998, 1059 (1062) = JZ 1998, 624 (627).

richtet war.[688] Die Untauglichkeit solcher Abgrenzungskriterien[689] zeigt sich in der Judikatur, deren Ergebnisse nahezu einhellige Zustimmung finden, sich jedoch mit den bisher vorgeschlagenen Abgrenzungskriterien nicht einheitlich und umfassend erklären lassen. Dies lässt sich beispielhaft am „Hausbank-Fall"[690] illustrieren. Adressiert war hier das Gutachten nur an den Käufer der GmbH, an den der Sachverständige es auf Veranlassung seines Auftraggebers direkt versandt hatte, nicht jedoch auch an dessen Hausbank. Ebenso war die Hausbank nicht mehr „erste Dritte", da ihr das Gutachten erst von dem Käufer der GmbH vorgelegt worden war. Auch die Haftung gegenüber der bürgenden Sparkasse lässt sich so nicht erklären, denn sie war sogar die „dritte Dritte".[691]

Nach der hier vorgeschlagenen Lösung ist Grund der Haftung das vom Sachverständigen in Anspruch genommene besondere Vertrauen in die Richtigkeit und Verlässlichkeit seines Gutachtens. Nimmt der Sachverständige in besonderem Maße Vertrauen in Anspruch und beeinflusst er dadurch die Vertragsverhandlungen oder den Vertragsschluss (§ 311 Abs. 3 S. 2 BGB), muss er dem Geschädigten den Schaden ersetzen, den dieser dadurch erleidet, dass er auf die Aussagen des Gutachtens vertraut hat (§ 280 Abs. 1 BGB). Eine nähere Bestimmung des potentiellen Gläubigerkreises kann nur durch eine Konkretisierung der Voraussetzung der Inanspruchnahme besonderen Vertrauens erfolgen. Es ist also zu fragen, wann und gegenüber wem der Sachverständige besonderes Vertrauen in die Richtigkeit seiner gutachterlichen Aussagen in Anspruch nimmt.

Unstreitig dürfte sein, dass der Gutachter jedenfalls dessen Vertrauen in besonderem Maße in Anspruch nimmt, für den sein Gutachten ausdrücklich bestimmt war. Eine Haftung des Sachverständigen kann aber nicht deshalb ausscheiden, weil der Auftraggeber des Gutachtens ihm gar keine Hinweise dafür gibt, wem gegenüber er es möglicherweise verwenden wird. Dann hinge nämlich die Dritthaftung des Sachverständigen vom Grad seiner Aufklärung durch den Auftraggeber über die an dem geplanten Vorhaben beteiligten Personen ab. Für die Inanspruchnahme besonderen Vertrauens in ein Gutachten kann es daher nicht auf die Kenntnis des Gutachters von der Identität des geschädigten Dritten ankom-

---

688 *Canaris*, FS für Larenz, 1983, 27 (95 f.); *Grunewald*, AcP 187 (1987), 285 (301); *Jost*, Vertragslose Auskunfts- und Beratungshaftung, S. 258 ff.; *Picker*, FS für Medicus, 1999, 397 (439).

689 Vgl. die schon oben begründete Kritik daran insb. bei Fn. 395 und Fn. 477 ff.

690 BGH NJW 1987, 1758; Sachverhalt und ausführliche Besprechung siehe oben Teil A: Zweites Kapitel - I.2.b.cc.

691 Nach der hier vertretenen Meinung käme eine Haftung gegenüber der bürgenden Sparkasse allerdings nur in Betracht, wenn sie Kenntnis von dem Inhalt des Gutachtens erlangt und auf dieses vertraut hätte; vgl. oben bei Fn. 670.

men, wie auch folgende Überlegung zeigt: Hat jemand ein Beleihungswertgutachten in Auftrag gegeben, das er für Kreditverhandlungen zu verwenden beabsichtigt und erhält er nicht bei der von ihm ursprünglich gedachten, dafür aber bei einer anderen Bank unter Vorlage des Gutachtens Kredit, so kann die Haftung des Sachverständigen nicht entfallen, nur weil der Auftraggeber mit mehreren Kreditinstituten verhandelt hat. Der Sachverständige nimmt folglich das Vertrauen jeder Bank in besonderem Maße in Anspruch, die sich auf sein Gutachten verlässt und dem Auftraggeber des Gutachtens daraufhin Kredit gewährt.

Aus diesen Überlegungen folgt die weitere Richtung, in der nach Sachkriterien gesucht werden muss, aus denen sich ergibt, wann ein Sachverständiger in besonderem Maße Vertrauen für sich und sein Gutachten in Anspruch nimmt. Bestellt jemand ein Beleihungswertgutachten für Kreditverhandlungen, so nimmt der Sachverständige grundsätzlich das Vertrauen jeder Person in besonderem Maße in Anspruch, die sich schließlich an dem Kreditgeschäft beteiligt und auf das Gutachten vertraut hat. Entscheidend für die Inanspruchnahme besonderen Vertrauens ist also der Zweck des Gutachtens im Hinblick auf das geplante Projekt, zu dessen Förderung es erstellt ist.[692] Denn ein Gutachten bezweckt gerade, die Konditionen eines zwischen Auftraggeber und Geschädigtem in Aussicht genommenen Geschäftes zu beeinflussen und Voraussetzung für eine Haftung ist, dass es die Entscheidung des später Geschädigten auch tatsächlich beeinflusst hat.[693] Es geht bei der Dritthaftung von Sachverständigen ebenso wie bei der Haftung der späteren Vertragspartner aus culpa in contrahendo (§ 311 Abs. 2 BGB) um eine Haftung im Rahmen der Anbahnung von Verträgen. Denn der Sachverständige haftet, wo er durch sein Gutachten am Zustandekommen eines Vertrages zwischen Auftraggeber und Geschädigtem mitgewirkt hat, indem er die Verhandlungen oder das Vertragsergebnis durch sein Gutachten beeinflusst hat.

Das bedeutet, dass der Sachverständige innerhalb eines in Aussicht genommenen Projektes, dessen Förderung das Gutachten erkennbar zu dienen bestimmt ist, jedem haftet, der sich auf das Gutachten verlässt. Dabei ist Zweck der Expertise meist nicht nur die Förderung oder Beeinflussung eines ganz bestimmten Rechtsgeschäfts, sondern eines dahinterstehenden wirtschaftlichen Gesamtvorhabens. Für jeden, der mit der Durchführung des wirtschaftlichen Projekts be-

---

[692] Die Projektbezogenheit des Gutachtens betonen auch *Canaris*, ZHR 163 (1999), 206 (235); *Schäfer*, AcP 202 (2002), 808 (826 f.); auch *Picker* stellt zur Bestimmung des Gläubigerkreises zwecks Erhaltung der Handlungsfreiheit des Sachverständigen auf die „Projektbezogenheit", die „Gesamttransaktion" bzw. das „Gesamtvorhaben" ab, FS für Medicus, 1999, 397 (444 f.) – freilich ohne Bezugnahme auf den dadurch bestimmten Umfang des in Anspruch genommenen Vertrauens.

[693] Vgl. oben Teil A: Viertes Kapitel - III.4.d.bb.

fasst ist oder ein Rechtsgeschäft zu dessen Verwirklichung abschließt, können die im Gutachten gemachten Aussagen über dieses Vorhaben Bedeutung erlangen. Die Grenzen der Inanspruchnahme besonderen Vertrauens bestimmen sich daher nach dem Zweck und dem Gegenstand des Gutachtens. Dieser muss allerdings aus dem Gutachten ersichtlich sein. Ist der Zweck des Gutachtens bzw. dessen „Förderungsrichtung" nicht ersichtlich, so nimmt der Experte Vertrauen jeder Person in Anspruch, die sich auf das Gutachten verlässt. Wird dagegen aus dem Gutachten selbst deutlich, dass es nicht zur Förderung eines bestimmten Rechtsgeschäfts oder Projekts erstellt wurde (wie z. B. bei den gesetzlich vorgeschriebenen Pflichttestaten, §§ 316 ff. HGB), nimmt der Experte auch nicht in besonderem Maße das Vertrauen des Geschädigten in Anspruch.

Dass der Sachverständige all denjenigen haften muss, die innerhalb des durch sein Gutachten beeinflussten wirtschaftlichen Projektes auf dessen Richtigkeit vertraut und ihre Dispositionen danach ausgerichtet haben, hat auch der BGH erkannt. Innerhalb der Prüfung eines Vertrages mit Schutzwirkung für Dritte formulierte er: „Kommen mehrere Personen als Darlehens- bzw. Kreditgeber in Betracht, so besteht kein rechtliches Hindernis, die vertragliche Schutzpflicht auch auf diese Personen auszudehnen, vorausgesetzt, dass auch sie nach der Vorstellung der Vertragsparteien ihre Entscheidung an der erstellten Bilanz ausrichten."[694]

Dem kann auch nicht wirksam entgegengehalten werden, dass der Kreis potentieller Gläubiger unüberschaubar groß sei und so die Handlungsfreiheit des Sachverständigen durch ein erdrückendes Haftungsrisiko übermäßig eingeschränkt werde. Denn weder die Wahrscheinlichkeit eines Schadenseintritts noch die Höhe eines möglichen Schadens werden notwendiger Weise von der Größe oder Zusammensetzung des potentiellen Gläubigerkreises beeinflusst. Verdeutlicht werden soll dies an folgendem Beispiel: Ein Grundstückswertgutachten wird anlässlich eines Verkaufes fahrlässig fehlerhaft erstellt, weil es den Wert des Grundstückes zu hoch ansetzt. Verlässt sich der Käufer auf dieses Gutachten, entsteht ihm ein Schaden in Höhe der Differenz des tatsächlichen zu dem im Gutachten angegebenen Wert des Grundstücks. Finanziert der Käufer das Geschäft teilweise durch ein Darlehen, das eine Bank ihm im Vertrauen auf das fehlerhafte Gutachten gewährt, so vergrößert sich der Gesamtschaden nicht. Er beträgt immer noch die Differenz zwischen tatsächlichem Wert und dem im Gutachten angegebenen Wert, verteilt sich nur auf mehrere Geschädigte (Käufer und Bank). Wird das Darlehen noch zusätzlich durch eine Bürgschaft gesichert, die im Vertrauen auf das Gutachten abgegeben wurde oder wurden zur Finanzierung des Grundstückes mehrere Kredite (immer im Vertrauen auf das Gutach-

[694] BGH NJW-RR 1993, 944.

ten) gewährt, so gilt Entsprechendes: Der Kreis der potentiellen Gläubiger wird immer größer, der Schaden, den der Gutachter aber möglicherweise zu ersetzen hat, bleibt immer gleich.[695]

Diese Überlegungen lassen sich ohne weiteres auf die Fälle von fehlerhaften Kunstgutachten übertragen. Für diese ist charakteristisch, dass über ein Kunstwerk eine Expertise erstellt wird, die dann bei jedem Veräußerungsvorgang weitergereicht wird und so das Kunstwerk begleitet. Hier nimmt der Sachverständige folglich das Vertrauen jedes weiteren Käufers in besonderem Maße in Anspruch, der beim Kauf auf das von ihm erstellte Gutachten vertraut. Denn das Gutachten ist erkennbar dazu bestimmt, den Wert des Kunststücks durch ein Echtheitszertifikat zu erhöhen und seine Wiederverkäuflichkeit zu steigern. Auch hier kann nur ein Schaden in Höhe der Differenz zwischen wahrem und festgestelltem Wert eintreten. Dieser Schaden realisiert sich in der Käuferkette dann bei demjenigen, der die Unrichtigkeit des Gutachtens zuerst entdeckt, also nur einmal. Da ein solches Gutachten die Umlauffähigkeit eines Kunstwerkes gerade auch dadurch fördert, dass es üblicherweise mit dem Kunstobjekt „mitwandert", bezweckt es auch die Beeinflussung nicht nur des ersten, sondern auch späterer Verkäufe, so dass der Sachverständige auch im Rahmen späterer Verkäufe durch seine Expertise besonderes Vertrauen in Anspruch nimmt.[696]

Bestimmt man die Inanspruchnahme besonderen Vertrauens auf diese Weise durch die Projektbezogenheit des Gutachtens, ist auch dem von *Picker* aufgezeigten Grund der Haftung nach dem neminem laedere Prinzip unter Erhaltung der Handlungsfreiheit des Sachverständigen Rechnung getragen. Das fehlerhafte Gutachten führt dann zu einer Haftung für all jene Schäden, die es verursacht hat. Bei einem Fehler, der sich zum Nachteil des Auftraggebers auswirkt, haftet der Sachverständige aus dem Gutachtervertrag. Bei einer Fehlerhaftigkeit zum Nachteil eines Dritten haftet er nach den Regeln der Dritthaftung aus culpa in contrahendo, wie sie jetzt in § 311 Abs. 3 BGB normiert sind. So wird verhindert, dass solche Fehler des Gutachtens, die sich zum Nachteil eines Dritten auswirken, sanktionslos bleiben und dass der Sachverständige dazu verleitet wird, interessenbestimmte und weniger objektive Gutachten anzufertigen.[697] Die von *Picker* geforderte Sonderverbindung hat den Zweck, den Kreis der potentiellen Gläubiger von vornherein festzulegen, damit die Handlungsfreiheit des Sachverständigen nicht durch ein unüberschaubares Haftungsrisiko übermäßig beeinträchtigt wird. Ist das Haftungsrisiko aber nicht unübersehbar, weil sich der

---

695 Das erkennt auch *Picker*, FS für Medicus, 1999, 397 (447).

696 Das übersieht *Canaris*, ZHR 163 (1999), 206 (237), der eine Haftung des Kunstexperten gegenüber späteren Erwerbern verneint.

697 Vgl. zu diesem Aspekt schon oben Teil A: Erstes Kapitel - III.3, *Wiegand*, Sachwalterhaftung, S. 173 und *Schäfer*, AcP 202 (2002), 808 (829).

möglicherweise zu ersetzende Schaden nicht vergrößert, sondern nur verlagert oder sich auf mehrere Personen verteilt, ist das Ziel der Erhaltung der Handlungsfreiheit ebenfalls erreicht.

Auch aus ökonomischer Sicht ist eine solche durch die erkennbare Projektbezogenheit des Gutachtens begrenzte Haftung sinnvoll, wie *Schäfer* nachgewiesen hat.[698] Denn der Experte kann durch entsprechende Vermerke im Gutachten das Projekt umschreiben, dessen Förderung das Gutachten zu dienen bestimmt ist und so eingrenzen, inwieweit er in besonderem Maße Vertrauen in Anspruch nimmt. Er kann dann das sich aus dem Gesamtprojekt ergebende Haftungsrisiko in seiner Kalkulation für die Kosten des Gutachtens berücksichtigen. Werden diese Haftungskosten an den Auftraggeber oder den geschädigten Dritten weitergegeben und haben Auftraggeber oder geschädigter Dritter trotz einer solchen Belastung ein Interesse am haftungsrechtlichen Schutz, bedeutet die Dritthaftung im Grunde ein Geschäft zum beiderseitigen Vorteil.[699] Insgesamt führt eine so begrenzte Dritthaftung dazu, dass dem Sachverständigen Anreize zur sorgfältigen und den professionellen Standards entsprechenden Arbeit vermittelt werden, ohne andererseits die „Haftungskeule" zu schwingen und mittels übertriebenen Sorgfaltsanforderungen den Informationsfluss womöglich zu behindern.

Die so bestimmten Grenzen der Haftung entsprechen der vom BGH vorgenommenen Haftungsbegrenzung nach dem Schutzzweck der verletzten Pflicht. Zwar haftet derjenige, der für ein schädigendes Ereignis verantwortlich ist, dem Geschädigten grundsätzlich für alle dadurch ausgelösten Schadensfolgen. Als Ausnahme von diesem Grundsatz erkennt der BGH auch für den Bereich vorvertraglicher Schuldverhältnisse an, dass eine Pflichtverletzung nur zum Ersatz derjenigen Schäden führen kann, deren Vermeidung die verletzte Pflicht bezweckt.[700] Das bedeutet, dass ein zur Aufklärung Verpflichteter (wie der Sachverständige) im Falle eines Fehlers lediglich für die Risiken einzustehen braucht, für deren Einschätzung die geschuldete Aufklärung maßgeblich war.[701] Für welche Risiken die vom Sachverständigen geschuldete Information maßgeblich war, bestimmt sich wie oben dargestellt nach dem erkennbaren Zweck bzw. der „Förderungsrichtung" des Gutachtens.

[698] *Schäfer*, AcP 202 (2002), 808 (819 ff.).
[699] *Schäfer*, AcP 202 (2002), 808 (820).
[700] BGH NJW-RR 2003, 1035 (1036).
[701] BGHZ 116, 209 (213); BGH NJW 1998, 982 (983); vgl. auch BGH NJW 2001, 962.

IV. Ergebnis

Zusammenfassend lässt sich also feststellen, dass die Haftung von Sachverständigen gegenüber geschädigten Nichtvertragspartnern als Haftung Dritter aus der nunmehr in § 311 Abs. 3 BGB normierten culpa in contrahendo erfasst werden kann. In diesem rechtlichen Rahmen ist nicht nur eine Subsumtion unter die von der Rechtsprechung schon für die sogenannte Sachwalterhaftung entwickelten und bewährten Kriterien möglich. Sie entspricht darüber hinaus auch dem nachgewiesenen Willen des Gesetzgebers, der durch die Formulierung des § 311 Abs. 3 S. 2 BGB ausdrücklich die „Inanspruchnahme von Vertrauen" als Anknüpfungspunkt für eine Dritthaftung aus culpa in contrahendo anerkannt hat. Eine solche Einordnung der außervertraglichen Sachverständigenhaftung trägt außerdem aus ökonomischer Sicht zur vernünftigen Regulierung der Informationsmärkte bei, ohne ihre produktive Wirkung oder Funktionsfähigkeit einzuschränken. Insbesondere hat sie aber die klare Abgrenzbarkeit zum Vertrag mit Schutzwirkung für Dritte zur Folge, dem wieder ein festgelegtes und überschaubares Anwendungsgebiet zugeordnet werden kann. Denn aufgrund der in den Sachverständigenfällen typischerweise bestehenden gegenläufigen Interessenlage, ist der Vertrag mit Schutzwirkung für Dritte hier nicht anwendbar.[702] Dessen Anwendungsbereich sollte daher auf Fälle gleichgerichteter Interessen beschränkt werden.

Die Haftung von Sachverständigen gegenüber ihren Nichtvertragspartnern richtet sich nach den von der Rechtsprechung zur sogenannten Sachwalterhaftung entwickelten Kriterien und wird nunmehr erfasst durch die §§ 311 Abs. 3 S. 2, S. 1 i.V.m. 241 Abs. 2 und 280 Abs. 1 BGB, die eine „sonstige gesetzliche Bestimmung" i.S.d. § 675 Abs. 2 BGB darstellen. Für eine Dritthaftung von Sachverständigen müssen folgende Voraussetzungen erfüllt sein:

(1) Zwischen dem Auftraggeber des Gutachtens und dem sich auf das Gutachten verlassenden Geschädigten besteht ein **Interessengegensatz**. Sind die Interessen des Auftraggebers und des Geschädigten hingegen gleichlaufend, so richtet sich die Haftung nach den von der Rechtsprechung entwickelten Kriterien zum Vertrag mit Schutzwirkung für Dritte.

(2) Ein Gutachten ist durch einen Sachverständigen **schuldhaft**, d.h. mindestens fahrlässig, **fehlerhaft** erstellt worden.

(3) Der Sachverständige muss durch sein Gutachten **Vertrauen für sich** und nicht lediglich für Aussagen seines Auftraggebers in Anspruch genommen haben. Ein unmittelbarer Kontakt zwischen Sachverständigem und

[702] Vgl. oben Teil A: Viertes Kapitel - III.3.

geschädigtem Dritten ist nicht erforderlich. Allerdings muss der Dritte tatsächlich Kenntnis von dem Inhalt des Gutachtens erhalten haben.

(4) Der Sachverständige muss ein **besonderes Vertrauen** in Anspruch genommen haben. Dies ist dann der Fall, wenn er dem anderen Teil eine **persönliche Gewähr** für die Richtigkeit und Vollständigkeit der von ihm abgegebenen Erklärungen bietet. Dieses qualifizierte Vertrauen ist begründet in der besonderen Sachkunde, die von öffentlich bestellten und vereidigten Sachverständigen oder anderweitig staatlich anerkannten Fachleuten wie Rechtsanwälten, Wirtschaftsprüfern oder Steuerberatern erwartet wird.

Experten, deren beruflich vorausgesetzte Sachkunde nicht in gleichem Maße staatlich normiert ist, haften dann, wenn zusätzlich zu ihrer Gutachtertätigkeit andere vertrauenserweckende Umstände hinzutreten, die bewirken, dass von ihnen in gleichem Maße Zuverlässigkeit und Richtigkeit ihrer Erklärungen erwartet werden kann, wie das bei staatlich anerkannten Sachverständigen der Fall ist. Dies kann insbesondere dann angenommen werden, wenn sie in der Öffentlichkeit z. B. durch ausdrückliche Hinweise auf ihre außergewöhnliche Sachkunde den Anschein eines staatlich anerkannten Sachverständigen zu erwecken suchen. Darüber hinaus führen nur solche Gutachten und Erklärungen des Sachverständigen zu einer Haftung, die er berufsbezogen und auf seinem Fachgebiet abgibt.

(5) Das Gutachten des Sachverständigen muss **die Vertragsverhandlungen oder den Vertragsschluss zwischen dem Auftraggeber des Gutachtens und dem Geschädigten erheblich beeinflusst** haben. Dies ist dann der Fall, wenn das Vertrauen in das Gutachten kausal für den Verhandlungsverlauf oder dessen Ergebnis geworden ist. Hiervon ist bei der Inanspruchnahme besonderen Vertrauens im Regelfall auszugehen.

(6) Der Sachverständige nimmt das Vertrauen jeder Person in besonderem Maße in Anspruch, die sich im Rahmen des **wirtschaftlichen Projektes, dessen Förderung das Gutachten** erkennbar bezweckt, auf dasselbe verlassen hat. Der Experte kann durch entsprechende ausdrückliche Hinweise in seinem Gutachten dessen Verwendungszweck einschränken und somit auch die Inanspruchnahme besonderen Vertrauens beschränken. Ergibt sich dagegen aus dem Gutachten kein bestimmtes zu förderndes Projekt, haftet der Sachverständige jedem, der sich auf dessen Aussagen verlässt, da er insofern unbeschränkt in besonderem Maße Vertrauen in Anspruch nimmt. Ergibt sich aus dem Gutachten hingegen,

dass es überhaupt nicht zur Förderung eines wirtschaftlichen Projektes erstellt wurde, nimmt der Experte auch nicht in besonderem Maße Vertrauen in Anspruch, wenn jemand seine Entscheidung auf das Gutachten stützt und dadurch einen Schaden erleidet.

Teil B: Die Haftung des gerichtlich bestellten Sachverständigen

Erstes Kapitel - Einführung in die Problematik

I. Bedeutung des Sachverständigenbeweises

Durch Entwicklung und Forschung hat sich das Wissen in den einzelnen Fachbereichen, man denke nur an die großen Gebiete der Naturwissenschaft und Technik, vervielfacht und ist stetig komplexer geworden. Wirkliches Fachwissen kann ein einzelner Mensch nur noch in sehr begrenzten Gebieten erlangen, und so verteilt sich das Spezialwissen auf immer mehr Menschen. Diese Entwicklung hat auch den Juristen erfasst, der ein wirklicher Spezialist nur noch in Rechtsfragen sein kann. Der Richter muss aber in gerichtlichen Verfahren erst den Lebenssachverhalt ermitteln, auf den er dann sein Spezialwissen in Rechtsfragen anwendet. Zur Ermittlung dieses Sachverhalts dienen im Zivilprozess in erster Linie die Vorträge der Parteien, die aber bei Divergenzen (Bestreiten durch die andere Partei) durch Beweismittel erhärtet werden müssen (argumentum e contrario § 288 Abs. 1 ZPO).

Durch die Anwendung von Beweismitteln und ihre Würdigung durch den Richter (§ 286 ZPO) werden die Tatsachen ermittelt, über die der Richter dann durch Rechtsanwendung zu entscheiden hat. Die Ermittlung solcher Tatsachen setzt aufgrund der oben angesprochenen Entwicklung zunehmend spezialisiertes Fachwissen voraus, das der Richter nicht immer hat und oft auch nicht haben kann. Dann muss sich der Richter eines Sachverständigen bedienen, der die fehlende Sachkunde des Richters ersetzt. Je mehr Erkenntnisse und Wissen gewonnen werden, desto mehr wächst die Bedeutung von Spezialisten, wie es die Sachverständigen sind, und desto mehr werden sie in gerichtlichen Verfahren eine Rolle spielen, indem sie dem Richter mit ihrem Fachwissen zur Seite stehen.

Vergrößert sich die Anzahl der Prozesse, in denen Sachverständige unter Umständen Einfluss auf die Entscheidung des Gerichts haben, so wird in ähnlichem Maße auch die Anzahl der Prozesse wachsen, in denen die unterlegene Partei (die sich in der Regel noch im Recht fühlt) versucht, das ihr ungünstige Ergebnis durch die Geltendmachung eines Schadensersatzanspruches gegen den Gutachter „auszugleichen". Grundsätzlich kommen als Anspruchsgegner auch der Richter, Zeugen oder die gegnerische Partei in Frage. Allerdings sind solche Ansprüche wenig erfolgversprechend: Die Haftung des Richters wird durch § 839 Abs. 2 BGB auf Pflichtverletzungen beschränkt, die Straftaten darstellen (insbesondere §§ 332 Abs. 2, 339 StGB). Der Zeuge ist nur verpflichtet, über seine Wahrnehmungen zu berichten[703] – dass er etwas anderes aussagt, als er wahrgenommen hat, wird sich in den seltensten Fällen nachweisen lassen. Gleiches gilt hinsichtlich der Aussagen der gegnerischen Partei bei einem vermuteten Verstoß gegen das Wahrheitsgebot des § 138 Abs. 1 ZPO oder einer falschen Aussage im Rahmen einer Parteivernehmung (§§ 445 ff. ZPO). Daher ist der aussichtsreichste Gegner eines Schadensersatzanspruches in einem Folgeprozess der Sachverständige, von dem man annimmt, dass er ein falsches Gutachten erstattet hat.

II. Der Fall Weigand

Zur Einführung in die Problematik der Haftung des gerichtlich bestellten Sachverständigen soll folgender, vom BGH entschiedener Fall dienen:[704]

Der Münsteraner „Sozialanwalt" Dr. Weigand bemühte sich im Sommer 1962 darum, den Tod eines Rechtsanwalts auf Bitten von dessen Verwandten aufzuklären, weil ihnen die Umstände des Todesfalls verdächtig erschienen. Er trat schließlich die „Flucht in die Öffentlichkeit" an und verteilte Flugblätter, in denen er den Strafverfolgungsbehörden Verschleierungsabsicht in einer konkreten Ermittlungssache vorwarf. Gegen ihn wurde daraufhin ein Strafverfahren wegen übler Nachrede, Beleidigung und anderer Delikte eingeleitet. In diesem Verfahren wurde gegen Dr. Weigand aufgrund eines gerichtlichen Sachverständigengutachtens des S, das ihn für unzurechnungsfähig und gemeingefährlich erklärte, ein Unterbringungsbefehl gemäß § 126 a StPO erlassen. Dr. Weigand wurde daraufhin für ca. 3 Monate in das „Feste Haus" des Landeskrankenhauses E eingewiesen. In der Hauptverhandlung hörte das Gericht andere Sachverständige, nahm keine Einschränkung der Zurechnungsfähigkeit des Rechtsanwalts mehr an und verurteilte diesen zu einer Freiheitsstrafe. Die daraufhin angestrengte Revision wurde vom BGH verworfen.[705] Wegen der drei Monate, die er in der geschlossenen Abteilung verbringen musste, verlangte er anschließend von S Schadensersatz. Dr. Weigand war der Auffassung, das von S vorgelegte Gutachten sei unrichtig gewesen und habe ihn in seiner Freiheit verletzt. Der BGH setz-

---

[703] Stein/Jonas/*Berger*, vor § 373 ZPO, Rn. 17.
[704] BGHZ 62, 54.
[705] BGHSt 21, 334.

te in diesem Urteil eine schon früher eingeschlagene Richtung[706] in seiner Rechtsprechung zur Haftung des gerichtlich bestellten Sachverständigen fort und sprach den fahrlässig falsch begutachtenden, unbeeidigt gebliebenen Sachverständigen von jeder Haftung frei.

In der Folge verwarf das Bundesverfassungsgericht im Fall Weigand eine Haftungsfreistellung des Sachverständigen bei grober Fahrlässigkeit, da sie die Grenzen richterlicher Rechtsfortbildung überschreite.[707] Anzumerken bleibt hierbei, dass vier Richter des Bundesverfassungsgerichts sogar der Meinung waren, auch eine Haftungsfreistellung bei leichter Fahrlässigkeit sei Sache des Gesetzgebers und halte sich nicht mehr im Rahmen richterlicher Rechtsfortbildung.

III. Einführung in die zugrunde liegende Rechtsproblematik

Dieser Fall ist nicht gerade typisch für Prozesse, in denen es um die Haftung des gerichtlichen Sachverständigen geht, aber er war wohl einer der spektakulärsten, der daher viel Aufmerksamkeit erregte. Untypisch ist er deshalb, weil hier der Ersatz eines Schadens begehrt wurde, der aus der Verletzung eines absoluten Rechts (Freiheit) resultierte, während die wohl überwiegende Anzahl von Haftungsprozessen gegen Sachverständige geführt wird, um den Ersatz eines reinen Vermögensschadens, z. B. wegen eines ungünstigen Zahlungsurteils, zu erreichen. Bei der Verletzung eines absoluten Rechts oder Rechtsguts kommt ein Schadensersatzanspruch aus § 823 Abs. 1 BGB in Betracht, der das Vermögen als solches nicht schützt. Da überwiegend jedoch der Ersatz reiner Vermögensschäden verlangt wird, lag auch der Schwerpunkt der Diskussion über die Sachverständigenhaftung auf der Suche nach Anspruchsgrundlagen zum Ersatz solch reiner Vermögensschäden. Dabei wurden Ansprüche gegen den Sachverständigen aus Vertrag, aus vertragsähnlichen Verhältnissen und aus allgemeinem Deliktsrecht diskutiert. Darüber hinaus wurden auch Ansprüche gegen den Staat aus § 839 BGB in Verbindung mit Art. 34 GG bzw. aus Aufopferungsgrundsätzen in Betracht gezogen. Im Einzelnen war die Haftung des gerichtlichen Sachverständigen dabei stark umstritten.

Allgemein wurde angenommen, dass der Sachverständige keiner vertraglichen Haftung unterworfen sei und eine Haftung aus Amtspflichtverletzung (§ 839 BGB) mangels Ausübung hoheitlicher Gewalt nicht in Betracht käme. Für die Begründung einer Schadensersatzpflicht musste also auf allgemeines Deliktsrecht zurückgegriffen werden. Dabei konnte § 823 Abs. 1 BGB nur bei der Ver-

[706] BGHZ 42, 313 und BGH NJW 1968, 787.
[707] BVerfGE 49, 304.

letzung der dort aufgeführten absoluten Rechte,[708] nicht aber bei dem in der Praxis viel häufiger begehrten Ersatz reiner Vermögensschäden helfen. Diese waren im Rahmen des § 826 BGB erst bei vorsätzlicher Falschbegutachtung ersatzfähig. So wurde gemeinhin angenommen, dass ein gerichtlicher Sachverständiger nur dann den durch ein fahrlässig falsches Gutachten verursachten Vermögensschaden zu ersetzen hatte, wenn er beeidigt worden war. Denn dann erfüllte sein Verhalten den Tatbestand des fahrlässigen Falscheides (§§ 154, 163 StGB), der ein Schutzgesetz i.S.d. § 823 Abs. 2 BGB darstellt. Blieb er dagegen unbeeidigt, haftete er für reine Vermögensschäden nur bei Vorsatz aus § 826 BGB, da eine fahrlässige uneidliche Falschaussage nicht strafbar ist und die Wahrheitspflicht aus § 410 ZPO bzw. § 79 StPO nach überwiegender Ansicht nicht als Schutzgesetz i.S.d. § 823 Abs. 2 BGB gewertet wurde.[709]

Die Tatsache, dass die Beeidigung des gerichtlichen Sachverständigen über seine Haftung entschied, wurde als unbefriedigend empfunden. Die Beeidigung sei eine verfahrensrechtlich und strafrechtlich relevante Unterscheidung. Sie stelle aber haftungsrechtlich kein geeignetes Differenzierungskriterium dar.[710] Daher hat der Gesetzgeber durch das zweite Gesetz zur Änderung schadensersatzrechtlicher Vorschriften vom 19. Juli 2002[711] die Haftung des gerichtlichen Sachverständigen nunmehr durch die Einführung des neuen § 839 a BGB geregelt, der zum 01. August 2002 in Kraft getreten ist. Dieser lautet:

> Abs. 1: Erstattet ein vom Gericht ernannter Sachverständiger vorsätzlich oder grob fahrlässig ein unrichtiges Gutachten, so ist er zum Ersatz des Schadens verpflichtet, der einem Verfahrensbeteiligten durch eine gerichtliche Entscheidung entsteht, die auf diesem Gutachten beruht.
>
> Abs. 2: § 839 Abs. 3 ist entsprechend anzuwenden.[712]

Mit Einführung des § 839 a BGB wurde ein neuer Haftungstatbestand geschaffen, der die Haftung des gerichtlichen Sachverständigen für ein unrichtiges Gutachten abschließend regeln soll.[713] Dessen Voraussetzungen und Reichweite sollen im Folgenden näher beleuchtet werden. Anschließend wird untersucht, ob

---

[708] Vgl. den eben dargestellten Fall Weigand.

[709] Zu den möglichen, einen gerichtlichen Sachverständigen verpflichtenden Anspruchsgrundlagen detailliert unten Teil B: Drittes Kapitel - VI.

[710] BT-Drucks. 14/7752, S. 28.

[711] BGBl. I 2002, 2674.

[712] § 839 Abs. 3 BGB:
Die Ersatzpflicht tritt nicht ein, wenn es der Verletzte vorsätzlich oder fahrlässig unterlassen hat, den Schaden durch Gebrauch eines Rechtsmittels abzuwenden.

[713] BT-Drucks. 14/7752, S. 28.

auch andere Anspruchsgrundlagen für die Haftung des gerichtlichen Sachverständigen relevant werden können.

Zweites Kapitel - Die gesetzliche Neuregelung: § 839 a BGB

Als einer der Hauptgründe für die neue gesetzliche Regelung wurde in der Gesetzbegründung zu § 839 a BGB – der Kritik der Kommission für das Zivilprozessrecht 1977 folgend – die Beeidigung als haftungsrechtlich ungeeignetes Differenzierungskriterium benannt: „Mit dem neuen § 839 a BGB soll dieser Unterschied zwischen der Haftung des beeidigten und des nicht beeidigten gerichtlichen Sachverständigen deshalb beseitigt werden.“[714] Auch dem Interesse des Sachverständigen an einem überschaubaren Haftungsrisiko wurde Rechnung getragen, indem der Gesetzgeber in Anknüpfung an die oben dargestellte Haftungsfreistellung bei einfacher Fahrlässigkeit durch die Rechtsprechung[715] nunmehr die Haftung nur in Fällen vorsätzlichen und grob fahrlässigen Handelns vorsieht. Überdies begründet der Gesetzgeber durch den in § 839 a Abs. 2 BGB enthaltenen Verweis auf § 839 Abs. 3 BGB die Obliegenheit des Geschädigten, zur Abwendung eines Schadens alle vorhandenen Rechtsmittel auszuschöpfen. § 839 a BGB verfolgt daher einen doppelten Zweck:[716] Einerseits ist er Anspruchsgrundlage für die Verfahrensbeteiligten, andererseits beschränkt er auch gleichzeitig die Haftung zugunsten des Sachverständigen. Im Einzelnen müssen für eine Haftung nach § 839 a BGB folgende Voraussetzungen erfüllt sein:

I. Vom Gericht ernannter Sachverständiger

§ 839 a BGB gilt nur für den durch ein staatliches Gericht in einem gerichtlichen Verfahren bestellten Sachverständigen. Auf das Schiedsgerichtsverfahren gem. §§ 1025 ff. ZPO ist er nicht anwendbar. Da § 839 a BGB eine aufgrund fehlender vertraglicher Beziehungen bestehende Haftungslücke schließen will, ist dies nur konsequent. Bei einem Schiedsgericht besteht nämlich sowohl zum Parteisachverständigen als auch zu dem vom Schiedsgericht bestellten Sachverständigen ein vertragliches Verhältnis der Parteien.[717] Unerheblich für die Anwendbarkeit des § 839 a BGB ist die jeweilige Gerichtsbarkeit und die Verfahrensart. Der Anwendungsbereich der Vorschrift ist also nicht auf Prozesse beschränkt.[718] Sie gilt z. B. auch in Verfahren der Freiwilligen Gerichtsbarkeit, zumal sich die Bestellung des Sachverständigen kraft der Verweisung des § 15 FGG ebenfalls nach § 402 ff. ZPO richtet, sowie in Zwangsversteigerungs- und Betreuungsver-

---

[714] BT-Drucks. 14/7752, S. 28.
[715] BGHZ 62, 54 und BVerfGE 49, 304 jeweils zum Fall Weigand.
[716] *Wagner*, NJW 2002, 2049 (2062); *Späth*, StB 2002, 387 (388); *Wagner/Thole*, FPR 2003, 521 (521).
[717] Vgl. schon oben Fn. 773.
[718] Palandt/*Sprau*, § 839 a BGB, Rn. 2.

fahren.[719] Maßgeblich ist allein die wirksame Ernennung des Sachverständigen durch das Gericht, die sich nach dem jeweiligen Verfahrensrecht (z. B. § 404 ZPO) richtet. Da der gerichtliche Sachverständige seine Gutachtertätigkeit persönlich zu erbringen hat, bleibt er selbst dann der alleinig Verantwortliche, wenn er zur Gutachtenerstattung Hilfspersonen hinzugezogen hat.[720] Neben natürlichen Personen können auch Behörden i.S.d. § 1 Abs. 4 VwVfG zu Sachverständigen benannt werden.[721] Dies können z. B. Berufskammern wie die Industrie- und Handelskammer oder die Handwerkskammer sein. Zu beachten ist hierbei jedoch, dass Behörden oder andere Amtsträger, zu deren gesetzlichen oder beruflichen Pflichtenkreis die gerichtliche Gutachtenerstattung gehört, diese unabhängig von der gerichtlichen Beauftragung, d.h. im Rahmen ihrer normalen Amtstätigkeit als Amtspflicht wahrnehmen. In diesen Fällen richtet sich die Haftung nach Art. 34 i.V.m. § 839 BGB und nicht nach § 839 a BGB.[722]

II. Unrichtiges Gutachten

Als erste Haftungsvoraussetzung muss der Sachverständige ein unrichtiges Gutachten erstattet haben. Unrichtig ist ein Gutachten dann, wenn es objektiv falsch ist. Dies scheint auf den ersten Blick eine eindeutige Definition zu sein. Berücksichtigt man aber die in nahezu jedem Fachbereich heutzutage bestehende Meinungsvielfalt, gestaltet sich die Bestimmung dessen, was „objektiv falsch“ ist, als sehr viel problematischer. Ist ein Gutachten falsch, nur weil der Sachverständigen der einen Meinung gefolgt ist, und nicht der anderen? Auch bei Wertgutachten besteht die Schwierigkeit, eine absolute Aussage über die Richtigkeit des Gutachtens treffen zu können. Insbesondere nach der Vergleichswertmethode (im Unterschied zur Ertragswertmethode) können verschiedene Sachverständige zu ein und demselben Objekt – sei es ein Grundstück oder z. B. ein Rennpferd – zu sehr unterschiedlichen und doch jeweils vertretbaren Ergebnissen über den Wert des Objektes kommen.[723]

---

[719] *Brückner/Neuman*, MDR 2003, 906 (907).

[720] OLG Hamm OLGR 1997, 20; BGH NStZ 1997, 610; vgl. dazu *Bleutge*, NJW 1985, 1185 (1186 f.).

[721] Vgl. §§ 83 Abs. 3, 256 Abs. 1 StPO; § 1 Abs. 2 ZSEG; dazu eingehend Stein/Jonas/*Leipold*, § 404 ZPO, Rn. 10 f.; *Jessnitzer/Ulrich*, Der gerichtliche Sachverständige, Rn. 67 ff.

[722] BGH NZM 2003, 411; *Wagner/Thole*, FPR 2003, 521 (522); *Kilian*, VersR 2003, 683 (685).

[723] Das hat auch die Rechtsprechung erkannt, die dem Sachverständigen teilweise eine Toleranz von bis zu 20 % gewährt, innerhalb derer das Gutachten noch richtig sein kann, vgl. BGH MDR 1991, 1169.

Um die Unrichtigkeit eines Gutachtens feststellen zu können, muss man sich erst einmal die Anforderungen vergegenwärtigen, die an ein Gutachten zu stellen sind: Der Sachverständige wird wegen mangelnder Sachkunde des Gerichts hinzugezogen. Ihn trifft nach dem Zweck seines Gutachtens die Pflicht, dem Gericht eine umfassende Entscheidungshilfe zu liefern. Dazu muss der Sachverständige sein Gutachten entweder an allgemein vertretenen Ansichten ausrichten oder darauf hinweisen, dass er in seinem Gutachten eine andere bzw. Mindermeinung vertritt. Im letzteren Fall muss er auch die nennenswerten Gegenauffassungen erläutern und begründen, warum er ihnen nicht gefolgt ist.[724] Allgemeiner gesagt muss das Gutachten als umfassende Entscheidungshilfe für das Gericht verständlich, logisch korrekt und nachvollziehbar sein, damit sich der Richter auf der Grundlage des Gutachtens eine eigene Meinung bilden kann.[725] Danach ist das Gutachten also beispielsweise unrichtig, wenn der Sachverständige Untersuchungen weggelassen oder Tatsachen nicht berücksichtigt hat, die zur vollständigen Erstattung des Gutachtens erforderlich gewesen wären. Des Weiteren ist es falsch, wenn er entweder falsche Tatsachen zugrunde gelegt oder aus richtigen Tatsachen falsche Schlüsse gezogen hat.

III. Gerichtliche Entscheidung

Zur Haftung des gerichtlichen Sachverständigen aus § 839 a BGB kommt es nur bei einer „gerichtlichen Entscheidung". Das bedeutet zunächst, dass alle Schädigungen von § 839 a BGB nicht erfasst sind, die der Sachverständige im Rahmen der Begutachtung (z. B. Körper- oder Eigentumsverletzungen) verursacht hat. Für solche Schäden kann eine Haftung nur nach allgemeinem Deliktsrecht in Betracht kommen.

Der zunächst vorgesehene Wortlaut des § 839 a BGB beschränkte dessen Anwendbarkeit auf „das Verfahren abschließende" Entscheidungen. Diese Formulierung wurde im Gesetzgebungsverfahren aufgegeben und durch „gerichtliche Entscheidung" ersetzt,[726] womit jetzt auch vorläufige, nicht rechtskräftige oder nicht der Rechtskraft fähige Entscheidungen erfasst werden.[727]

---

[724] *Jaeger/Luckey*, Das neue Schadensersatzrecht, Rn. 419; *Jessnitzer/Ulrich*, Der gerichtliche Sachverständige, Rn. 242.

[725] *Brückner/Neumann*, MDR 2003, 906 (907 f.).

[726] BR-Drucks. 265/98, S. 9 f.; BT-Drucks. 13/10766, S. 9.

[727] Die Aufgabe des Erfordernisses einer „das Verfahren beendenden" Entscheidung übersieht *Kilian* in Henssler/Graf von Westphalen, Praxis der Schuldrechtsreform, § 839 a BGB, Rn. 13; *ders.*, VersR 2003, 683 (686), der eine der Rechtskraft fähige Entscheidung verlangt, die das Prozessrechtsverhältnis für die Instanz mit bindender Wirkung beendet.

Gerichtliche Entscheidungen können Urteile oder Beschlüsse sein. Daher findet § 839 a BGB keine Anwendung, wenn das Verfahren durch die Parteien selbst, etwa durch Klagerücknahme oder Vergleich beendet worden ist. Dabei spielt es keine Rolle, dass u. U. die Vergleichsbereitschaft erst durch das Gutachten geschaffen wurde. Vergleich und Klagerücknahme sind autonome Entscheidungen der Beteiligten und naturgemäß nicht gerichtlich. Laut Gesetzesbegründung sind diese Fälle vor allem deshalb aus dem Anwendungsbereich der Vorschrift ausgenommen, weil die Ursächlichkeit des Gutachtens für die autonome Entscheidung der Beteiligten jeweils nur schwer nachzuweisen wäre.[728] Aufgrund dieser ausdrücklichen Befassung des Gesetzgebers mit den Fällen des Prozessvergleichs in der Gesetzesbegründung scheidet auch eine analoge Anwendung des § 839 a BGB aus, da eine eventuelle Regelungslücke jedenfalls nicht planwidrig wäre. Ob die Haftung in Fällen der Klagerücknahme oder des Vergleichs auf andere Anspruchsgrundlagen gestützt werden kann, wird noch zu untersuchen sein.[729] Zu differenzieren ist in Fällen der beiderseitigen Erledigungserklärung. Auch die beiderseitige Erledigungserklärung ist eine parteiautonome Entscheidung. Sie bindet das Gericht und beendet die Rechtshängigkeit der Hauptsache. Dem Gericht ist die Entscheidungsbefugnis in der Hauptsache genommen. Allerdings bleibt der Streit hinsichtlich der Kosten rechtshängig und das Gericht hat nach § 91 a ZPO noch über diese zu entscheiden.[730] Diese Entscheidung ergeht durch Beschluss, so dass sie eine gerichtliche Entscheidung i.S.d. § 839 a BGB darstellt.

Hinzuweisen ist in diesem Zusammenhang auf das Regressrisiko für Prozessbevollmächtigte. Sie könnten dann regresspflichtig werden, wenn sie ihrem Mandanten zum Abschluss eines Vergleiches oder zu einer Klagerücknahme raten, obwohl sie hätten erkennen können, dass das Gutachten möglicherweise fehlerhaft ist. Für sie besteht also die Pflicht zur inhaltlichen Auseinandersetzung und Überprüfung des Gutachtens.

IV. Kausalität

Vor Einführung des § 839 a BGB wurde hinsichtlich der Kausalität zwischen falschem Gutachten und Schaden problematisiert, ob der Zurechnungszusammenhang durch eine auf einem freien Willensentschluss eines Dritten beruhende Handlung unterbrochen sei.[731] Denn das Sachverständigengutachten unterliegt wie jedes andere Beweismittel der freien Beweiswürdigung durch das Gericht

---

[728] BT-Drucks. 14/7752, S. 28.
[729] Vgl. unten Teil B: Drittes Kapitel - V, VI und VII.
[730] *Musielak*, GK ZPO, Rn. 261 ff. (267); Zöller/*Vollkommer*, § 91 a ZPO, Rn. 9, 12, 22.
[731] *Schreiber*, ZZP 105 (1992), 129 (137); *Deutsch*, VersR 1987, 113 (115).

(§ 286 ZPO) und der Richter ist an die Ausführungen des Sachverständigen nicht gebunden. Er trifft also eine eigene und unabhängige Entscheidung.[732] Nach der gesetzlichen Neuregelung muss die gerichtliche Entscheidung auf dem unrichtigen Gutachten des Sachverständigen „beruhen", d. h. es muss ein Kausalzusammenhang zwischen Gutachten und richterlicher Entscheidungsfindung nachgewiesen werden. Dieser Nachweis wird dem Geschädigten bei Urteilen insofern erleichtert, als der Richter einem Verwertungszwang hinsichtlich des Gutachtens unterliegt: Das Gericht muss sich in seiner Entscheidung mit dem Gutachten auseinandersetzen und vor allem die Frage beantworten, ob und inwieweit es als Grundlage der Entscheidung gedient hat.[733] Danach beruht die gerichtliche Entscheidung auf dem Gutachten, wenn das Gericht ihm – ausweislich der Beweiswürdigung in den Entscheidungsgründen – zumindest teilweise gefolgt ist.[734] Schwierig ist der Nachweis für den Geschädigten dann, wenn ein Urteil gemäß § 313 a oder § 313 b ZPO ohne Tatbestand und Entscheidungsgründe ergangen ist.[735] Dann müsste der Geschädigte z. B. mittels des Sitzungsprotokolls oder auch durch Ladung des Richters des Vorprozesses als Zeugen versuchen, die Kausalität zwischen Gutachten und richterlicher Entscheidung zu beweisen.

Beschlüsse müssen, obwohl § 329 ZPO nicht auf § 313 ZPO verweist, zumindest dann begründet werden, wenn sie einem Rechtsmittel unterliegen.[736] Dann ist aus ihrer Begründung – ebenso wie aus den Entscheidungsgründen des Urteils – zu ersehen, ob sie auf dem Sachverständigengutachten beruhen. Dies ist z. B. denkbar bei Beschlüssen nach § 91 a ZPO. Solche Beschlüsse sind gemäß § 91 a Abs. 2 ZPO mit der sofortigen Beschwerde anfechtbar, wenn der Streitwert der Hauptsache sechshundert Euro übersteigt, und daher zu begründen. Mit ihnen wird unter Berücksichtigung des bisherigen Sach- und Streitstandes über die Kosten entschieden. Ist in dem Rechtsstreit vor der beiderseitigen Erledigungserklärung schon Beweis durch ein Sachverständigengutachten erhoben worden, so ist auch dieses bei der Beurteilung des bisherigen Sach- und Streitstandes heranzuziehen. Der Beschluss kann also auf einem unrichtigen Gutachten beruhen. Dies würde aus der Begründung des Beschlusses hervorge-

---

[732] Allerdings unterbrach er durch seine eigene Entscheidung den Zurechnungszusammenhang nach richtiger Auffassung nicht, da er die unterbrechende Ursache nicht vorsätzlich oder zumindest bewusst setzte (vgl. *Deutsch*, VersR 1987, 113 (115)). Denn die Unrichtigkeit des Gutachtens war ihm dann gar nicht bekannt, sonst hätte er wohl kaum seine Entscheidung darauf gegründet. Darüber hinaus blieb das Gutachten auch deshalb ein Zurechnungsfaktor, weil es als primäres Fehlverhalten dazu geeignet war, den später (durch den Richterspruch) entstandenen Schaden zu begünstigen.

[733] *Jessnitzer/Ulrich*, Der gerichtliche Sachverständige, Rn. 191.

[734] Palandt/*Sprau*, § 839 a BGB, Rn. 4.

[735] Darauf weisen *Brückner/Neumann*, MDR 2003, 906 (908) hin.

[736] Detailliert MüKo/*Musielak*, § 329 ZPO, Rn. 4.

hen, wenn der Streitwert der Hauptsache sechshundert Euro übersteigt. Ist dies unzweifelhaft nicht der Fall und damit eine Begründung des Beschlusses entbehrlich, so müsste zum Beweis der Kausalität zwischen unrichtigem Gutachten und richterlicher Entscheidung u. U. auch hier auf die Zeugenaussage des Richters des Vorprozesses zurückgegriffen werden.

V. Verschulden

Der früheren Rechtsprechung[737] und dem Vorschlag der Kommission für Zivilprozessrecht 1977[738] folgend, hat der Gesetzgeber die Haftung des gerichtlichen Sachverständigen auf Vorsatz und grobe Fahrlässigkeit beschränkt. Der Grund für diese Haftungsbeschränkung liegt darin, dem Sachverständigen die innere Freiheit zu erhalten, das Gutachten unabhängig und ohne den Druck eines möglichen Rückgriffs erstatten zu können, zumal er grundsätzlich zur Gutachtenerstattung verpflichtet ist (§ 407 ZPO).

Bei der Ermittlung der Fahrlässigkeit gilt kein individueller, sondern ein objektiver Sorgfaltsmaßstab, bei dem auf die Verhaltenspflichten des speziellen Verkehrskreises abgestellt wird, dem der Handelnde angehört. Hier wäre somit auf den Maßstab eines ordentlich handelnden „Durchschnittssachverständigen" abzustellen, dessen Verhaltenspflichten sich aus der gesetzlichen Regelung ergeben (z. B. §§ 407, 407 a ZPO). Grob fahrlässig handelt der Sachverständige, wenn er die so zu ermittelnde erforderliche Sorgfalt in besonders schwerem, außergewöhnlichem Maße außer Acht lässt. Dies ist zum Beispiel dann der Fall, wenn er ganz nahe liegende Schlüsse nicht zieht oder nicht beachtet. Ein besonders schwerwiegender Sorgfaltspflichtverstoß, der den Vorwurf der groben Fahrlässigkeit begründet, ist zu vermuten, wenn das Gutachten grob falsch ist, also an einem schwerwiegenden Fehler leidet.[739] Der Sachverständige hat dann zu erklären, wie es zu einem solchen Fehler kommen konnte, ohne dass er die erforderliche Sorgfalt in besonders schwerem Maße außer Acht gelassen hat. Für die Frage, wann der Sachverständige grob fahrlässig gehandelt hat, kann man die Rechtsprechung zum Verlust seines Vergütungsanspruchs nach dem Gesetz über die Entschädigung von Zeugen und Sachverständigen (ZSEG) he-

---

[737] Vgl. den oben geschilderten Fall Weigand (Teil B: Erstes Kapitel - II): BGHZ 62, 54 und BVerfGE49, 304.

[738] Bericht der Kommission für das Zivilprozessrecht, 1977, S. 358.

[739] *Wagner/Thole*, FPR 2003, 521 (522); vgl. auch das Urteil des BGH vom 20.5.2003 (JA 2004, 97): Hier hat der BGH im Rahmen der Prüfung des § 826 BGB entschieden, das ein gerichtlicher bestellter Sachverständiger nicht leichtfertig handelt, wenn er trotz ausreichender Bemühungen keine Möglichkeit zur gesicherten Tatsachenfeststellung hatte und dies im Gutachten kenntlich macht, wobei ein solcher Hinweis nicht am Anfang des Gutachtens stehen muss.

ranziehen. Denn die Rechtsprechung geht davon aus, dass der Sachverständige diesen Anspruch verliert, wenn er grob fahrlässig ein falsches Gutachten erstattet hat.[740]

Als Vorsatz genügt auch bedingter Vorsatz, wenn also der Sachverständige die Unrichtigkeit seines Gutachtens für möglich hält und die Gefahr einer darauf beruhenden gerichtlichen Entscheidung billigt. Eventualvorsatz kann z. B. dann in Betracht kommen, wenn der Sachverständige eine Begutachtung übernimmt, obwohl er sich bewusst ist, dass sie seine fachlichen Kompetenzen überschreitet.

VI. Ausschluss der Haftung

Nach § 839 a Abs. 2 i.V.m. § 839 Abs. 3 BGB ist der Sachverständige nicht zum Schadensersatz verpflichtet, wenn der Geschädigte es vorsätzlich oder fahrlässig unterlassen hat, den Schaden durch Gebrauch eines Rechtsmittels abzuwenden. Diese Regelung ist eine besondere Ausprägung des Mitverschuldensprinzips. Der Begriff „Rechtsmittel" ist in diesem Sinne weit auszulegen.[741] Gemeint ist nicht nur ein Rechtsmittel gegen die konkrete richterliche Entscheidung, sondern jeder Rechtsbehelf, der zur Abwendung des Schadens denkbar ist. Dies kann beispielsweise die Ablehnung des Sachverständigen gemäß § 406 ZPO sein, wenn der Geschädigte Anhaltspunkte für eine Parteilichkeit des Sachverständigen hatte. Mögliche Rechtsbehelfe in diesem Sinne sind auch Gegenvorstellungen, Hinweise auf die Unrichtigkeit des Gutachtens, Anträge, den Sachverständigen zur mündlichen Erläuterung seines Gutachtens zu laden oder formelle Beweisanträge auf Einholung eines Obergutachtens.[742] Auch hier ist auf die Gefahr der Anwaltshaftung hinzuweisen, da dem Geschädigten das Verschulden des Prozessbevollmächtigten zugerechnet wird.[743] Das Nichteinlegen des Rechtsbehelfs muss außerdem kausal für den Schadenseintritt gewesen sein. Dafür ist ausreichend, dass das unterlassene Rechtsmittel den Schaden nicht völlig verhindert, ihn aber gemindert hätte.[744]

[740] BGH NJW 1984, 870 (871); OLG Düsseldorf, MDR 1990, 453; OLG Koblenz, BB 1993, 1975; OLG Hamburg, MDR 1997, 102.
[741] Palandt/*Sprau*, § 839 BGB, Rn. 73 a; MüKo/*Papier*, § 839 BGB, Rn. 329, 331.
[742] Staudinger/*Wurm*, § 839 a BGB, Rn. 6.
[743] Vgl. OLG Düsseldorf MDR 1992, 1053.
[744] BGH VersR 1986, 575.

VII. Anwendungsbereich

1. Zeitlicher Anwendungsbereich

Die neue Vorschrift des § 839 a BGB ist nach Art. 13 des Zweiten Gesetzes zur Änderung schadensersatzrechtlicher Vorschriften am 01.08.2002 in Kraft getreten. Am gleichen Tag trat auch die Übergangsvorschrift des Art. 229 § 8 Abs. 1 Nr. 2 EGBGB in Kraft, die bestimmt, dass die durch das Zweite Gesetz zur Änderung schadensersatzrechtlicher Vorschriften geänderten Vorschriften im BGB anzuwenden sind, wenn das schädigende Ereignis nach dem 31.07.2002 eingetreten ist. Im Umkehrschluss bedeutet dies, dass § 839 a BGB keine Rückwirkung entfaltet und nur auf solche Fälle anwendbar ist, in denen ein gerichtlicher Sachverständiger sein unrichtiges Gutachten am 01.08.2002 oder später erstattet hat.[745]

2. Persönlicher Anwendungsbereich

a. Aktivlegitimation

Schadensersatzberechtigt aus § 839 a BGB ist nach dessen Wortlaut jeder Verfahrensbeteiligte. Das sind in erster Linie Kläger und Beklagter im Zivil- oder Verwaltungsprozess und der Beschuldigte im Strafprozess. Darüber hinaus ist Verfahrensbeteiligter jede Person (außer das Gericht), der in dem Verfahren eine Funktion zukommt oder deren Rechte durch das Verfahren berührt werden.[746] Hierzu zählen der Nebenintervenient und der Streitverkündete im Zivilprozess, der Neben- und Privatkläger im Strafprozess, der Beigeladene im Prozess vor den Verwaltungs-, Finanz- und Sozialgerichten sowie Zeugen. Neben den aktiven Verfahrensbeteiligten sind auch solche Personen ersatzberechtigt, die an die unrichtige Entscheidung gebunden sind, ohne selbst am Verfahren mitgewirkt zu haben. Dies betrifft vor allem die Rechtsnachfolger einer Partei in den Grenzen der §§ 265, 325, 727 ZPO und die Rechtsinhaber bei der Prozessführung durch Insolvenzverwalter, Testamentsvollstrecker, Nachlasspfleger oder dazu ermächtigte Prozessstandschafter.[747] All diese Personen können einen Schadensersatzanspruch gegen den gerichtlichen Sachverständigen geltend machen, wenn sie nachweisen, durch eine auf dessen

[745] Zu möglichen Zweifelsfällen vgl. *Zimmermann*, BuW 2003, 154 (154).
[746] *Cahn*, Einführung in das neue Schadensersatzrecht, Rn. 167.
[747] MüKo/*Wagner*, § 839 a BGB, Rn. 28.

nachweisen, durch eine auf dessen unrichtigem Gutachten beruhende gerichtliche Entscheidung einen erlitten zu haben.[748]

b. Passivlegitimation

Schuldner des Schadensersatzanspruchs aus § 839 a BGB ist nach seinem eindeutigen Wortlaut nur der vom Gericht ernannte Sachverständige. In Betracht kommt daneben eine analoge Anwendung auf Zeugen. Die Haftung von Zeugen ist nicht gesetzlich geregelt.[749] Für sie kommt wie bisher für den gerichtlichen Sachverständigen neben § 826 BGB nur eine Haftung aus § 823 Abs. 2 BGB i.V.m. §§ 154, 163 StGB in Betracht, die von der Tatsache der Beeidigung abhängt. Dass der zufällige Umstand der Beeidigung kein geeignetes Haftungskriterium darstellt, hat den Gesetzgeber bewogen, für den gerichtlichen Sachverständigen die Vorschrift des § 839 a BGB einzuführen. Schon eine frühere Entscheidung des BGH hat Parallelen zwischen der Haftung von gerichtlichen Sachverständigen und Zeugen für falsche Aussagen angesprochen.[750] Die für eine Haftungsprivilegierung von gerichtlichen Sachverständigen angeführten Argumente treffen auf Zeugen eher noch stärker zu als auf die gerichtlichen Sachverständigen selbst, so dass die in Frage stehenden Sachverhalte vergleichbar sind. Denn Zeugen können sich ihrer Pflicht zur Aussage nicht entziehen (§§ 377 Abs. 2 Nr. 3, 380 ff. ZPO). Sie werden deutlich geringer entschädigt als Sachverständige (§ 401 ZPO i.V.m. § 2 ZSEG), deren Entschädigung eher einem Entgelt für die erbrachte Leistung gleichkommt (vgl. § 3 ZSEG). Und sie sind typischerweise gegen solche Risiken nicht versichert. Aufgrund dieser Parallelen sollten Zeugen zumindest nicht strenger haften als gerichtliche Sachverständige, so dass nach § 839 a BGB analog eine Verpflichtung zum Schadensersatz dann angenommen werden könnte, wenn sie vorsätzlich oder grob fahrlässig falsch aussagen und eine gerichtliche Entscheidung ergeht, die auf dieser Aussage beruht.[751] Für den Sorgfaltsmaßstab, nach dem sich die grobe Fahrlässigkeit bestimmt, ist bei Zeugen allerdings zu beachten, dass sie bei ihrem Auftritt vor Gericht nicht wie gerichtliche Sachverständige im Rahmen ihrer Profes-

[748] Denkbar ist die Schädigung eines Zeugen beispielsweise in einem wie vom österreichischen OGH entschiedenen Fall: Ein Rechtsanwalt, der die Angeklagte eines Strafprozesses bei Abschluss eines Liegenschaftskaufvertrags beraten hatte, sagte in diesem Prozess als Zeuge aus. Durch ein für den Prozess eingeholtes Gerichtsgutachten über die Kaufvertragsurkunde geriet er in den Verdacht der Beteiligung am Betrug; OGH JBl 2001, 227.

[749] Vgl. dazu *Hopt*, Schadensersatz aus unberechtigter Verfahrenseinleitung, S. 291 ff.; *Schreiber*, ZZP 105 (1992), 129 (141 ff.).

[750] BGHZ 42, 313 = NJW 1965, 298; darauf weist AnwKomm-BGB/*Huber*, § 839 a BGB, Rn. 64 hin.

[751] So AnwKomm-BGB/*Huber*, § 839 a BGB, Rn. 63 f.; *ders.*, Das neue Schadensersatzrecht, § 5, Rn. 76 f.; *Wagner*, Das neue Schadensersatzrecht, Rn. 78.

sion handeln und zur Vorbereitung ihrer Aussage nur sehr eingeschränkt verpflichtet sind (vgl. § 378 ZPO).[752]

[752] Vgl. dazu Stein/Jonas/*Berger*, vor § 373 ZPO, Rn. 32 f.

Drittes Kapitel - Reichweite der Norm und abschließende Wirkung

Wie oben ausgeführt, findet § 839 a BGB nur dann Anwendung, wenn eine gerichtliche Entscheidung ergeht, die auf dem unrichtigen Sachverständigengutachten beruht. Bei allen privatautonomen Entscheidungen der Parteien wie Klagerücknahme oder Vergleich begründet die Vorschrift dagegen keinen Anspruch.[753] Das bedeutet, dass z. B. bei Abschluss eines Prozessvergleichs dem Geschädigten selbst dann kein Schadensersatzanspruch nach § 839 a BGB zusteht, wenn der Sachverständige vorsätzlich ein falsches Gutachten erstellt und dieses die Vergleichsbereitschaft überhaupt erst geschaffen hat. Dies entspricht dem ausdrücklichen Willen des Gesetzgebers, der in der Gesetzesbegründung formuliert hat:

> „Eine Ersatzpflicht der Sachverständigen soll nur insoweit begründet werden, als einem Prozessbeteiligten durch eine gerichtliche Entscheidung, die auf einem unrichtigen Gutachten beruht, ein Schaden entsteht. Ausgeschlossen von der Ersatzpflicht sind somit Fälle anderweitiger Erledigung wie z. B., dass sich die Parteien unter dem Eindruck eines unrichtigen Gutachtens vergleichen. Hier wäre der Nachweis, dass dieses Gutachten auf die Motivation der Parteien eingewirkt hat, auch nur schwer zu erbringen."[754]

Diese Passage entspricht fast wortgetreu der Begründung der Kommission für das Zivilprozessrecht 1977 für die schon damals vorgeschlagene Einführung eines § 839 a BGB.[755] Wegen dieser eindeutigen Aussage des Gesetzgebers scheidet auch eine analoge Anwendung aus, da es jedenfalls an der Planwidrigkeit einer eventuellen Regelungslücke fehlt.[756] Fraglich ist, ob in solchen Fällen, in denen § 839 a BGB keine Anwendung findet, auf andere Haftungsgrundlagen zurückgegriffen werden kann. Ein Rückgriff auf andere Haftungsgrundlagen könnte ausgeschlossen sein, wenn die Regelung des § 839 a BGB abschießend ist und Sperrwirkung gegenüber Fällen entfaltet, die von § 839 a BGB nicht erfasst werden. Dieser Frage soll im Folgenden nachgegangen werden.

I. Intention des Gesetzgebers und Regelungszweck

Ausweislich der Gesetzesbegründung wollte der Gesetzgeber vor allem den unbefriedigenden Zustand beseitigen, dass eine Haftung des gerichtlichen Sachver-

---

[753] Oben Teil B: Zweites Kapitel - III.
[754] BT-Drucks. 14/7752, S. 28, linke Spalte unten.
[755] Bericht der Kommission für das Zivilprozessrecht, 1977, S. 143.
[756] Vgl. *Däubler*, JuS 2002, 625 (629 f.).

ständigen von dem zufälligen Umstand der Beeidigung abhängt, und die Haftung des Gerichtssachverständigen auf Vorsatz und grobe Fahrlässigkeit beschränken. Er formuliert hierzu:

> „Ob ein Sachverständiger beeidigt worden oder unbeeidigt geblieben ist, ist eine verfahrensrechtliche und strafrechtlich beachtliche Unterscheidung. Haftungsrechtlich ist dies jedoch kein geeignetes Differenzierungskriterium (vgl. BVerfGE 49, 304). Mit dem neuen § 839 a BGB soll dieser Unterschied zwischen der Haftung des beeidigten und des nicht beeidigten gerichtlichen Sachverständigen deshalb beseitigt werden.
>
> Mit der vorgeschlagenen Regelung wird ein neuer Haftungstatbestand geschaffen, der die Haftung des gerichtlichen Sachverständigen für ein unrichtiges Gutachten abschließend regelt. Unerheblich ist es danach, ob der Sachverständige beeidigt wurde. Sowohl der beeidigte als auch der unbeeidigte Sachverständige haften für Vorsatz und grobe Fahrlässigkeit. Damit wird zugleich der Vorschlag der ZPO-Kommission (§ 389 a BGB-E, Bericht, S. 358 f.) umgesetzt, die sich bereits für eine eigenständige Vorschrift für die Haftung des gerichtlichen Sachverständigen ausgesprochen und vorgeschlagen hatte, dass dieser – gleichgültig ob er beeidigt wurde oder nicht – stets für Vorsatz und grobe Fahrlässigkeit einstehen solle."
>
> „Der Verschuldensmaßstab ist auf Vorsatz und grobe Fahrlässigkeit beschränkt; eine Haftung für einfache Fahrlässigkeit scheidet daher künftig aus. Andernfalls würde dem Sachverständigen die innere Freiheit genommen, derer er bedarf, um sein Gutachten unabhängig und ohne Druck eines möglichen Rückgriffs erstatten zu können. Dies gilt umso mehr, als der öffentlich bestellte Sachverständige regelmäßig zur Erstattung des Gutachtens verpflichtet ist."[757]

Im Vordergrund stand für die Einführung des § 839 a BGB also die Beseitigung der unterschiedlichen Haftung von beeidigten und nicht beeidigten Sachverständigen und die Beschränkung der Haftung auf Vorsatz und grobe Fahrlässigkeit. Daneben spricht der Gesetzgeber ausdrücklich davon, dass die neue Vorschrift eine abschließende Regelung für die Haftung des gerichtlichen Sachverständigen sein solle. Daraus wird überwiegend gefolgert, dass keine anderen Anspruchsgrundlagen für die Haftung des gerichtlichen Sachverständigen herangezogen werden können.[758] Allerdings wird dieses Ergebnis außer mit dem Verweis auf das entsprechende Zitat aus der Gesetzesbegründung zumeist nicht näher begründet.

---

[757] BT-Drucks. 14/7752, S. 28.

[758] *Kilian*, VersR 2003, 683 (686); *Jaeger/Luckey*, Das neue Schadensersatzrecht, Rn. 416, 428; *Karczewski*, VersR 2001, 1070 (1076); *Brückner/Neumann*, MDR 2003, 906 (907); *Jacobs*, ZRP 2001, 489 (492).

II. Beweisschwierigkeiten

Der Ausschluss einer Ersatzpflicht nach § 839 a BGB in Fällen eines Prozessvergleichs wird gerechtfertigt mit dem Hinweis auf erhebliche Beweisschwierigkeiten hinsichtlich der Motivationslage der Parteien. Schon die Kommission für das Zivilprozessrecht 1977 führte die Beweisschwierigkeiten gegen die Haftung des Sachverständigen bei Abschluss eines Prozessvergleichs an, allerdings ebenso wie der heutige Gesetzgeber ohne nähere sachliche Begründung.

Dies überzeugt als Grund für die Freistellung des gerichtlichen Sachverständigen von einer Haftung indes keineswegs. Denn die Interessenlage der Beteiligten bei Abschluss eines Vergleichs auf der Grundlage des unrichtigen Gutachtens ist der einer auf dem Gutachten beruhenden gerichtlichen Entscheidung vergleichbar. In beiden Fällen wird die Streitigkeit infolge eine Fehlleistung des Gutachters beendet.[759] Zudem obliegt die Beweislast für die Kausalität zwischen unrichtigem Gutachten und Schaden ohnehin dem Geschädigten. Es ist nicht einzusehen, warum ihm selbst dann kein Schadensersatzanspruch zustehen soll, wenn er den Beweis zu erbringen vermag.[760] Zu berücksichtigen ist darüber hinaus, dass auch bei Gerichtsentscheidungen der Nachweis der Kausalität durchaus erhebliche Schwierigkeiten bereiten kann. Zu denken ist an Fälle, in denen das Urteil keine Entscheidungsgründe enthält (§§ 313 a und 313 b ZPO)[761], oder in denen andere Beweismittel auf die Entscheidung einen viel größeren Einfluss hatten als das Sachverständigengutachten. Demgegenüber kann das Ergebnis eines Gutachtens dergestalt eindeutig sein, dass es nur noch die Entscheidung in eine bestimmte Richtung zulässt,[762] woraufhin sich die Parteien zur Vermeidung unnötiger Kosten vergleichen.

III. § 779 BGB

Als Ausweg aus dem Dilemma der versagten Haftung des gerichtlichen Sachverständigen bei Prozessvergleichen trotz vergleichbarer Interessenlage ist die

---

[759] *Kilian*, in Henssler/Graf von Westphalen, Praxis der Schuldrechtsreform, § 839 a BGB, Rn. 14; *Däubler*, JuS 2002, 625 (629 f.).

[760] Vgl. *Cahn*, Einführung in das neue Schadensersatzrecht, Rn. 157, der der Auffassung ist, dass sich in vielen Fällen durchaus nachweisen lasse, dass das unrichtige Gutachten die Parteien zum Abschluss des Vergleichs veranlasst hat.

[761] Vgl. dazu oben Teil B: Zweites Kapitel - IV.

[762] AnwKomm-BGB/*Huber*, § 839 a BGB, Rn. 46, Fn. 113 verweist in diesem Zusammenhang auf die Fälle OLG Hamm MDR 1950, 221 und LM § 831 (Fc) BGB Nr. 1, wo in einem Vaterschaftsprozess die Blutgruppenprobe vertauscht wurde.

Anwendung des § 779 BGB vorgeschlagen worden.[763] Nach dieser Vorschrift kann der durch einen Prozessvergleich Benachteiligte dessen Unwirksamkeit geltend machen, wenn der nach dem Inhalt des Vergleichs als feststehend zugrunde gelegte Sachverhalt der Wirklichkeit nicht entspricht und der Streit oder die Ungewissheit bei Kenntnis der Sachlage nicht entstanden sein würde. § 779 BGB enthält für die materiell-rechtliche Seite des Vergleichs einen gesetzlich geregelten Sonderfall der Störung der Geschäftsgrundlage,[764] die mit dem Schuldrechtsmodernisierungsgesetz in § 313 BGB kodifiziert wurde.

Dabei können in dem Gutachten festgestellte Tatsachen den dem Vergleich zugrunde liegenden Sachverhalt bilden, der der Wirklichkeit nicht entspricht, weil die Tatsachen falsch sind. Etwas weit hergeholt erscheint allerdings, dass der Streit oder die Ungewissheit bei Kenntnis der Sachlage nicht entstanden sein würde. Denn der Rechtsstreit, der durch den Vergleich beendet werden soll, wird von den Parteien bereits betrieben, wenn das Gutachten eingeholt wird. Es erscheint wenig plausibel, dass dieser bei Kenntnis der Unrichtigkeit des Gutachtens nicht entstanden sein würde. So wird die Erfüllung des zweiten Tatbestandsmerkmals bei Prozessvergleichen, die infolge eines unrichtigen Gutachtens geschlossen wurden, schwerlich anzunehmen sein. Trotzdem kann u. U. die Unwirksamkeit des Vergleichs geltend gemacht werden, da neben § 779 BGB auf § 313 BGB zurückgegriffen kann, wenn sich der beiderseitige Irrtum nicht auf streitausschließende Umstände bezieht.[765] Eine Loslösung von dem auf der Grundlage eines unrichtigen Gutachtens geschlossenen Prozessvergleich kommt also unter den Voraussetzungen der §§ 779, 313 BGB grundsätzlich in Betracht.

IV. Rechtspolitische Unhaltbarkeit

Gerade wegen der vergleichbaren Interessenlage ist es unbefriedigend, dass ein gerichtlicher Sachverständiger nur dann haften soll, wenn eine gerichtliche Entscheidung ergeht, die auf seinem Gutachten basiert. Zwar kann sich der Geschädigte nach §§ 313, 779 BGB von einem Prozessvergleich lösen, wenn deren Voraussetzungen erfüllt sind. Sind sie es aber nicht, dann bleibt der Sachverständige, der grob fahrlässig oder gar vorsätzlich gehandelt hat, von einer Haftung verschont und der Geschädigte auf seinem Schaden sitzen. Ebenso verhält es sich, wenn der Rechtsstreit durch eine andere privatautonome Entscheidung der Parteien beendet wird, die durch das falsche Gutachten motiviert wurde, etwa eine Klagerücknahme. Bei einer gerichtlichen Entscheidung hat der Sachver-

[763] *Wagner*, Das neue Schadensersatzrecht, Rn. 76; *ders.*, MüKo/*Wagner*, § 839 a BGB, Rn. 20; vorsichtig zustimmend Palandt/*Sprau*, § 839 a BGB, Rn. 6.

[764] Palandt/*Sprau*, § 779 BGB, Rn. 13.

[765] Palandt/*Sprau*, § 313 BGB, Rn. 65; § 779 BGB, Rn. 13.

ständige den durch sein fehlerhaftes Gutachten verursachten Nachteil zu tragen. Denn von dem Prozessgegner kann nichts mehr zurückverlangt bzw. nunmehr Leistung verlangt werden, da dem die Rechtskraft der gerichtlichen Entscheidung entgegensteht. Wird bei einem nach § 779 BGB unwirksamen Vergleich der zwischen den Parteien bestehende Rechtsstreit wieder neu aufgerollt, dann hat infolgedessen die zunächst durch das Gutachten begünstigte Partei den Nachteil endgültig zu tragen und nicht der Gerichtssachverständige. Die durch eine gerichtliche Entscheidung voraussichtlich begünstigte Partei tut also besser daran, einem Vergleich nicht zuzustimmen, sondern auf einer gerichtlichen Entscheidung zu bestehen.

Desgleichen hat der durch einen Vergleich Benachteiligte schwerwiegende Gründe, sich nicht vergleichsbereit zu zeigen. Denn er kann sich von dem Vergleich nur lösen, wenn die Voraussetzungen der §§ 313, 779 BGB vorliegen, verliert aber endgültig seinen möglichen Schadensersatzanspruch gegenüber dem falsch begutachtenden Sachverständigen aus § 839 a BGB. Auch sein Anwalt wird ihm im Zweifel von einem Vergleich abraten müssen, um einen möglichen Regress gegen ihn selbst im Falle eines falschen Sachverständigengutachtens zu vermeiden.[766] Ebenso verhält es sich bei einer Klagerücknahme. Erstattet ein Gerichtssachverständiger ein Gutachten, aufgrund dessen ein Unterliegen des Klägers wahrscheinlich wird, ist es für beide Parteien vorteilhafter, auf ein (Anerkenntis-)Urteil zu bestehen, als eine Klagerücknahme zu ermöglichen. Denn bei einer Klagerücknahme aufgrund eines falschen Sachverständigengutachtens muss der Beklagte befürchten, erneut verklagt zu werden, während der Kläger bei einer Klagerücknahme seinen potentiellen Schadensersatzanspruch gegen den Sachverständigen verliert. Zusätzlich verschärft stellt sich diese Problematik hinsichtlich von Zeugen als Anspruchsberechtige dar. Denn der möglicherweise durch ein unrichtiges Gutachten geschädigte Zeuge[767] hat keinerlei Einfluss darauf, ob das Verfahren durch eine gerichtliche Entscheidung oder anders beendet wird.[768]

Ordnet man der Regelung des § 839 a BGB eine abschließende Regelungswirkung in dem Sinne zu, dass bei einer privatautonomen prozessbeendenden Entscheidung nicht auf andere Haftungsgrundlagen zurückgegriffen werden könnte, dürfte sich allseits die Bereitschaft zur einvernehmlichen Streitbeilegung beträchtlich verringern. Dies ist jedoch rechtspolitisch nicht hinnehmbar und mit

---

[766] Vgl. oben bei Teil B: Zweites Kapitel - III a. E.

[767] Vgl. oben Teil B: Zweites Kapitel - VII.2.a bei Fn. 748.

[768] *Huber*, Das neue Schadensersatzrecht, § 5 Rn. 91, weist auf den „absurden" Zustand hin, dass im Falle eines Strafprozesses die zivilrechtliche Einstandspflicht des Gerichtssachverständigen gegenüber dem Zeugen davon abhinge, ob der Angeklagte vor Beendigung des Verfahrens stirbt oder nicht.

dem in § 278 Abs. 1 ZPO festgeschriebenen Grundsatz unvereinbar, wonach das Gericht in jeder Lage des Verfahrens auf eine gütliche Beilegung des Rechtsstreits bedacht sein muss. Die Förderung der gütlichen Streitbeilegung erfüllt sowohl eine Befriedungsfunktion hinsichtlich der Parteien als auch eine erhebliche Entlastung der Gerichte. Es kann daher nicht dem Willen des Gesetzgebers entsprechen, die Bereitschaft der Parteien zur gütlichen Streitbeilegung bedeutend zu minimieren. Vor diesem Hintergrund ist zu klären, ob der Vorschrift des § 839 a BGB abschließende Wirkung einzuräumen ist.

V. Sperrwirkung des § 839 a BGB?

§ 839 a BGB ist ein spezieller deliktischer Haftungstatbestand für gerichtliche Sachverständige. Als lex specialis gegenüber den allgemeinen deliktischen Anspruchsgrundlagen könnte sie diese ausschließen. Dass ein lex specialis die Anwendung eines lex generalis ausschließt, ist indes nicht in jedem Fall anzunehmen. Lediglich wenn sich die Rechtsfolgen der konkurrierenden Rechtssätze gegenseitig ausschließen, führt das logische Verhältnis der Spezialität notwendig zur Verdrängung der allgemeineren Norm, da im umgekehrten Fall die spezielle Norm überhaupt kein Anwendungsgebiet hätte.[769] Andernfalls, wenn also die Rechtsfolgen der konkurrierenden Rechtssätze miteinander verträglich sind, sowie in dem Sonderfall, dass sich die Tatbestände zweier Normen nur teilweise decken, ist durch Auslegung zu ermitteln, ob beide Rechtssätze nebeneinander anwendbar sein sollen oder ob der eine den anderen verdrängt. Es kommt dabei auf den Sinn und Zweck der in Frage stehenden Regeln und die hinter ihnen stehenden Wertungen an. Die allgemeineren Regelungen werden verdrängt, wenn durch ihre Anwendung der Regelungszweck der besonderen Regelung vereitelt würde.[770] *Enneccerus/Nipperdey* beschreiben dies als „eine (oft recht schwierige) Frage der Auslegung oder der Rechtsfindung, die auf Grund des Wortlauts, des Zusammenhangs, der historischen Entwicklung und Entstehungsgeschichte, besonders aber auch nach dem Zweck der fraglichen Vorschriften und dem Wert des Ergebnisses der einen oder der anderen Auslegung zu lösen ist."[771]

Es ist zu untersuchen, ob der Rückgriff auf andere Haftungsgrundlagen dem vom Gesetzgeber verfolgten Regelungszweck zuwiderlaufen würde. Zu diesem Zweck kann man auf die vor Einführung des § 839 a BGB geführte Diskussion über die Haftung des gerichtlichen Sachverständigen rekurrieren. Anhand dieser soll nachfolgend eine Haftung des gerichtlich bestellten Sachverständigen aus anderen Anspruchsgrundlagen untersucht werden. Anschließend wird die Ver-

---

[769] *Larenz/Canaris*, Methodenlehre, S. 88.
[770] *Larenz/Canaris*, Methodenlehre, S. 89.
[771] *Enneccerus/Nipperdey*, Allgemeiner Teil des Bürgerlichen Rechts, S. 351.

einbarkeit deren Anwendung mit dem Regelungszweck der Neuregelung des § 839 a BGB überprüft.[772]

VI. Weitere Haftungstatbestände

1. Vertragliche oder vertragsähnliche Ansprüche

a. Vertrag

Zwischen dem Sachverständigen und den Parteien bestehen keine vertraglichen Beziehungen. Der Sachverständige wird allein vom Gericht zur Gutachtenerstattung herangezogen. Dies gilt selbst dann, wenn sich beide Parteien auf die Person des Sachverständigen geeinigt haben, § 404 Abs. 4 ZPO.[773] Anders verhält es sich nur, wenn eine Prozesspartei einen Sachverständigen mit der Erstattung eines Gutachtens beauftragt und das Ergebnis dieses Gutachtens dann in den Prozess einbringt. In diesem Fall kommt selbstverständlich zwischen der Partei und dem Gutachter ein privatrechtlicher Werkvertrag zustande. Dann ist das Gutachten aber Teil des Parteivortrags und nicht mehr Sachverständigenbeweis.[774] Auch zwischen Gericht und Sachverständigem kommt kein privatrechtlicher Vertrag zustande, denn die Beziehung des Sachverständigen zum Gericht richtet sich nach den öffentlich-rechtlichen Normen des Verfahrensrechts (§§ 402 ff. ZPO und §§ 72 ff. StPO). Somit ist das Rechtsverhältnis zwischen Sachverständigem und Gericht rein öffentlich-rechtlich.[775]

Teilweise ist diskutiert worden, ob zwischen dem Sachverständigen und dem Gericht nicht ein öffentlich-rechtlicher Vertrag zustande komme. Dieser richtet sich nach den §§ 54 ff. VwVfG bzw. den entsprechenden Ländervorschriften. In § 62 VwVfG wird ergänzend auf die Vorschriften des BGB verwiesen. Das bedeutet, dass Leistungsstörungen in öffentlich-rechtlichen Verträgen nach den bürgerlich-rechtlichen Haftungsgrundsätzen beurteilt werden. Für die Haftung des Sachverständigen könnte folglich ein öffentlich-rechtlicher Vertrag mit

[772] Dazu unten Teil B: Drittes Kapitel - VII.

[773] *Döbereiner/von Keyserlingk*, Sachverständigenhaftung, Rn. 238; *Bartling*, Die Haftung für fehlerhafte Gutachten der gerichtlich beauftragten Sachverständigen, S. 4. Anders ist es im Schiedsverfahren gem. §§ 1025 ff. ZPO, wo der Schiedsrichter als Stellvertreter der Parteien mit dem Sachverständigen einen Werkvertrag schließt, vgl. BGHZ 42, 313 (315).

[774] *Rosenberg/Schwab/Gottwald*, § 120 Rn. 14; vgl. schon oben bei Fn. 6.

[775] BGHZ 59, 310 (311); *Blomeyer*, Schadensersatzansprüche des im Prozess Unterlegenen wegen Fehlverhaltens Dritter, S. 162 ff.; *Hopt*, Schadensersatz aus unberechtigter Verfahrenseinleitung, S. 286.

Schutzwirkung für Dritte relevant werden.[776] Voraussetzung ist auch für den öffentlich-rechtlichen Vertrag eine durch Angebot und korrespondierende Annahme herbeigeführte Willenseinigung. Die Berufung zum Sachverständigen begründet für diesen jedoch eine Gutachtenerstattungspflicht. Er wird wegen § 407 ZPO durch den einseitigen Akt der Ernennung durch das Gericht zur Begutachtung verpflichtet, ohne dass er eine hierauf gerichtete Willenserklärung abgibt.[777] Diese Pflicht kann nach § 409 ZPO auch zwangsweise durchgesetzt werden, so dass die Ernennung durch das Gericht hoheitlichen Eingriffscharakter hat und die Pflicht zur Erstattung des Gutachtens keine durch Willensübereinstimmung herbeigeführte Rechtsfolge ist. Die Ernennung erfolgt durch Beweisbeschluss (§§ 358 ff ZPO), so dass auch das Schriftformerfordernis der § 57 VwVfG i.V.m. § 126 BGB grundsätzlich nicht erfüllt sein dürfte, da der Sachverständige wohl weder den Beweisbeschluss noch sonst eine „Auftragsbestätigung" eigenhändig unterzeichnet.[778] Zwischen Sachverständigem und Gericht besteht folglich kein öffentlich-rechtlicher Vertrag.[779]

b. Öffentliches vertragsähnliches Schuldverhältnis

Zwischen dem Gericht und dem Sachverständigen besteht infolge der Ernennung ein öffentliches Rechtsverhältnis, das nicht vertraglicher Natur ist. Allerdings werden auch auf nichtvertragliche öffentlich-rechtliche Verhältnisse zwischen Bürger und Staat teilweise zivilrechtliche Normen oder Grundsätze angewandt. *Eickmeier* hat daher vorgeschlagen, das Rechtsverhältnis zwischen Ge-

---

[776] Eine Dritthaftung aus öffentlich-rechtlicher culpa in contrahendo scheidet nach den oben getroffenen Feststellungen aus, da Zweck des Gutachtens nicht ist, die Entscheidung der Parteien zu fördern bzw. zu beeinflussen, sondern der gerichtliche Sachverständige mit seinem Gutachten allein die Entscheidungsfindung des Richters unterstützen will. Wegen dieser spezifischen Zielsetzung des gerichtlichen Gutachtens nimmt der Sachverständige auch dann kein besonderes Vertrauen der Prozessparteien in Anspruch, wenn diese auf der Grundlage des Gutachtens einen gerichtlichen Vergleich schließen.

[777] *Klein*, Die Rechtsstellung und die Haftung des im Zivilprozess bestellten Sachverständigen, S. 22.

[778] Ginge man von einem öffentlich-rechtlichen Vertrag zwischen dem Gericht und den Parteien über die Ernennung eines Sachverständigen aus, so dürfte dessen Wirksamkeit grundsätzlich an dem Erfordernis einer schriftlichen Zustimmung des Sachverständigen gem. § 58 Abs. 1 VwVfG scheitern.

[779] So auch die überwiegende Ansicht, zuletzt BGH NJW 2003, 2825 = JA 2004, 97; ferner BGH ZSW 1984, 209; *Müller*, Der Sachverständige im gerichtlichen Verfahren, S. 631; *Klein*, Die Rechtsstellung und die Haftung des im Zivilprozess bestellten Sachverständigen, S. 22; *Eickmeier*, Die Haftung des gerichtlichen Sachverständigen für Vermögensschäden, S. 84;
a.A., aber ohne eingehende Begründung: OLG Hamm MDR 1950, 221; LG Stuttgart NJW 1954, 1411; *Wasner*, NJW 1986, 119 und trotz Geltung des § 839 a BGB in jüngster Zeit wieder *Heumann*, FuR 2002, 483 (486).

richt und Sachverständigem als öffentlich-rechtliches vertragsähnliches Schuldverhältnis mit Drittschutzwirkung anzusehen, so dass der Sachverständige bei einem schuldhaft unrichtigen Gutachten den Parteien schadensersatzpflichtig sei, und zwar auch hinsichtlich reiner Vermögensschäden.[780] Dabei definiert er ein öffentlich-rechtliches Schuldverhältnis sehr weit, indem er lediglich eine Sonderverbindung fordert, die durch Rechtsgeschäft oder einen Akt hoheitlicher Gewalt zustande komme und kraft derer der eine Teil von dem anderen Teil eine Leistung verlangen könne,[781] so dass auch das Verhältnis des Sachverständigen zum Gericht darunter falle. Dann wendet er die Methode der allgemeinen Rechtsgrundsätze an, nach der bürgerlichrechtliche Grundsätze als allgemeingültige Rechtsgrundsätze, die nur „zufällig" im BGB kodifiziert worden seien, eigentlich Ausdruck eines „Allgemeinen Teil des Rechts" seien, der für das gesamte Recht gelte.[782] Dementsprechend behauptet er sowohl, dass das werkvertragliche Gewährleistungsrecht anwendbar sei, als auch, dass die Sonderverbindung zwischen Sachverständigem und Gericht drittschützenden Charakter habe und der Sachverständige bei schuldhafter Verletzung seiner Pflichten den Prozessparteien gegenüber hafte, und zwar auch für reine Vermögensschäden.[783]

Eickmeier prüft jedoch nicht, ob die von ihm auf das öffentliche Recht übertragenen Regelungen überhaupt zu allgemeinen Rechtsgrundsätzen zählen oder zu Detailregelungen des Vertragsrechts, die nur über eine Analogie, d.h. bei einer bestehenden planwidrigen Regelungslücke, eventuell zur Anwendung kommen können.[784] Auch die besondere Interessenlage im öffentlichen Recht, wonach der Sachverständige durch die Erstellung seines Gutachtens an der Entscheidungsfindung beteiligt ist, wird von ihm nicht berücksichtigt.

Abzulehnen ist die Annahme eines öffentlich-rechtlichen Schuldverhältnisses mit Drittschutzwirkung aber aufgrund des eigentlichen Zwecks der Erstreckung bürgerlicher Haftungsregelungen auf öffentlich-rechtliche Schuldverhältnisse. Hinter dieser Ausweitung vertraglicher Haftungsgrundsätze auf öffentliche Rechtsverhältnisse stand die Überlegung, dem Bürger, der in besondere Beziehungen zum Staat tritt, die über das Maß einer allgemeinen rechtlichen Verbindung hinausgehen, einen schuldrechtlichen Anspruch wegen Forderungsverlet-

[780] *Eickmeier*, Die Haftung des gerichtlichen Sachverständigen für Vermögensschäden.
[781] *Eickmeier*, Die Haftung des gerichtlichen Sachverständigen für Vermögensschäden, S. 82.
[782] *Eickmeier*, Die Haftung des gerichtlichen Sachverständigen für Vermögensschäden, S. 148.
[783] *Eickmeier*, Die Haftung des gerichtlichen Sachverständigen für Vermögensschäden, S. 161 ff.
[784] Eine solche Unterscheidung trifft überzeugend *Maurer*, Allgemeines Verwaltungsrecht, § 3 IV, S. 59 f.

zung einzuräumen und so die Amtshaftungsgrundsätze zu ergänzen.[785] Zwar ist es nicht ausgeschlossen, dass sich aus einem öffentlich-rechtlichen Schuldverhältnis auch Ansprüche des Staates gegen den Bürger ergeben können.[786] Doch ist dies nicht primäres Ziel oder auch Folge der Anwendung vertraglicher Haftungsregelungen auf öffentliche Rechtsverhältnisse. Auf den gerichtlichen Sachverständigen bezogen kommt hinzu, dass es vorrangig nicht um Ansprüche des Sachverständigen gegen das Gericht bzw. den Staat als Träger der Gerichtsbarkeit oder um Ansprüche des Gerichts bzw. des Staates gegen den Sachverständigen geht. Diese sind ja in den §§ 404 ff. ZPO und im ZSEG detailliert geregelt. Vielmehr geht es um die Ansprüche der Prozesspartei. Also müsste man konsequent fragen, ob nicht zwischen der Prozesspartei und dem Gericht bzw. dem Staat ein öffentliches Rechtsverhältnis besteht, aus dem die Partei Ansprüche gegen den Staat geltend machen kann, wenn der Sachverständige als dessen „Erfüllungsgehilfe" schuldhaft seine Pflichten verletzt.

2. Staatshaftung

a. Amtshaftung nach § 839 BGB i.V.m. Art. 34 GG

Der Sachverständige wird vom Richter dann hinzugezogen, wenn Letzterer selbst die erforderliche Sachkunde zur Erfassung und Einordnung des Sachverhalts nicht besitzt. Durch die Ernennung des Sachverständigen wird zwischen diesem und dem Gericht bzw. dem Staat als Träger der Gerichtsbarkeit ein öffentlich-rechtliches Verhältnis begründet. Daher wurde teilweise angenommen, dass der Sachverständige selbst hoheitlich tätig werde und der Staat deshalb für fehlerhafte Gutachten des Sachverständigen einzustehen habe.[787]

Allerdings ist der Zusammenhang zwischen der Tätigkeit des gerichtlichen Sachverständigen und der gerichtlichen Spruchtätigkeit nicht so eng, dass die Gutachtertätigkeit dem Staat wie eigenes hoheitliches Handeln zugerechnet werden kann.[788] Der Sachverständige wird durch die Gutachtenerstattung nicht Mitglied des Gerichts, sondern bleibt außenstehender Dritter, der nur seine

---

[785] BGHZ 21, 214 (218); *Ossenbühl*, Staatshaftungsrecht, S. 353 ff.

[786] BVerwG NJW 1995, 2303.

[787] *von Mutius*, VerwArch 64 (1973), 433 (437 f.); *Bartling*, Die Haftung für fehlerhafte Gutachten der gerichtlich beauftragten Sachverständigen, S. 151 ff.; *Pieper/Breunung/Stahlmann*, Der Sachverständige im Zivilprozess, S. 48; *Pieper*, GS für Bruns, 1980, 167 (169, 180).

[788] BGHZ 59, 310 (312); Kritik an der Argumentationsweise übt *Bartling*, a.a.O., vor allem im Vergleich mit der Rechtsprechung zum Sachverständigen im Verwaltungsverfahren, der nach Ansicht des BGH (BGHZ 49, 109) sehr wohl hoheitlich tätig wird.

Sachkunde zur Verfügung stellt. Damit erfüllt er ebenso wie der Zeuge eine Pflicht gegenüber dem Staat, aber keine Pflicht des Staates,[789] so dass eine Amtshaftung gem. § 839 BGB i.V.m. Art. 34 GG nicht in Betracht kommt.

b. Aufopferung

Als Reaktion auf das Weigand-Urteil des BGH [790] wurde vorgeschlagen, dem Geschädigten, dem kein Anspruch gegen den falsch begutachtenden Sachverständigen zusteht, einen Aufopferungsanspruch gegen den Staat zuzubilligen.[791] Ausgangspunkt hierfür war die Argumentation des BGH zur inneren Unabhängigkeit des Sachverständigen und zur Rechtssicherheit, in der anklang, dass private Belange hinter den Interessen der Allgemeinheit zurückzutreten hätten. Daraus folgerte *Speckmann*, dass dem Prozessbeteiligten, der zugunsten der inneren Unabhängigkeit des Gutachters und des Rechtsfriedens schwere Eingriffe in Gesundheit und Freiheit hinnehmen müsse, ein Sonderopfer abverlangt werde, das durch die Gewährung eines Aufopferungsanspruches gegen den Staat auszugleichen sei. Dieser Anspruch wäre verschuldensunabhängig, käme aber auch nur bei Eingriffen in immaterielle Rechtsgüter in Betracht, so dass er für die überwiegende Anzahl von Vermögensschäden durch falsche Sachverständigengutachten ohnehin von keiner praktischen Relevanz wäre. Darüber hinaus sind fehlerhafte Gutachten und Urteile Risiken, die notwendigerweise mit dem gerichtlichen Erkenntnisverfahren zusammenhängen und daher keine Sonderopfer darstellen.[792] Ein öffentlich-rechtlicher Entschädigungsanspruch aus Aufopferungsgrundsätzen kommt bei fehlerhaften Sachverständigengutachten somit nicht in Betracht.

3. Deliktische Haftung

Da weder vertragliche oder vertragsähnliche, noch staatshaftungsrechtliche Ansprüche gegen den gerichtlichen Sachverständigen bestehen, kann eine Haftung für Sachverhalte, die nicht § 839 a BGB unterfallen, nur nach allgemeinem De-

---

[789] BGHZ 59, 310 (315); *Blomeyer*, ZRP 1974, 214 (217); *Klein*, Die Rechtsstellung und die Haftung des im Zivilprozess bestellten Sachverständigen, S. 50; Bayerlein/*Wessel*, Praxishandbuch Sachverständigenrecht, § 33 Rn. 67, § 34 Rn. 18.

[790] BGHZ 62, 54 siehe oben Teil B: Erstes Kapitel - II.

[791] *Speckmann*, MDR 1975, 461.

[792] Grundlegend hierzu BGHZ 9, 83 (90 ff.). Schon in den Vorschriften zur Wiederaufnahme des Verfahrens (vgl. § 580 Nr. 3 ZPO, § 359 Nr. 2 StPO) zeigt sich, dass der Gesetzgeber die Möglichkeit fehlerhafter Gutachten ins Auge gefasst hatte; vgl. *Bartling*, Die Haftung für fehlerhafte Gutachten der gerichtlich beauftragten Sachverständigen, S. 202; *Eickmeier*, Die Haftung des gerichtlichen Sachverständigen für Vermögensschäden, S. 136.

liktsrecht begründet sein. Als Anspruchsgrundlagen kommen die §§ 823 Abs. 1, 823 Abs. 2 und 826 BGB in Betracht.

a. § 823 Abs. 1 BGB

Voraussetzung für eine Haftung nach § 823 Abs. 1 BGB ist, dass der Sachverständige durch sein Gutachten ein absolutes Recht oder Rechtsgut verletzt hat. Da das Vermögen als solches von diesem Schutz nicht erfasst ist, bleibt § 823 Abs. 1 BGB jedoch für die Mehrzahl der Fälle ohne Bedeutung. Hinzu kommt, dass schon früher die Rechtsprechung den Sachverständigen bei einfacher Fahrlässigkeit von der Haftung freistellte und ihn nur bei grober Fahrlässigkeit und Vorsatz haften ließ,[793] so dass diese Norm kaum jemals für Schäden aufgrund fehlerhafter gerichtlicher Sachverständigengutachten einschlägig war. Es sind lediglich zwei Entscheidungen zu finden, in denen eine Schadensersatzpflicht eines gerichtlichen Gutachters aus § 823 Abs. 1 BGB bejaht wurde.[794]

Da in § 839 a BGB nunmehr auch der Schutz vor Verletzungen der von § 823 Abs. 1 BGB erfassten absoluten Rechte und Rechtsgüter aufgeht,[795] bedarf es eines Rückgriffs auf § 823 Abs. 1 BGB nicht, wenn ein absolutes Recht durch eine gerichtliche Entscheidung verletzt wird, die auf einem unrichtigen Gutachten beruht. Bedeutung erlangen kann § 823 Abs. 1 BGB lediglich für die Fallgestaltungen, in denen eine Rechtsverletzung nicht durch eine auf einem Gutachten beruhende gerichtliche Entscheidung verursacht wird. Denn dann ist § 839 a BGB nicht einschlägig. Nachfolgend sollen mögliche Verletzungen eines der Schutzgüter des § 823 Abs. 1 BGB (und damit jetzt auch des § 839 a BGB) durch gerichtliche Sachverständige aufgezeigt werden. Im Anschluss erfolgt dann jeweils die Einordnung, ob diese Rechts- oder Rechtsgutsverletzungen nunmehr von § 839 a BGB erfasst werden oder nach wie vor § 823 Abs. 1 BGB unterfallen.

---

[793] Vgl. oben Teil B: Erstes Kapitel - II.

[794] OLG Nürnberg NJW-RR 1988, 791, wo durch das fehlerhafte Gutachten eines psychiatrischen Sachverständigen eine Person für sechs Jahre entmündigt und für zwei Jahre in einer geschlossenen Anstalt untergebracht wurde, und BGH NJW 1995, 2412, wo der BGH einen psychiatrischen Sachverständigen zum Schadensersatz verurteilt hat, weil der Patient durch sein unrichtiges Gutachten veranlasst worden war, seinen gesamten landwirtschaftlichen Besitz zu verkaufen, um damit Pflege und Betreuung zu finanzieren.

[795] AnwKom-BGB/*Huber*, § 839 a BGB, Rn. 40; *Brückner/Neumann*, MDR 2003, 906 (908); *Kilian*, VersR 2003, 683 (688).

aa. Eigentum

Eine Verletzung des Eigentums kann darin liegen, dass aufgrund eines falschen Gutachtens der Beklagte zu Unrecht zur Eigentumsübertragung an den Kläger verurteilt wird oder dass der Kläger zu Unrecht in einem Herausgabeprozess unterliegt. Strittig ist eine Eigentumsverletzung bei einem reinen Zahlungsurteil. Das Vermögen als solches stellt nach einhelliger Auffassung kein sonstiges Recht im Sinne des § 823 Abs. 1 BGB dar. Jedoch könnte man argumentieren, dass eine auf ein Zahlungsurteil folgende Zwangsvollstreckung, die im Wege der Sachpfändung erfolgt, eine Eigentumsverletzung darstelle. Da eine solche regelmäßig bereits in dem Zahlungsurteil angelegt sei, sei schon das Urteil als eine Rechtsgutsverletzung im Sinne des § 823 Abs. 1 BGB anzusehen.[796] Dem lässt sich jedoch entgegenhalten, dass auf ein Zahlungsurteil, das infolge eines unrichtigen Gutachtens ergangen ist, nicht zwangsläufig eine Zwangsvollstreckung folgt bzw. dass diese auch durch eine Forderungspfändung verwirklicht werden kann. Somit liegt in dem Zahlungsurteil noch keine Verletzung des Eigentums, sondern allenfalls eine Gefährdung, die aber für § 823 Abs. 1 BGB nicht ausreicht.

Eigentumsverletzungen durch unrichtige Urteile, die aufgrund eines fehlerhaften Gutachtens ergehen, sind ebenso wie durch gerichtliche Entscheidungen verursachte reine Vermögensschäden nunmehr Anwendungsfälle des § 839 a BGB, von dem daher unstreitig auch unrichtige Zahlungsurteile erfasst sind.[797]

bb. Freiheit

Eine Freiheitsverletzung ist vorstellbar, wenn aufgrund eines falschen Gutachtens eine gerichtliche Entscheidung ergeht, durch die einem Prozessbeteiligten die Freiheit entzogen wird; z. B. ein Strafurteil, das eine Freiheitsstrafe anordnet, oder ein Unterbringungsbeschluss nach § 126 a StPO (vgl. den oben geschilderten Fall Weigand). Allerdings hat der BGH[798] früher eine Freiheitsverletzung verneint, wenn eine Freiheitsentziehung von einem Strafgericht nach einem mit allen Rechtsgarantien ausgestatteten Verfahren ausgesprochen wurde (vergleichbar der Verneinung einer tatbestandlichen Körperverletzung bei einem kunstgerecht durchgeführten ärztlichen Heileingriff). Diese auf viel Kritik gestoßene Ansicht hat der BGH jedoch später nicht mehr vertreten und insbeson-

---

[796] So *Blomeyer*, Schadensersatzansprüche des im Prozess Unterlegenen wegen Fehlverhaltens Dritter, S. 142 f.

[797] *Brückner/Neumann*, MDR 2003, 906 (908); AnwKom/*Huber*, § 839 a BGB, Rn. 40; *Kilian*, VersR 2003, 683 (688); *Jacobs*, ZRP 2001, 489 (491); Palandt/*Sprau*, § 839 a BGB, Rn. 1.

[798] BGH NJW 1968, 787 (788).

dere auch im Weigand-Urteil eine Freiheitsverletzung bejaht.[799] Bei Freiheitsverletzungen ist § 253 Abs. 2 BGB zu berücksichtigen, der für Schäden, die nicht Vermögensschäden sind, eine billige Entschädigung in Geld ermöglicht.

Durch unrichtige Gutachten bedingte Freiheitsverletzungen unterfallen nunmehr § 839 a BGB. Hinsichtlich des Rechtsguts der Freiheit sind nämlich kaum Fälle vorstellbar, in denen eine Verletzung allein aufgrund eines unrichtigen Gutachtens ohne gerichtliche Entscheidung erfolgt, denn Art. 104 Abs. 2 GG setzt für jede Freiheitsentziehung eine richterliche Entscheidung voraus.

cc. Körper bzw. Gesundheit

Verursacht ein ärztlicher Sachverständiger bei der Untersuchung eine Körperverletzung, dann tritt der Schaden nicht durch eine gerichtliche Entscheidung, sondern in deren Vorfeld ein, so dass § 839 a BGB nicht zur Anwendung gelangt. Schon vor Einführung des § 839 a BGB war in solchen Fällen die Haftung des gerichtlichen Sachverständigen nicht – wie bei der Haftung für durch Gerichtsgutachten verursachte Schäden – auf Vorsatz und grobe Fahrlässigkeit beschränkt. Vielmehr haftete der Sachverständige für solche „Begleitschäden“ nach § 823 Abs. 1 BGB bereits bei leichter Fahrlässigkeit.[800] Daran hat auch die Einführung des § 839 a BGB nichts geändert.[801] Denn der Schaden tritt dann unabhängig von dem unrichtigen Gutachten ein, ist also nicht ursächlich mit diesem verknüpft. Gemäß § 253 Abs. 2 BGB kann dann auch wegen des Schadens, der nicht Vermögensschaden ist, eine billige Entschädigung in Geld gefordert werden.

dd. Allgemeines Persönlichkeitsrecht

Auch das seit 1954[802] als „sonstiges Recht“ im Sinne des § 823 Abs. 1 BGB anerkannte allgemeine Persönlichkeitsrecht kann infolge eines unrichtigen Sachverständigengutachtens verletzt sein. Dieses Recht auf Achtung und Entfaltung der individuellen Persönlichkeit gegenüber dem Staat und im privaten Rechtsverkehr[803] kann verletzt sein, wenn das Gutachten ansehensschädigende Äußerungen über eine der Parteien enthält oder sonst zu Schädigungen des Ansehens

---

799 BGHZ 62, 54 (57).
800 BGHZ 59, 310 (316).
801 *Wagner/Thole*, FPR 521 (524).
802 BGHZ 13, 334.
803 BGHZ 24, 72 (76).

einer Person führt, z. B. zu einer vom Gericht fälschlich ausgesprochenen Entmündigung (§ 645 ZPO a.F.)[804].

Beruht die Verletzung des allgemeinen Persönlichkeitsrechts auf einer gerichtlichen Entscheidung – wie im eben genannten Fall einer fälschlich ausgesprochenen Entmündigung – so richtet sich die Haftung des Sachverständigen allein nach § 839 a BGB. Enthält dagegen schon das Gutachten ehrverletzende Äußerungen, ist weder eine gerichtliche Entscheidung noch die Unrichtigkeit des Gutachtens ursächlich für die Rechtsgutsverletzung, so dass es wie bei den oben dargestellten „Begleitschäden" zu einer direkten Anwendung des § 823 Abs. 1 BGB kommt. Die Verletzung des allgemeinen Persönlichkeitsrechts wird nicht von § 253 Abs. 2 BGB erfasst. Ein diesbezüglicher Anspruch ergibt sich unmittelbar aus § 823 Abs. 1 BGB i.V.m. Art. 1 Abs. 1, Art. 2 Abs. 1 GG.[805] Ferner kann eine in einem Gerichtsgutachten enthaltene Äußerung eine Verletzung des Rechts am eingerichteten und ausgeübten Gewerbebetrieb gemäß § 823 Abs. 1 BGB darstellen, wenn sie als betriebsbezogener Eingriff angesehen werden muss, der sich nach einer Güter- und Interessenabwägung als rechtswidrig darstellt. Zu beachten ist allerdings, dass die Rechtsprechung für Äußerungsdelikte im Rahmen rechtsstaatlicher Verfahren Haftungsprivilegien entwickelt hat, die auch die Haftung des Sachverständigen in solchen Fällen beschränken.[806]

ee. Forderungen

Teilweise wird vertreten, dass auch Forderungen „sonstige Rechte" im Sinne des § 823 Abs. 1 BGB seien.[807] Dies hätte zur Folge, dass eine deliktsrechtlich relevante Rechtsverletzung dann gegeben wäre, wenn der Kläger mit seiner Geldforderung wegen eines falschen Gutachtens abgewiesen wird, da das Urteil dann die Geltendmachung der Forderung ausschließt. Dies ist jedoch nach überwiegender Ansicht abzulehnen, da die Nennung des „Eigentums" in § 823 Abs. 1 BGB zeigt, dass nur das bereits erworbene, nicht aber das erst noch zu erwer-

---

[804] So geschehen im Fall OLG Nürnberg NJW-RR 1988, 791; vgl. oben Fn. 794.

[805] Nachdem der BGH diesen Anspruch anfangs auf § 847 BGB a.F. gestützt hatte, leitet er ihn jetzt unmittelbar aus § 823 Abs. 1 BGB i.V.m. Art. 1 Abs. 1, Art. 2 Abs. 1 GG ab; BGHZ 143, 214 (218 f.); BGHZ 128, 1 (14 f.). Daher wird er auch von dem neuen § 253 Abs. 2 BGB nicht erfasst; vgl. *Däubler*, JuS 2002, 625 (627); *Wagner*, NJW 2002, 2049 (2056).

[806] RGZ 140, 392 (397 ff.); BGH NJW 1962, 243 (244); vgl. MüKo/*Wagner*, § 824 BGB, Rn. 45 f. m.w.N.

[807] *Löwisch*, Der Deliktsschutz relativer Rechte, S. 80 ff.; *Larenz/Canaris*, BT II/2 § 76 II 4 g, S. 397 f.; *Canaris*, FS für Steffen, 1995, 85 ff.; *Becker*, AcP 196 (1996), 439 ff.; dagegen *Blomeyer*, Schadensersatzansprüche des im Prozess Unterlegenen wegen Fehlverhaltens Dritter, S. 143 f.; *Esser/Weyers*, BT II/2, § 55 I 2 b, S. 163 und *Medicus*, FS für Steffen, 1995, 333 ff.

bende Eigentum geschützt sein soll. Die Gleichstellung der „sonstigen Rechte" mit dem Eigentum hat zur Folge, dass nur eigentumsähnliche, d.h. gegenüber jedermann geltende, absolute Rechte vom Schutzbereich des § 823 Abs. 1 BGB erfasst sind. Das Forderungsrecht ist aber ein relatives, das nur dem Gläubiger gegen seinen Schuldner zusteht.

Zu einer von § 823 Abs. 1 BGB nicht erfassten reinen Vermögensbeschädigung kommt es daher beim Unterliegen des Klägers mit seiner auf eine Zahlungsforderung gerichteten Klage. Allerdings gilt in solchen Fällen nunmehr § 839 a BGB, durch den unstreitig auch die reinen Vermögensschäden erfasst sind.[808]

b. § 823 Abs. 2 BGB

Da das Vermögen als solches nicht als sonstiges Recht im Sinne des § 823 Abs. 1 BGB angesehen wird, kann dieser nur in speziellen Fallkonstellationen für die Haftung von Sachverständigen herangezogen werden.[809] In der Mehrzahl der Fälle, in denen eine durch ein unrichtiges Gutachten motivierte parteiautonome Entscheidung einen Schaden verursacht, kann daher nur § 823 Abs. 2 BGB weiterhelfen, der bei Verletzung eines Schutzgesetztes auch für reine Vermögensschäden Ersatz gewährt. Der Begriff des „Schutzgesetzes" ist in § 823 Abs. 2 BGB nicht näher definiert. Gemäß Art. 2 EGBGB ist Gesetz im Sinne des BGB jede Rechtsnorm, also nicht nur formelle Gesetze sondern auch Rechtsverordnungen, Satzungen sowie ungeschriebene Normen, wie z. B. Gewohnheitsrecht. Die Rechtsprechung definiert das Schutzgesetz als eine Rechtsnorm, die nach ihrem Zweck und Inhalt zumindest auch dem Schutz von Individualinteressen dient.[810] Dabei reicht es nicht aus, wenn die Befolgung einer Norm zwar einem einzelnen oder einem bestimmten Personenkreis zum Vorteil gereicht, dies aber nur ein so genannter „Rechtsreflex" und nicht eigentliche Aufgabe der Norm ist. Andererseits ist aber auch nicht erforderlich, dass der Individualschutz der einzige Schutzzweck der Norm ist. Hinsichtlich der Sachverständigenhaftung können verschiedene Regelungen als Schutzgesetze in diesem Sinne in Betracht gezogen werden:

808 *Brückner/Neumann*, MDR 2003, 906 (908); AnwKom/*Huber*, § 839 a BGB, Rn. 40; *Kilian*, VersR 2003, 683 (688); *Jacobs*, ZRP 2001, 489 (491); Palandt/*Sprau*, § 839 a BGB, Rn. 1.

809 Vgl. vorgehend Teil B: Drittes Kapitel - VI.3.a.cc und dd.

810 Z. B. BGHZ 106, 204 (206).

aa. §§ 153 ff. StGB (Aussagedelikte), § 263 StGB

Straftatbestände werden herkömmlicherweise als Schutzgesetze angesehen, wenn das durch sie geschützte Rechtsgut nicht ausschließlich der Erhalt der öffentlichen Ordnung ist. Da § 263 StGB dem Schutz des Vermögens dient, wurde er schon immer unproblematisch als Schutzgesetz klassifiziert, erfordert aber Vorsatz des Sachverständigen. Die §§ 153 ff. StGB schützen zwar in erster Linie die Rechtspflege des Staates; aus §§ 158, 163 Abs. 2 StGB ergibt sich aber, dass auch der Schutz des Einzelnen bezweckt wird. Denn diese Vorschriften sehen einen Strafaufhebungs- bzw. Strafmilderungsgrund für den Täter vor, der seine falsche Aussage berichtigt, bevor ein Nachteil (d.h. auch Vermögensnachteil[811]) für einen anderen entstanden ist.[812] Der gerichtliche Sachverständige haftete somit vor Einführung des § 839 a BGB aus § 823 Abs. 2 BGB in Verbindung mit §§ 153 ff. StGB für vorsätzlich (es genügt dolus eventualis) falsche Gutachten immer und für fahrlässig falsche Gutachten dann, wenn er beeidigt worden war oder sich auf seinen allgemein geleisteten Eid berufen hatte, vgl. § 410 Abs. 2 ZPO. Problematisch war insoweit, dass der gerichtlich bestellte Gutachter meist nicht vereidigt wird und dass die Prozessparteien dies auch nicht erzwingen können, so dass eine Haftung des fahrlässig falsch begutachtenden Sachverständigen von dem zufälligen Umstand einer Beeidigung abhing. Dieser Zustand ist mit Einführung des § 839 a BGB beseitigt worden, der einen eigenen Haftungstatbestand für unrichtige Gutachten von gerichtlichen Sachverständigen darstellt. Fraglich ist, ob daneben noch eine ergänzende Anwendung des § 823 Abs. 2 BGB i.V.m. §§ 154, 163 StGB in Betracht kommt.[813]

bb. § 407 a ZPO

In § 407 a ZPO werden verschiedene Pflichten des Sachverständigen gesetzlich normiert. Bezüglich des Abs. 1 könnte sich der Sachverständige z. B. bei schuldhafter Verzögerung der Prüfung der eigenen Kompetenz gegenüber den Parteien schadensersatzpflichtig machen, wenn es sich hier um ein Schutzgesetz im Sinne des § 823 Abs. 2 BGB handelte. Darüber hinaus sind auch haftungsauslösende Verstöße gegen die Pflichten aus § 407 a Abs. 2 und Abs. 3 ZPO denkbar. Zweck der 1990 durch das Rechtspflege-Vereinfachungsgesetz[814] eingefügten Norm ist aber die gesetzliche Klarstellung der Sachverständigenpflichten, die schon vorher durch Rechtsprechung und Lehre erarbeitet worden waren. Diese Pflichten dienen vornehmlich der Vereinfachung und Beschleunigung des

---

811 Schönke/Schröder/*Lenckner*, § 158 StGB, Rn. 9.

812 So schon RGZ 59, 236; auch z. B. BGHZ 100, 13 (15); vertiefend hierzu Bayerlein/*Wessel*, Praxishandbuch Sachverständigenrecht, § 34 Rn. 11 ff.

813 Dazu unten Teil B: Drittes Kapitel - VII.

814 BGBl. I 1990, S. 2847.

Prozessbetriebes. Davon profitieren zwar nicht zuletzt die Parteien, doch steht ihr Individualschutz hier nicht im Vordergrund, sondern ist lediglich Folge der statuierten Pflichten im Sinne eines „Rechtsreflexes". Folglich stellt keiner der Absätze des § 407 a ZPO ein Schutzgesetz dar.[815]

cc. Berufsrechtliche Bestimmungen

Auch bezüglich der von den Industrie- und Handelskammern erlassenen Rechtsnormen über die öffentliche Bestellung und Vereidigung von Sachverständigen oder anderer berufsrechtlicher Bestimmungen wie z. B. § 43 BRAO, § 43 WPO, § 57 StBG oder § 36 GewO wird die Schutzgesetzeigenschaft diskutiert. Mit der Rechtsprechung ist dies aber abzulehnen, da solche Sachverständigenordnungen und andere berufsrechtliche Bestimmungen Sorgfaltspflichten zwar voraussetzen, aber nicht begründen und insbesondere die Sachverständigentätigkeit nur allgemein regeln.[816] Auch das Schrifttum ist größtenteils dieser Meinung, da anderenfalls der Sache nach Amtshaftungsgrundsätze auf freie Berufe angewandt würden. Sie würden durch die Annahme der Schutzgesetzqualität öffentlich-rechtlicher Berufsausübungsregelungen einer unbegrenzten Anzahl möglicher Schadensersatzansprüche ausgesetzt.[817]

dd. Verkehrspflichten zum Schutz fremden Vermögens

Auch hinsichtlich der Haftung des gerichtlichen Sachverständigen ist diskutiert worden, ob Verkehrspflichten zum Schutz fremden Vermögens bestehen, die als Schutzgesetze im Rahmen des § 823 Abs. 2 BGB bei einer Verletzung auch die Pflicht zum Ersatz reiner Vermögensschäden zur Folge haben. Dies ist schon oben[818] für den privat tätigen Sachverständigen ausführlich diskutiert und abgelehnt worden und kommt auch für den gerichtlichen Sachverständigen nicht in Betracht.

ee. Die prozessuale Wahrheitspflicht gemäß §§ 395 Abs. 1, 402, 410 Abs. 1 S. 2 ZPO (§ 79 Abs. 2 StPO)

Hinsichtlich der in den §§ 395 Abs. 1, 402, 410 Abs. 1 S. 2 ZPO (§ 79 Abs. 2 StPO) geregelten prozessualen Wahrheitspflicht ist stark umstritten, ob sie die Voraussetzungen eines Schutzgesetzes erfüllen oder ob sie lediglich den Wort-

---

815 Vgl. dazu MüKo/*Damrau*, § 407 a ZPO, Rn. 3, 9, 10.
816 Vgl. BGH WM 1966, 1148 (1150); OLG Saarbrücken, BB 1978, 1434 (1436).
817 *Huber*, FS für von Caemmerer, 1978, 359 (367); vgl. zum Ganzen schon oben m.w.N. Fn. 275.
818 Siehe unter Teil A: Drittes Kapitel - II.2.b.

laut und die Abnahme des Eides regeln. Der BGH steht auf dem Standpunkt, dass diese Normen keine Schutzgesetze im Sinne des § 823 Abs. 2 BGB darstellen. Sie seien zwar auch den Parteien dienlich, doch ihr alleiniger Zweck sei die Gewährleistung des ordnungsgemäßen Ablaufs des Gerichtsverfahrens.[819] Diesen Standpunkt nehmen auch die meisten Oberlandes- und Landgerichte ein.[820] Lediglich das OLG Hamm[821] hat mit folgender Begründung einmal anders entschieden: Zwar enthalte § 410 Abs. 1 S. 2 ZPO nur die Eidesformel des Sachverständigen, aber auch ohne Beeidigung treffe ihn unzweifelhaft die Pflicht, sein Gutachten unparteiisch und nach bestem Wissen und Gewissen zu erstatten. Diese Verhaltensnorm werde in § 410 ZPO schon vorausgesetzt und bilde so einen eigenständigen Anknüpfungspunkt für ein Schutzgesetz im Sinne des § 823 Abs. 2 BGB.

Auch im Schrifttum sind die Auffassungen über die Schutzgesetzqualität der §§ 395 Abs. 1, 402, 410 Abs. 1 S. 2 ZPO bzw. der ihnen zugrunde liegenden prozessualen Wahrheitspflicht stark gespalten. Mehrheitlich folgen die Autoren dem BGH und seiner Argumentation[822] oder erkennen die drittschützende Wirkung des § 410 ZPO zwar grundsätzlich an, verneinen aber dennoch die Schutzgesetzqualität, da der Drittschutz nicht eigentliche Aufgabe dieser Norm sei.[823] Die Befürworter der Schutzgesetzqualität gehen hingegen durchweg davon aus, dass nicht die §§ 410 Abs. 1 S. 2 ZPO, 79 Abs. 2 StPO selbst, sondern die diesen zugrunde liegende Verhaltenspflicht als Anknüpfungspunkt in Betracht kommt. Anschließend wird dann mit verschiedenen Begründungen geprüft, ob diese ungeschriebene Verhaltensnorm ein Schutzgesetz im Sinne des § 823 Abs. 2 BGB darstellt: *Blomeyer* z. B. leitet die Schutzgesetzeigenschaft aus dem Prozesszweck als solchem ab. Da dieser in der Verwirklichung subjektiver Rechte der Parteien liege, bestehe auch die Pflicht des Sachverständigen zur unparteiischen und pflichtgemäßen Begutachtung zum Schutz der am Prozess Beteiligten, so dass diese ungeschriebene Pflicht ein Schutzgesetz im Sinne des § 823 BGB sei.[824] In diesem Zusammenhang ist auch die Untersuchung der historischen Entwicklung des Schutzgesetzbegriffes durch *Klein* interessant.[825] Er kommt zu dem Schluss, dass die Prüfung des individualschützenden Charakters einer Rechtsnorm im Rahmen des § 823 Abs. 2 BGB die Funktion einer zweckmäßigen Begrenzung des Kreises der im Vermögen geschützten Personen erfül-

---

819 So die zwei Grundsatzentscheidungen BGHZ 42, 313 und BGH NJW 1968, 787.
820 Z. B. OLG Düsseldorf NJW 1986, 2891.
821 OLG Hamm MDR 1950, 221 (222).
822 Z. B. *Weimar*, VersR 1955, 263 (263 f.); Staudinger/*Wurm*, § 839 a BGB, Rn. 2.
823 Stein/Jonas/*Leipold*, vor § 402 ZPO, Rn. 46.
824 *Blomeyer*, ZRP 1974, 214 (217).
825 *Klein*, Rechtsstellung und Haftung des im Zivilprozess bestellten Sachverständigen, S. 118 ff.

le. Dies leiste aber auch die prozessuale Wahrheitspflicht, da mit ihr nur diejenigen in Berührung kämen, die von den subjektiven Grenzen der Rechtskraft erfasst würden.[826] Daher bestehe kein Anlass, einer in dieser Weise individualisierbaren Person den Schutz durch Inanspruchnahme des Schädigers zu versagen.[827] [828]

Könnte man der prozessualen Wahrheitspflicht Schutzgesetzcharakter beimessen, so käme eine Haftung des Sachverständigen für ein unrichtiges Gutachten auch dann in Betracht, wenn die Schädigung nicht durch eine gerichtliche Entscheidung, sondern durch parteiautonome Entscheidung herbeigeführt wird. Denn die Verletzung der Pflicht, sein Gutachten unparteiisch und nach bestem Wissen und Gewissen zu erstatten, wäre dann gleichzeitig Schutzgesetzverletzung i.S.d. § 823 Abs. 2 BGB und würde dazu führen, dass der Sachverständige schon bei einem fahrlässigen Verstoß gegen dieses Pflicht, für den dadurch verursachten Schade haften müsste.

Die Schutzgesetzqualität der prozessualen Wahrheitspflicht ist meines Erachtens zu bejahen. Denn die prozessuale Wahrheitspflicht, die den Sachverständigen zur Unparteilichkeit und zur gewissenhaften Anfertigung seines Gutachtens verpflichtet, besteht nicht um ihrer selbst willen, sondern gerade zu dem Zweck, ein möglichst verlässliches Gutachten als Beweismittel zu erhalten, auf das das Gericht seine Entscheidung stützen kann. Die Entscheidung des Gerichts hat aber unmittelbaren Einfluss auf die individuellen Rechte und Interessen der am Verfahren Beteiligten. Im Zivilprozess ergeht sie darüber hinaus nur deshalb, weil eine der Parteien ihre Rechte mittels eines gerichtlichen Verfahrens durchzusetzen versucht. Der Prozesszweck besteht in der Verwirklichung subjektiver Rechte.[829] Folglich dient auch ein Sachverständigengutachten, dass zum Zweck der Entscheidungsfindung durch das Gericht eingeholt wird, der Verwirklichung subjektiver Rechte, in dem es eine ausgewogene Entscheidung überhaupt erst ermöglicht. Zudem ergibt sich aus einem Vergleich der Eidesdelikte mit der prozessualen Wahrheitspflicht, dass Letztere ein Schutzgesetz i. S. d § 823 Abs. 2 BGB darstellt. Denn der Schutzzweck sowohl der Eidesdelikte als auch der der prozessualen Wahrheitspflicht mag zwar in erster Linie auf den Schutz

---

[826] *Klein*, Rechtsstellung und Haftung des im Zivilprozess bestellten Sachverständigen, S. 123.

[827] *Klein*, Rechtsstellung und Haftung des im Zivilprozess bestellten Sachverständigen, S. 134 ff., der damit eine ähnlich Argumentation wählt, wie *Picker* bzgl. des privat bestellten Sachverständigen, vgl. oben Teil A: Drittes Kapitel - III.6.

[828] Für eine Schutzgesetzqualität des § 410 ZPO bzw. der prozessualen Wahrheitspflicht ferner *Hendrix*, BB 1961, 996; *Damm*, JuS 1976, 359 f.; *Franzki*, Karlsruher Forum 1988, 26 (27); *Schreiber*, ZZP 105 (1992), 129 (135).

[829] *Blomeyer*, ZRP 1974, 214 (217); vgl. oben im Text bei Fn. 824.

der Rechtspflege gerichtet sein.[830] Doch daneben besteht er auch im Schutz der Prozessbeteiligten, was für die Eidesdelikte auch der BGH im Anschluss an das RG anerkennt.[831] Es ist deshalb nicht vertretbar, in dem einen Fall eine Schutzgesetzqualität zu bejahen und den Parteien damit einen Schadensersatzanspruch über § 823 Abs. 2 BGB zuzubilligen,[832] in dem anderen aber nicht.[833] Dies gilt umso mehr, als es für die Bejahung eines Schutzgesetzes ausreichend ist, wenn der Individualschutz nicht alleiniger Inhalt und Zweck der in Frage stehenden Norm ist.

Verletzt der Sachverständige also die der Eidesformel zugrunde liegende prozessuale Wahrheitspflicht, indem er ein fehlerhaftes Gutachten erstellt, und wird der Schaden nicht durch eine gerichtliche Entscheidung verursacht (dann § 839 a BGB), kommt eine Haftung des Sachverständigen aus § 823 Abs. 2 BGB i.V.m. der prozessualen Wahrheitspflicht (§§ 395 Abs. 1, 402, 410 Abs. 1 S. 2 ZPO bzw. § 79 Abs. 2 StPO) schon bei einfacher Fahrlässigkeit in Betracht.

c. § 826 BGB

Schadensersatzpflichtig kann sich ein gerichtlicher Sachverständiger auch dann machen, wenn er in einer gegen die guten Sitten verstoßenden Weise einem anderen vorsätzlich einen Schaden zufügt (§ 826 BGB). Zu ersetzen ist jeder sittenwidrig verursachte Vermögensschaden, ohne dass es auf die Verletzung eines absoluten Rechts oder eines Schutzgesetzes ankommt. Im Rahmen des § 826 BGB sind für den gerichtlichen Sachverständigen ebenso wie für den privat bestellten Gutachter die Modifikationen zu beachten, die die Rechtsprechung zu den einzelnen Voraussetzungen des § 826 BGB entwickelt hat: Ein Verstoß gegen die guten Sitten kann bei einem Sachverständigen schon bei leichtfertiger Außerachtlassung seiner Pflichten angenommen werden, was mit grober Fahrlässigkeit gleichbedeutend ist. Zudem sind an die Annahme des Schädigungsvorsatzes bei einem Gutachter unter Rückgriff auf „allgemeine Erfahrungssätze" nur geringe Anforderungen zu stellen. Und schließlich kann von einem leichtfertigen Sittenverstoß auf einen bedingten Schädigungsvorsatz geschlossen werden.[834]

---

[830] Dies führt der BGH als Argument gegen eine Schutzgesetzqualität der prozessualen Wahrheitspflicht an, vgl. oben bei Fn. 819.

[831] RGZ 59, 236 und BGHZ 100, 13 (15).

[832] Wie es vor Einführung des § 839 a BGB allgemeiner Meinung nach geschah, z. B. Stein/Jonas/*Leipold*, vor § 402 ZPO, Rn. 47; vgl. auch die Rückblenden bei *Brückner/Neumann*, MDR 2003, 906 (907); AnwKomm-BGB/*Huber*, § 839 a BGB, Rn. 25 f.; *Kilian*, VersR 2003, 683 (683 f.); Staudinger/*Wurm*, § 839 a BGB, Rn. 2.

[833] *Hopt*, Schadensersatz aus unberechtigter Verfahrenseinleitung, S. 298.

[834] Vgl. zum Ganzen ausführlich oben Teil A: Zweites Kapitel - II.2.

Nach der Einführung des § 839 a BGB kommen für eine Haftung des gerichtlichen Sachverständigen aus § 826 BGB nur noch solche Fälle in Betracht, in denen die Schädigung nicht auf einer gerichtlichen Entscheidung beruht.[835] Denkbar ist z. B. die vorsätzliche bzw. leichtfertige Verzögerung der Begutachtung, durch die einer Partei ein Schaden entsteht, oder auch die vorsätzliche Falschbegutachtung, die die Parteien zu einem Vergleich oder sonst einer autonomen Entscheidung bewegt.

VII. Ergebnis

Eine Haftung des Sachverständigen aus anderen Anspruchsgrundlagen als § 839 a BGB kommt schon bei einfach fahrlässiger Verletzung eines absoluten Rechts oder Rechtsgutes aus § 823 Abs. 1 BGB, bei Verstoß gegen §§ 154, 163 StGB oder gegen die prozessuale Wahrheitspflicht aus § 823 Abs. 2 BGB und bei vorsätzlicher bzw. leichtfertiger Falschbegutachtung aus § 826 BGB in Betracht. Aufgrund dieser Ergebnisse ist nun zu untersuchen, wie die Anwendungsbereiche der verschiedenen Haftungsgrundlagen gegeneinander abzugrenzen sind, und ob § 839 a BGB aufgrund seiner Spezialität Sperrwirkung im Verhältnis zu einzelnen Tatbeständen entfaltet. Dabei ist insbesondere der in der Gesetzesbegründung zum Ausdruck gekommene Wille des Gesetzgebers zu berücksichtigen, dass der neue § 839 a BGB die Haftung des gerichtlichen Sachverständigen für ein unrichtiges Gutachten abschließend regeln solle.[836] Daneben kommt dem Zweck der fraglichen Vorschriften und dem Wert des Ergebnisses der einen oder anderen Auslegung hinsichtlich der Sperrwirkung besondere Bedeutung zu.[837]

Ausgehend von der Gesetzesbegründung ist festzustellen, dass eine Sperrwirkung des § 839 a BGB nur dort in Betracht kommt, wo die Haftung an ein unrichtiges Gutachten anknüpft. Denn nur für diese Sachverhalte hatte der Gesetzgeber eine abschließende Regelung im Sinn. Wo eine Haftung aus allgemeinem Deliktsrecht unabhängig von der Unrichtigkeit des Sachverständigengutachtens eintritt, besteht diese neben § 839 a BGB unverändert fort. Dies betrifft vor allem die Fälle der Begleit- und Verzögerungsschäden. Wo der Sachverständige

---

[835] Der vom BGH mit Urteil vom 20.5.2003 entschiedene Fall (JA 2004, 97) würde daher jetzt nicht mehr am Maßstab des § 826 BGB; sondern nach § 839 a BGB geprüft, da die dort auf dem Sachverständigengutachten beruhende Festsetzung des Grundstückswertes (§ 74 a Abs. 5 ZVG) eine gerichtliche Entscheidung i.S.d. § 839 a BGB darstellt.

[836] BT-Drucks. 14/7752, S. 28.

[837] *Enneccerus/Nipperdey*, Allgemeiner Teil des Bürgerlichen Rechts, S. 351; vgl. oben bei Fn. 771.

im Vorfeld seines Gutachtens, bei der Begutachtung selbst oder durch im Gutachten enthaltene Äußerungen den Tatbestand des § 823 Abs. 1, Abs. 2 oder § 826 BGB verwirklicht, wird die Haftung nicht durch die Unrichtigkeit des Gutachtens verursacht, so dass der Regelungsbereich des § 839 a BGB nicht tangiert ist. Der Sachverständige haftet dann in den Fällen des § 823 BGB schon für einfache Fahrlässigkeit.

Eine Sperrwirkung, die die Anwendbarkeit des allgemeinen Deliktsrechts ausschließen würde, könnte § 839 a BGB dort entfalten, wo die Haftung des Sachverständigen zwar auf einem unrichtigen Gutachten beruht, aber nicht durch eine gerichtliche Entscheidung verursacht wird. Denn dann ist der Regelungsgehalt des neuen Haftungstatbestandes betroffen, da es um die Haftung für ein unrichtiges Gutachten geht. Eine Rolle spielt diese Frage also vornehmlich für die Haftung aus § 823 Abs. 2 BGB i.V.m. einem Schutzgesetz und aus § 826 BGB. Wird der Schaden durch eine gerichtliche Entscheidung verursacht, die auf dem unrichtigen Gutachten beruht, ist allein § 839 a BGB anwendbar, der speziell diese Fälle regelt. Fraglich ist, ob nach dem Regelungszweck und dem Ergebnis der einen oder anderen Auslegung ein Rückgriff auf § 823 Abs. 2 bzw. § 826 BGB in den Fällen ausgeschlossen sein sollte, in denen die Schädigung nicht durch eine gerichtliche Entscheidung verursacht wird. Dies hätte zur Folge, dass der Sachverständige in diesen Fällen völlig von einer Haftung befreit wäre.

Die Tatsache, dass die Beeidigung kein geeignetes Differenzierungskriterium für eine Haftung darstellt, motivierte den Gesetzgeber, diese Unterscheidung zu beseitigen. Dies war einer der wesentlichen Regelungszwecke der Einführung des § 839 a BGB. [838] Diesem Regelungszweck würde es zuwiderlaufen, wollte man einen Rückgriff auf § 823 Abs. 2 BGB i.V.m. §§ 154, 163 StGB für solche Fälle erlauben, in denen die Schädigung aufgrund eines unrichtigen Gutachtens nicht durch gerichtliche, sondern parteiautonome Entscheidung herbeigeführt wird. Denn dann würde das eben beseitigte Kriterium der Beeidigung wieder zum entscheidenden Haftungskriterium. Aus diesem Grund entfaltet § 839 a BGB Sperrwirkung hinsichtlich der § 823 Abs. 2 BGB i.V.m. §§ 154, 163 StGB und schließt deren ergänzende Anwendung neben § 839 a BGB aus.

Bei einem Rückgriff auf § 823 Abs. 2 BGB i.V.m. dem Schutzgesetz der prozessualen Wahrheitspflicht[839] kommt es für eine Haftung nicht auf die Beeidigung des Sachverständigen an. Insoweit läuft ein solcher Rückgriff nicht dem Zweck des § 839 a BGB zuwider, die Differenzierung nach dem Kriterium der Beeidigung zu beseitigen. Allerdings könnte ein solcher Rückgriff ausgeschlos-

---

[838] Vgl. Teil B: Drittes Kapitel - I.
[839] Vgl. Teil B: Drittes Kapitel - VI.3.b.ee.

sen sein, weil nach dem Verständnis des Gesetzgebers der § 839 a BGB eine abschließende Regelung darstellen sollte. Dagegen spricht aber, dass eine solche Auslegung das rechtspolitische Ziel der Förderung einer gütlichen Einigung der Parteien (§ 278 Abs. 1 ZPO) konterkariert, indem sie die Vergleichsbereitschaft beider Parteien erheblich reduzieren würde.[840] Zudem muss berücksichtigt werden, dass die Interessenlage der Beteiligten vergleichbar ist, gleichgültig ob eine gerichtliche Entscheidung ergeht oder nicht, und dass letztendlich derjenige für einen Schaden aufkommen soll, der ihn verursacht hat. Außerdem überzeugt der vom Gesetzgeber gegen eine solche Haftung angeführte Grund der Beweisschwierigkeiten nicht. Denn es ist nicht einzusehen, warum dem Geschädigten ein Anspruch gegen den Sachverständigen versagt bleiben soll, wenn er die Hürde überwinden und den Beweis führen kann.[841] Ebenso unvertretbar erscheint es, den Sachverständigen auch dann von einer Haftung zu befreien, wenn er vorsätzlich sein Gutachten falsch erstellt hat, die Schädigung eines Verfahrensbeteiligten aber nicht durch eine gerichtliche Entscheidung, sondern durch eine auf dem Gutachten beruhende parteiautonome Entscheidung verursacht wird. Daher sprechen insgesamt die besseren Gründe dafür, einen Rückgriff auf § 823 Abs. 2 BGB i.V.m. der prozessualen Wahrheitspflicht als Schutzgesetz und auf § 826 BGB zuzulassen, um rechtspolitisch bedenkliche Haftungslücken zu vermeiden.

Der Ausgleich einer Haftung aus § 823 Abs. 2 BGB mit dem weiteren Regelungszweck des § 839 a BGB, die Haftung des gerichtlichen Sachverständigen auf Vorsatz und grobe Fahrlässigkeit zu beschränken, ist zu erreichen, indem man den Anwendungsbereich des § 823 Abs. 2 BGB für einen gerichtlichen Sachverständigen, der ein unrichtiges Gutachten erstattet hat, teleologisch reduziert. Auch bei einem Rückgriff auf § 823 Abs. 2 BGB sollte der Sachverständige daher erst ab der Schwelle grob fahrlässigen Verhaltens haften. Denn auch hinsichtlich einer solchen Haftung behält der Sinn einer Haftungsbeschränkung Gültigkeit, der darin besteht, dem gerichtlichen Sachverständigen seine innere Freiheit und Unabhängigkeit zu erhalten und ihn von dem Druck eines möglichen Regresses so weit zu befreien, wie es rechtspolitisch vertretbar erscheint. Aus dem gleichen Grund ist zu fordern, dass den Geschädigte entsprechend dem Rechtsgedanken aus § 839 a Abs. 2 i.V.m. § 839 Abs. 3 BGB auch bei einem Rückgriff auf das allgemeine Deliktsrecht eine Schadensvermeidungs- bzw. Schadensminimierungspflicht trifft. Bei dem durch ein unrichtiges Gutachten motivierten Vergleich bedeutet das z. B., dass der Geschädigte eine Loslösung von dem Vergleich über §§ 313, 779 BGB versuchen muss, um den Schaden abzuwenden.[842] Tut er dies nicht, obwohl ihm diese Möglichkeit zur Verfügung

---

840 Vgl. oben Teil B: Drittes Kapitel - IV.
841 Vgl. oben Teil B: Drittes Kapitel - II.
842 Ähnlich *Cahn*, Einführung in das neue Schadensersatzrecht, Rn. 158.

steht, verliert er seinen Schadensersatzanspruch gegen den gerichtlichen Sachverständigen.

Viertes Kapitel - Abschließende Bewertung der Neuregelung

Kritik hat die Neuregelung des § 839 a BGB – wenig erstaunlich – vor allem von Seiten der Sachverständigen erfahren.[843] Sie richtet sich gegen die durch die Neuregelung verursachte Haftungsverschärfung, da nunmehr auch unvereidigt gebliebene Sachverständige für jeden Vermögensschaden haftbar sein können. Dadurch sei die Gewährleistung der Rechtssicherheit beeinträchtigt, weil durch diese Haftung der Anreiz geschaffen werde, bereits letztinstanzlich abgeschlossene Verfahren im Wege des Regresses gegen den Sachverständigen erneut aufzurollen. Des Weiteren werde die innere Freiheit des Sachverständigen zur unabhängigen und regressfreien Gutachtenerstattung durch eine solche Haftung zu sehr beeinträchtigt, wenn Sachverständige schon bei grober Fahrlässigkeit zu haften hätten. Dies könne auch dazu führen, dass die Gerichte sich wegen nachlassender Bereitschaft der Sachverständigen zur Gutachtenerstattung schwer täten, qualifizierte Sachverständige zu finden.[844] Demgegenüber wird eine Begrenzung der Haftung auf Vorsatz für sinnvoller gehalten, da der Sachverständige als „Gehilfe des Gerichts“ keiner strengeren Haftung unterworfen sein dürfe als der Richter.

Dem lässt sich entgegenhalten, dass die inzidente „Neuauflage“ des Ausgangsrechtsstreits in einem Regressprozess bei der Rechtsanwalts- und Steuerberaterhaftung schon lange praktiziert wird, ohne dass dieses Argument zu einer Einschränkung der Haftung geführt hätte.[845] Bezüglich des kritisierten Verschuldensmaßstabes muss man sich nur vor Augen halten, was grobe Fahrlässigkeit eigentlich bedeutet: die Außerachtlassung der im Verkehr erforderlichen Sorgfalt in besonders gravierendem Maße, mit anderen Worten ein Fehler, der nicht hätte passieren dürfen. Hierzu ist überzeugend formuliert worden: „Möge der Sachverständige seine Fachkompetenz und sein Vertrauen in seine eigene Arbeit kritisch hinterfragen, der sich ernsthaft in seiner „inneren Freiheit“ dadurch beschnitten fühlt, dass er sich nun keinen Fehler mehr erlauben darf, der ihm wirklich nicht hätte passieren dürfen.“[846] Dementsprechend ist verschiedentlich sogar kritisiert worden, dass der Sachverständige aus Präventions- und Qualitätserwägungen heraus nicht auch für einfache Fahrlässigkeit haftet.[847]

---

[843] *Jacobs*, ZRP 2001, 489 (491 f.); *Späth*, StB 2002, 387 (388).
[844] *Müller*, PHi 2001, 119 (122).
[845] *Kilian* in Henssler/Graf von Westphalen, Praxis der Schuldrechtsreform, § 839 a BGB, Rn. 6.
[846] *Brückner/Neumann*, MDR 2003, 906 (909).
[847] AnwKom-BGB/*Huber*, § 839 a BGB, Rn. 50-56.

Entscheidend ist aber, dass der Gesetzgeber die Haftungsgrenze bei gerichtlichen Sachverständigen zwischen einfacher und grober Fahrlässigkeit gezogen hat. Diese gesetzgeberische Wertentscheidung ist zu respektieren und entspricht auch einer gerechten Interessenabwägung. Der Sachverständige, der ja zur gerichtlichen Gutachtenerstattung verpflichtet ist, haftet nicht schon bei jeder Fahrlässigkeit, während andererseits dem Geschädigten bei gesteigerter Fahrlässigkeit die Möglichkeit eines Regresses gegen den Sachverständigen eingeräumt wird. Dies ist vor allem deshalb interessengerecht, da nicht einzusehen wäre, warum der Geschädigte auch dann auf dem durch den Sachverständigen verursachten Schaden „sitzen bleiben" sollte, wenn der Gutachter die erforderliche Sorgfalt in besonders gravierendem Maße außer Acht gelassen hat.

Die Einführung des § 839 a BGB ist also insgesamt zu begrüßen, da sie die Haftung des gerichtlich bestellten Sachverständigen von dem ungeeigneten Differenzierungskriterium der Beeidigung befreit, dem Geschädigten eine Anspruchsgrundlage verschafft und insgesamt einen gerechten Interessenausgleich zwischen Haftung und Haftungsbegrenzung herstellt. Im Zusammenspiel mit einer Haftung aus § 823 Abs. 2 BGB i.V.m. dem Schutzgesetz der prozessualen Wahrheitspflicht, die ebenso wie die Haftung aus § 839 a BGB erst bei grober Fahrlässigkeit eingreift, wird ein gerechter Ausgleich zwischen den Interessen des zur Gutachtenerstattung verpflichteten gerichtlichen Sachverständigen und dem durch ein unrichtiges Gutachten geschädigten Verfahrensbeteiligten geschaffen.

Literaturverzeichnis

Adolff, Johannes, Die zivilrechtliche Verantwortlichkeit deutscher Anwälte bei der Abgabe von Third Party Legal Opinions, München 1997

Ady, Johannes, Die Schadensersatzrechtsreform 2002. Eine Einführung in das kommende Recht, ZGS 2002, 237 – 242

Altenburger, Peter C.F., Grundlagen der Dritthaftung von Sachverständigen für fahrlässig falsche Beleihungswertgutachten, WM 1994, 1597 – 1611

Arndt, Herbert, Die Haftung des gerichtlichen Sachverständigen, DRiZ 1973, 272 – 273

Assmann, Heinz-Dieter, Grundfälle zum Vertrag mit Schutzwirkung für Dritte, JuS 1986, 885 – 891

Ballerstedt, Kurt, Zur Haftung für culpa in contrahendo bei Geschäftsabschluss durch Stellvertreter, AcP 151 (1950/51), 501 – 531

von Bar, Christian, Anmerkung zum Urteil des BGH v. 15.5.1979 – VI ZR 230/76 in JZ 1979, 725, JZ 1979, 728 – 730

- Verkehrspflichten. Richterliche Gefahrsteuerungsgebote im deutschen Deliktsrecht, Köln 1980

- Deliktsrecht – Empfiehlt es sich, die Voraussetzungen der Haftung für unerlaubte Handlungen mit Rücksicht auf die gewandelte Rechtswirklichkeit und die Entwicklungen in Rechtsprechung und Lehre neu zu ordnen? Wäre es insbesondere zweckmäßig, die Grundtatbestände der §§ 823 Absätze 1 und 2, § 826 BGB zu erweitern oder zu ergänzen? in: Gutachten und Vorschläge zur Überarbeitung des Schuldrechts, Band 2, S. 1681 – 1778, Köln 1981

- Vertragliche Schadensersatzpflichten ohne Vertrag? JuS 1982, 637 – 645

- Vertrauenshaftung ohne Vertrauen – Zur Prospekthaftung bei der Publikums-KG in der Rechtsprechung des BGH – ZGR 1983, 476 – 512

Bartling, Heiner, Die Haftung für fehlerhafte Gutachten der gerichtlich beauftragten Sachverständigen im Spannungsfeld von Deliktsrecht und Staatshaftungsrecht, Dissertation Göttingen 1982

Baumann, Horst, Vertrag mit Schutzwirkung zugunsten Dritter und Sachwalterhaftung im Schuldrechtsmodernisierungsgesetz: Folgerungen für eine unmittelbare Schadensersatzpflicht des Haftpflichtversicherers gegenüber dem Dritten, in: Besonderes Vertragsrecht – aktuelle Probleme, Festschrift für Heinrich Honsell zum 60. Geburtstag, S. 545 – 565, Zürich, Basel, Genf, 2002

Bayer, Walter, Der Vertrag zugunsten Dritter: neuere Dogmengeschichte – Anwendungsbereich – dogmatische Strukturen, Tübingen 1995
- Vertraglicher Drittschutz, JuS 1996, 473 – 478

Bayerlein, Walter, Praxishandbuch Sachverständigenrecht, 2. Auflage, München 1996

Becker, Christoph, Schutz von Forderungen durch das Deliktsrecht? AcP 196 (1996), 439 – 490

Bleutge, Peter, Die Hilfskräfte des Sachverständigen – Mitarbeiter ohne Verantwortung? NJW 1985, 1185 – 1191

Blomeyer, Jürgen, Schadensersatzansprüche des im Prozess Unterlegenen wegen Fehlverhaltens Dritter, Köln 1972
- Zur zivilrechtlichen Haftung des gerichtlichen Sachverständigen, ZRP 1974, 214 – 221

Bosch, Ulrich, Expertenhaftung gegenüber Dritten – Überlegungen aus der Sicht der Bankpraxis, ZHR 163 (1999), 274 – 285

Brox, Hans / Walker, Wolf-Dietrich, Allgemeines Schuldrecht, 29. Auflage, München 2003

Brückner, Sascha / Neumann, Lorenz, Die Haftung des Sachverständigen nach neuem Delikts- und Werkvertragsrecht, MDR 2003, 906 – 912

Brüggemeier, Gert, Deliktsrecht: ein Hand- und Lehrbuch,Baden-Baden 1986

Bundesministerium der Justiz (Hrsg.), Bericht der Kommission für das Zivilprozessrecht, Bonn 1977

Cahn, Andreas, Einführung in das neue Schadensersatzrecht, München 2003

Canaris, Claus-Wilhelm, Ansprüche wegen „positiver Vertragsverletzung" und „Schutzwirkung für Dritte" bei nichtigen Verträgen. Zugleich ein Beitrag zur Vereinheitlichung der Regeln über die Schutzpflichtverletzungen, JZ 1965, 475 – 482
- Schutzgesetze – Verkehrspflichten – Schutzpflichten, Festschrift für Karl Larenz zum 80. Geburtstag, S. 27 – 110, München 1983
- Bankvertragsrecht, Erster Teil, 3. Auflage, Berlin, New York 1988
- Täterschaft und Teilnahme bei culpa in contrahendo, in: Freiheit und Zwang: Rechtliche, wirtschaftliche und gesellschaftliche Aspekte, Festschrift für Hans Giger zum 60. Geburtstag, S. 91 – 122, Bern 1989
- Schutzwirkungen zugunsten Dritter bei „Gegenläufigkeit" der Interessen, JZ 1995, S. 441 – 446
- Der Schutz obligatorischer Forderungen nach § 823 I BGB, in: Der Schadensersatz und seine Deckung, Festschrift für Erich Steffen zum 65. Geburtstag am 28. Mai 1995, S. 85 – 99, Berlin 1995
- Die Haftung des Sachverständigen zwischen Schutzwirkungen für Dritte und Dritthaftung aus culpa in contrahendo, JZ 1998, 603 – 607

- Die Reichweite der Expertenhaftung gegenüber Dritten, ZHR 163 (1999), 206 – 245
- Die Schadensersatzpflicht der Kreditinstitute für eine unrichtige Finanzierungsbestätigung als Fall der Vertrauenshaftung, in: Bankrecht – Schwerpunkte und Perspektiven, Festschrift für Herbert Schimansky, S. 43 – 66, Köln 1999
- Die Reform des Rechts der Leistungsstörungen, JZ 2001, 499 – 524

Dahm, Henning, Die dogmatischen Grundlagen und tatbestandlichen Voraussetzungen des Vertrages mit Schutzwirkung für Dritte – unter besonderer Berücksichtigung des vorvertraglichen Bereichs, Köln 1988; zitiert: *Dahm*, Vertrag mit Schutzwirkung für Dritte
- Vorvertraglicher Drittschutz, JZ 1992, 1167 – 1172

Damm, Reinhard, Die zivilrechtliche Haftung des gerichtlichen Sachverständigen – BGHZ 62, 54, JuS 1976, 359 – 363
- Entwicklungstendenzen der Expertenhaftung, JZ 1991, 373 – 385

Däubler, Wolfgang, Die Reform des Schadensersatzrechts, JuS 2002, 625 – 630

Deutsch, Erwin, Entwicklungstendenzen des Schadensrechts in Rechtsprechung und Wissenschaft, JuS 1967, 152 – 158
- Zivilrechtliche Verantwortlichkeit psychiatrischer Sachverständiger, VersR 1987, 113 – 116

Dickes, Claus, Der Vertrag mit Schutzwirkung für Dritte in den Fällen der Auskunftshaftung, Dissertation Mainz 1992, zitiert: *Dickes*, Auskunftshaftung

Döbereiner, Walter / Graf von Keyserlingk, Alexander, Sachverständigenhaftung – mit Haftungsbegrenzung sowie Versicherung der privaten und gerichtlichen Sachverständigen, Wiesbaden 1979

Ebke, Werner F., Wirtschaftsprüfer und Dritthaftung, Bielefeld 1983
- Besprechung: Stahl, Zur Dritthaftung von Rechtsanwälten, Steuerberatern, Wirtschaftsprüfern und öffentlich bestellten und beeidigten Sachverständigen, Frankfurt a.M. u.a. 1989, JZ 1990, 688 – 690
- Abschlussprüferhaftung im internationalen Vergleich, Festschrift für Reinhold Trinkner zum 65. Geburtstag, S. 493 – 524, Heidelberg 1995
- Abschlussprüfer, Bestätigungsvermerk und Drittschutz, JZ 1998, 991 – 997

Ebke, Werner F. / Fechtrup, Benedikt, Anm. zu BGH, Urt. v. 19.3.1986 – IVa ZR 127/84, JZ 1986, 1112 – 1116

Ebke, Werner F. / Scheel, Hansjörg, Die Haftung des Wirtschaftsprüfers für fahrlässig verursachte Vermögensschäden Dritter, WM 1991, 389 – 398

Eckebrecht, Marc, Vertrag mit Schutzwirkung für Dritte – Die Auswirkungen der Schuldrechtsreform, MDR 2002, 425 – 428

Eickmeier, Jens, Die Haftung des gerichtlichen Sachverständigen für Vermögensschäden. Eine Bewährungsprobe für das allgemeine Rechtsinstitut drittschützender Sonderrechtsbeziehungen, Köln 1993

Emmerich, Volker, Zum gegenwärtigen Stand der Lehre von der culpa in contrahendo, Jura 1987, 561 – 567

- Haftung des Pflichtprüfers gegenüber Dritten, JuS 1998, 843 – 844

Enneccerus, Ludwig / Lehmann, Heinrich, Lehrbuch des bürgerlichen Rechts, Band 2: Recht der Schuldverhältnisse, 15. Bearbeitung, Tübingen 1958 zitiert: *Enneccerus/Lehmann*, Recht der Schuldverhältnisse II

Enneccerus, Ludwig / Nipperdey, Hans Carl, Allgemeiner Teil des Bürgerlichen Rechts, Erster Halbband: Allgemeine Lehren, Personen, Rechtsobjekte, 15. Auflage, Tübingen 1959

Esser, Josef / Weyers, Hans-Leo, Gesetzliche Schuldverhältnisse, Schuldrecht Band 2, Besonderer Teil, Teilband 2, 8. Auflage, Heidelberg 2000, zitiert: *Esser/Weyers*, BT II/2

Esser, Josef / Schmidt, Eike, Schuldrecht Band 1, Allgemeiner Teil, Teilband 2, Durchführungshindernisse und Vertragshaftung, Schadensausgleich und Mehrseitigkeit beim Schuldverhältnis, 8. Auflage, Heidelberg 2000 zitiert: *Esser/Schmidt*, AT I/2

Franzki, Harald, Aus der Diskussion zum Thema: „Haftung für Gutachten und sachverständigen Rat“, Karlsruher Forum 1988, 26 – 27

Friedlaender, Anmerkung zu RG, Urt. v. 10.2.1928 – 231/27 III JW 1928, 1134, JW 1928, 1134 – 1135

Gernhuber, Joachim, Drittwirkungen im Schuldverhältnis kraft Leistungsnähe. Zur Lehre von den Verträgen mit Schutzwirkung für Dritte, Festschrift für Arthur Nikisch, S. 249 – 274, Tübingen, 1958

- Gläubiger, Schuldner und Dritte – Eine Kritik der Lehre von den „Verträgen mit Schutzwirkung für Dritte“ und der Rechtsprechung zum „ Haftungsausschluss mit Wirkung für Dritte“, JZ 1962, 553 – 558

- Das Schuldverhältnis. Begründung und Änderung, Pflichten und Strukturen, Drittwirkungen, Handbuch des Schuldrechts in Einzeldarstellungen, Band 8, Tübingen 1989

von Gierke, Klaus, Die Dritthaftung des Rechtsanwalts. Eine rechtsvergleichende Untersuchung zum amerikanischen und deutschen Recht unter Berücksichtigung der Rechtslage in England, Essen 1984

Gottwald, Peter, Haftung für Auskunft und Gutachten gegenüber Dritten: England, Deutschland Schweiz. Überarbeitete Fassung eines Vortrags an der Faculté de Droit de l’Université de Genève, Genf 1994 zitiert: *Gottwald*, Haftung für Auskunft und Gutachten

Grunewald, Barbara, Zur Haftung von Fachleuten im Zivilrechtsverkehr, JZ 1982, 627 – 632
- Die Haftung des Experten für seine Expertise gegenüber Dritten, AcP 187 (1987), S. 285 – 308
- Die Haftung des Abschlussprüfers gegenüber Dritten – Besprechung des Urteils des BGH ZIP 1998, 826, ZGR 1999, 583 – 600

Hendrix, Gerd Peter, Die Haftung des Sachverständigen für ein fehlerhaftes Gutachten, BB 1961, 996 – 997

Henssler, Martin, Haftungsrisiken anwaltlicher Tätigkeit, JZ 1994, 178 – 188

Henssler, Martin / Graf von Westphalen, Friedrich, Praxis der Schuldrechtsreform, 2. Auflage, Recklinghausen 2003

Herrmann, Harald, Die Sachwalterhaftung vermögenssorgender Berufe – Zu den berufssoziologischen und wirtschaftsrechtlichen Grundlagen der culpa in contrahendo –, JZ 1983, 422 – 430

Hesse, Hans Gerd, Verlust des Entschädigungsanspruchs des gerichtlichen Sachverständigen, NJW 1969, 2263 – 2268

Heumann, Friedrich-Wilhelm, Die Haftung des gerichtlich bestellten Sachverständigen in Familiensachen für fehlerhafte Begutachtungen unter Berücksichtigung des neuen § 839 a BGB, FuR 2002, 483 – 491

Hirte, Heribert, Berufshaftung. Ein Beitrag zur Entwicklung eines einheitlichen Haftungsmodells für Dienstleistungen, München 1996

Hirth, René-Alexander, Die Rechtsprechung zum Vertrag mit Schutzwirkung zugunsten Dritter in ihrer Bedeutung für den Ausgleich von Drittschäden im Zahlungsverkehr, Berlin 1991
zitiert: *Hirth,* Ausgleich von Drittschäden

Hohloch, Gerhard, „Vertrauenshaftung" – Beginn einer Konkretisierung? NJW 1979, 2369 – 2374

Honsell, Heinrich, Probleme der Haftung für Auskunft und Gutachten, JuS 1976, 621 – 629
- Anmerkung zu BGH 23.1.1985 – IVa ZR 66/83 in JZ 1985, 951, JZ 1985, 952 – 954
- Die Haftung für Gutachten und Auskunft unter besonderer Berücksichtigung von Drittinteressen, Festschrift für Dieter Medicus zum 70. Geburtstag, S. 211 – 233, Köln 1999

Hopt, Klaus J., Schadensersatz aus unberechtigter Verfahrenseinleitung. Eine rechtsvergleichende Untersuchung zum Schutz gegen unberechtigte Inanspruchnahme staatlicher Verfahren, München 1968
- Anmerkung zu BGH, Urt. v. 18.12.1973 in JZ 1974, 548, JZ 1974, 551 – 555

- Berufshaftung und Berufsrecht der Börsendienste, Anlageberater und Vermögensverwalter, Festschrift für Robert Fischer, S. 237 – 261, Berlin 1979
- Nichtvertragliche Haftung außerhalb von Schadens- und Bereicherungsausgleich – Zur Theorie und Dogmatik des Berufsrechts und der Berufshaftung –, AcP 183 (1983), 608 – 720
- Die Haftung des Wirtschaftsprüfers. Rechtsprobleme zu § 323 HGB (§ 168 AktG a.F.) und zur Prospekt- und Auskunftshaftung, Festschrift für Klemens Pleyer zum 65. Geburtstag, S. 341 – 369, Köln u.a. 1986
- Dritthaftung für Testate, NJW 1987, 1745 – 1746

Huber, Konrad, Verkehrspflichten zum Schutz fremden Vermögens, Festschrift für Ernst von Caemmerer zum 70. Geburtstag, S. 359 – 388, Tübingen 1978

Huber, Christian, Das neue Schadensersatzrecht, Bonn 2003

Hübner, Heinz, Zurechnung statt Fiktion einer Willenserklärung, Festschrift für Carl Nipperdey zum 70. Geburtstag, Band 1, S. 373 – 400, München und Berlin 1965

- Allgemeiner Teil des Bürgerlichen Gesetzbuches, 2. Auflage, Berlin, New York 1996

Hübner, Ulrich, Vertrag mit Schutzwirkung für Dritte und Ersatz von Vermögensschäden, VersR 1991, 497 – 500

Jacobs, Wolfgang, Haftung des gerichtlichen Sachverständigen, ZRP 2001, 489 – 493

Jaeger, Lothar / Luckey, Jan, Das neue Schadensersatzrecht, Recklinghausen 2002

Jessnitzer, Kurt / Ulrich, Jürgen, Der gerichtliche Sachverständige, ein Handbuch für die Praxis, 11. Auflage, Köln u.a. 2001

Jost, Fritz, Vertragslose Auskunfts- und Beratungshaftung, Baden-Baden 1991

Kannowski, Bernd / Zumbansen, Peer, Gemeinwohl und Privatinteresse – Expertenhaftung am Scheideweg? NJW 2001, 3102 – 3103

Karczewski, Christoph, Der Referentenentwurf eines Zweiten Gesetzes zur Änderung schadensersatzrechtlicher Vorschriften, VersR 2001, 1070 – 1081

Kaser, Max, Römisches Privatrecht, 16. Auflage, München 1992

Keitel, Hans-Joachim, Rechtsgrundlage und systematische Stellung des Vertrages mit Schutzwirkung für Dritte, Frankfurt a.M. 1988

Kilian, Matthias, Die Haftung des gerichtlichen Sachverständigen nach § 839 a BGB, VersR 2003, 683 – 688

- Kommentierung zu § 839 a BGB, in Henssler, Martin / Graf von Westphalen, Friedrich (Hrsg.): Praxis der Schuldrechtsreform, 2. Auflage, Recklinghausen 2003

Kiss, Henning, Die Haftung berufsmäßiger Sachkenner gegenüber Dritten - zugleich eine Besprechung der Entscheidung des BGH vom 13.11.1997, WM 1999, 117 – 124

Klein, Michael, Die Rechtsstellung und die Haftung des im Zivilprozess bestellten Sachverständigen, Dissertation Mainz 1994

Köndgen, Johannes, Selbstbindung ohne Vertrag. Zur Haftung aus geschäftsbezogenem Handeln, Tübingen 1981

- Die Einbeziehung Dritter in den Vertrag, Karlsruher Forum 1998, S. 2 – 49

Kreuzer, Karl, Besprechung von: Christian v. Bar, Verkehrspflichten – Richterliche Gefahrsteuerungsgebote im deutschen Deliktsrecht, Köln, 1980; AcP 184 (1984), 81 – 90

Kümmeth, Klaus-Wilhelm, Die dogmatische Begründung des Rechtsinstituts des Vertrages mit Schutzwirkung zugunsten Dritter, Dissertation Würzburg 1976

Laband, P., Das neueste Heft der Entscheidungen des Reichsgerichts in Civilsachen (Bd. 52 Heft 3), DJZ 1903, 259 – 263

Lammel, Siegbert, Anmerkung zu BGH, Urt. v. 5.12.1972 – VI ZR 120/71 in NJW 1973, 321, NJW 1973, 700

- Zur Auskunftshaftung, AcP 179 (1979), 337 – 366

Land, Volker, Wirtschaftsprüferhaftung gegenüber Dritten in Deutschland, England und Frankreich, Frankfurt a.M. u.a. 1996

Lang, Arno, Die Rechtsprechung des Bundesgerichtshofs zur Dritthaftung der Wirtschaftsprüfer und anderer Sachverständiger, WM 1988, 1001 – 1008

- Zur Dritthaftung der Wirtschaftsprüfer, WPg 1989, 57 – 64

Lang, Volker, Einmal mehr: Berufsrecht, Berufspflichten und Berufshaftung. Gedanken zu Inhalt und Dogmatik eines Berufsrechtes am Beispiel der bankrechtlichen Informationspflichten, AcP 201 (2001), 453 – 579

Larenz, Karl, Anmerkung zu BGH, Urt. v. 25.4.1956 – VI ZR 34/55, NJW 1956, 1193 – 1194

- Lehrbuch des Schuldrechts. Erster Band: Allgemeiner Teil, 14. Auflage, München 1987
  zitiert: *Larenz*, SchR AT

- Methodenlehre der Rechtswissenschaft, 6. Auflage, Berlin, Heidelberg, u.a. 1991
  zitiert: *Larenz*, Methodenlehre

Larenz, Karl / Canaris, Claus-Wilhelm, Lehrbuch des Schuldrechts. Zweiter Band: Besonderer Teil, 2. Halbband, 13. Auflage, München 1994
zitiert: *Larenz/Canaris*, BT II/2

Larenz, Karl / Canaris, Claus-Wilhelm, Methodenlehre der Rechtswissenschaft, 3. Auflage, Berlin, Heidelberg, u.a. 1995
zitiert: *Larenz/Canaris*, Methodenlehre

Larenz, Karl / Wolf, Manfred, Allgemeiner Teil des Bürgerlichen Rechts, 9. Auflage, München 2004
zitiert: *Larenz/Wolf*, BGB AT

Lieb, Manfred, § 3 – Kodifizierung von Richterrecht, in: Dauner-Lieb/Heidel/Lepa/Ring (Hrsg.), Das neue Schuldrecht, Heidelberg 2002

Littbarski, Sigurd, Die Berufshaftung – eine unerschöpfliche Quelle richterlicher Rechtsfortbildung? NJW 1984, 1667 – 1670

- Strenge Haftung des Sachverständigen – Sicherheit für den Auftraggeber? ZiP 1996, 812 – 816

Locher, Horst, Die Haftung für Expertisen, NJW 1969, 1567 – 1568

Loges, Rainer, Die Begründung neuer Erklärungspflichten und der Gedanke des Vertrauensschutzes, Berlin 1991

Lorenz, Werner, Anmerkung zu BGH, Urt. v. 6.7.1965 – VI ZR 47/64, JZ 1966, 143 – 145

- Das Problem der Haftung für primäre Vermögensschäden bei der Erteilung einer unrichtigen Auskunft, Festschrift für Karl Larenz zum 70. Geburtstag, S. 575 – 620, München 1973

Löwisch, Manfred, Der Deliktsschutz relativer Rechte, Berlin 1970

Martiny, Dieter, Pflichtenorientierter Drittschutz beim Vertrag mit Schutzwirkung für Dritte – Eingrenzung uferloser Haftung, JZ 1996, 19 – 25

Maurer, Hartmut, Allgemeines Verwaltungsrecht, 14. Auflage, München 2002

Medicus, Dieter, Probleme um das Schuldverhältnis. Vortrag gehalten vor der Juristischen Gesellschaft zu Berlin am 20. Mai 1987, Berlin 1987

- Zur Eigenhaftung des GmbH-Geschäftsführers aus Verschulden bei Vertragsverhandlungen, Festschrift für Ernst Steindorff zum 70. Geburtstag, S. 725 – 742, Berlin, New York 1990
- Anmerkung zu BGH, Urt. v. 10.11.1994 – III ZR 50/94, JZ 1995, 308 – 309
- Die Forderung als „sonstiges Recht" nach § 823 Abs. 1 BGB? Festschrift für Erich Steffen zum 65. Geburtstag am 28. Mai 1995: Der Schadensersatz und seine Deckung, S. 333 – 345,Berlin 1995
- Allgemeiner Teil des BGB. Ein Lehrbuch, 8. Auflage, Heidelberg 2002
- Bürgerliches Recht. Eine nach Anspruchsgrundlagen geordnete Darstellung zur Examensvorbereitung, 19. Auflage, Köln 2002

- 3. Kapitel, Leistungsstörungsrecht, in: Haas / Medicus / Rolland / Schäfer / Wendtland (Hrsg.), Das neue Schuldrecht, München 2002
zitiert: Haas (u.a.)/*Medicus*, Das neue Schuldrecht

Mertens, Hans-Joachim, Berufshaftung – Haftungsprobleme alter Professionen, VersR 1974, 509 – 520

Mertens, Hans-Joachim, Deliktsrecht und Sonderprivatrecht – Zur Rechtsfortbildung des deliktischen Schutzes von Vermögensinteressen, AcP 178 (1978), 227 – 262

- Verkehrspflichten und Deliktsrecht – Gedanken zu einer Dogmatik der Verkehrspflichtverletzung, VersR 1980, 397 – 408

Möschel, Wernhard, Dogmatische Strukturen des bargeldlosen Zahlungsverkehrs, AcP 186 (1986), 187 – 236

Motive zu dem Entwurfe eines Bürgerlichen Gesetzbuches für das Deutsche Reich, Bd. II, Recht der Schuldverhältnisse, Berlin 1888

Mugdan, Benno, Die gesamten Materialien zum Bürgerlichen Gesetzbuch für das Deutsche Reich, Bd. 2: Recht der Schuldverhältnisse, Berlin 1899

Müller, Gerda, Der neue Entwurf eines Zweiten Gesetzes zur Änderung schadensersatzrechtlicher Vorschriften, PHi 2001, 119 – 124

Müller, Fredy, Auskunftshaftung nach deutschem und englischen Recht. Eine rechtsvergleichende Untersuchung der dogmatischen Grundlagen der Haftung gegenüber Dritten für fahrlässig verursachte primäre Vermögensschäden, Berlin 1995
zitiert: *Müller*, Auskunftshaftung

Müller, Gerd, Zur Haftung des Gesellschafter-Geschäftsführers aus culpa in contrahendo und aus § 64 Abs. 1 GmbHG, ZIP 1993, 1531 – 1538

Müller, Klaus, Der Sachverständige im gerichtlichen Verfahren. Handbuch des Sachverständigenbeweises, 3. Auflage, Heidelberg 1988

Musielak, Hans-Joachim, Haftung für Rat, Auskunft und Gutachten, Berlin, New York 1974

- Der praktische Fall – Bürgerliches Recht: Der unechte Rubens, JuS 1975, 796 – 800
- Die Haftung der Banken für falsche Kreditauskünfte. Zugleich ein Beitrag zur Lehre von den vertraglichen Schutzwirkungen für Dritte, VersR 1977, 973 – 979
- Die Bankauskunft nach dem Recht der Bundesrepublik Deutschland, in: Bankgeheimnis und Bankauskunft in der Bundesrepublik Deutschland und in ausländischen Rechtsordnungen, S. 9 – 48, Berlin 1986
- Die „gefestigte Rechtsprechung" des Bundesgerichtshofs zum Zustandekommen eines Auskunftsvertrages mit einer Bank, WM 1999, 1593 – 1596
- Grundkurs ZPO. Eine Darstellung zur Vermittlung von Grundlagenwissen im Zivilprozessrecht (Erkenntnisverfahren und Zwangsvollstre-

ckung) mit Fällen und Fragen zur Lern- und Verständniskontrolle sowie mit Übungsklausuren, 6. Auflage, München 2002
- Grundkurs BGB. Eine Darstellung zur Vermittlung von Grundlagenwissen im bürgerlichen Recht mit Fällen und Fragen zur Lern- und Verständniskontrolle sowie mit Übungsklausuren, 8. Auflage, München 2003

Müssig, Peter, Falsche Auskunftserteilung und Haftung, NJW 1989, 1697 – 1704

von Mutius, Albert, Zur Staatshaftung bei Erfüllung staatlicher Aufgaben durch Private, VerwArch 64 (1973), 433 – 444

Neuner, Jörg, Der Schutz und die Haftung Dritter nach vertraglichen Grundsätzen, JZ 1999, 126 – 136

Nißl, Günter, Die Haftung des Experten für Vermögensschäden Dritter – bedingt durch unrichtige Gutachten – im deutschen, englischen und amerikanischen Recht. Eine rechtsvergleichende Untersuchung – dargestellt am Problem der Haftung des Kunstgutachters für falsche Expertisen, Dissertation München 1971

Ossenbühl, Fritz, Staatshaftungsrecht, 5. Auflage, München 1998

Papst, Robert, Die Fortentwicklung des Vertrages mit Schutzwirkung zugunsten Dritter vom „Lastschriftfall" bis hin zum „Dachstuhlfall" – keine Durchbrechung, sondern ein Ausdruck des Relativitätsgrundsatzes, Aachen 1999

Philippsen, Gunther, Zur Dritthaftung des privat beauftragten Gutachters für fahrlässig verursachte Vermögensschäden, Karlsruhe 1998
zitiert: *Philippsen,* Dritthaftung des privat beauftragten Gutachters

Picker, Eduard, Positive Forderungsverletzung und culpa in contrahendo - Zur Problematik der Haftung „zwischen" Vertrag und Delikt, AcP 183 (1983), 369 – 520
- Vertragliche und deliktische Schadenshaftung – Überlegungen zu einer Neustrukturierung der Haftungssysteme –, JZ 1987, 1041 – 1058
- Gutachterhaftung – Außervertragliche Einstandspflichten als innergesetzliche Rechtsfortbildung, Festschrift für Dieter Medicus zum 70. Geburtstag, S. 397 – 447, Köln 1999

Pieper, Helmut, Rechtsstellung der Sachverständigen und Haftung für fehlerhafte Gutachten, Gedächtnisschrift für Rudolf Bruns, S. 167 – 180, München 1980

Pieper, Helmut / Breunung, Leonie / Stahlmann, Günther, Der Sachverständige im Zivilprozess. Theorie, Dogmatik und Realität des Sachverständigenbeweises, München 1982

Plötner, Michael, Die Rechtsfigur des Vertrags mit Schutzwirkung für Dritte und die sogenannte Expertenhaftung, Berlin, 2003
zitiert: *Plötner*, Vertrag mit Schutzwirkung für Dritte und Expertenhaftung

Protokolle der Kommission für die zweite Lesung des Entwurfs des Bürgerlichen Gesetzbuchs, Bd. II, Recht der Schuldverhältnisse, Berlin 1898

Puhle, Winfried, Vertrag mit Schutzwirkung zugunsten Dritter und Drittschadensliquidation, Frankfurt a.M., Bern 1982

Rasehorn, Theo, Zur Haftung für fehlerhafte Sachverständigengutachten, NJW 1974, 1172 – 1174

Rosenberg, Leo / Schwab, Karl Heinz / Gottwald, Peter, Zivilprozessrecht, 16. Auflage, München 2004

Roth, Günter H., Zur Eigenhaftung des „unternehmerischen" GmbH-Gesellschafters – BGH NJW 1986, 586, JuS 1987, 196 – 199

Schäfer, Hans-Bernd, Haftung für fehlerhafte Wertgutachten aus wirtschaftswissenschaftlicher Perspektive, AcP 202 (2002), 808 – 840

Schaub, Renate, Beratungsvertrag und Sachmängelgewährleistung nach der Schuldrechtsmodernisierung, AcP 202 (2002), 757 – 807

Schautes, Dirk Christoph / Mallmann, Roman A., Die Eigenhaftung des Sachwalters aus culpa in contrahendo – BGH NJW 1997, 1233, JuS 1999, 537 – 542

Schindhelm, Malte / Grothe, Helmut, Die Dritthaftung des Steuerberaters nach Vertragsgrundsätzen. Zugleich Besprechung der Entscheidung BGH, ZIP 1987, 376, DStR 1989, 445 – 450

Schlechtriem, Peter, Schutzpflichten und geschützte Personen – Überlegungen aus rechtsvergleichender Sicht zu Verträgen mit Schutzwirkungen zugunsten Dritter aus Anlass von BGH 13.11.1997, ZR 144/94, Festschrift für Dieter Medicus zum 70. Geburtstag, S. 529 – 542, Köln 1999

Schmidt, Jürgen, „Sonderverbindungen" – Eine Problemskizze, Gedächtnisschrift für Dietrich Schultz, S. 341 – 375, Köln u.a. 1987

Schmidt, Karsten, Kartellverfahrensrecht – Kartellverwaltungsrecht – Bürgerliches Recht: Kartellrechtspflege nach deutschem Recht gegen Wettbewerbsbeschränkungen, Köln u.a. 1977

Schmitz, Bernhard, Die Vertragshaftung des Wirtschaftsprüfers und Steuerberaters gegenüber Dritten. Eine Auseinandersetzung mit den Haftungsausdehnungstendenzen der Rechtsprechung des BGH, DB 1989, 1909 – 1915

Schneider, Egon, Haftungsausschluss für falsche Gutachten gerichtlicher Sachverständiger, JurBüro 1975, 434 – 437

Schneider, Hannes, Reichweite der Expertenhaftung gegenüber Dritten, ZHR 163 (1999), 246 – 273

Schreiber, Klaus, Die zivilrechtliche Haftung von Prozessbeteiligten, ZZP 105 (1992), 129 – 144

Schulze, Reiner, Grundprobleme der Dritthaftung bei Verletzung von Auskunfts- und Beratungspflichten in der neueren Rechtsprechung, JuS 1983, 81 – 88

Schumacher, Jörg / Lada, Valeska, Culpa in contrahendo und Sachverständigenhaftung nach neuem Schuldrecht, ZGS 2002, 450 – 456

Schwab, Martin, Grundfälle zu culpa in contrahendo, Sachwalterhaftung und Vertrag mit Schutzwirkung für Dritte nach neuem Schuldrecht, JuS 2002, 872 – 878

Schwitanski, Heinz-Georg, Deliktsrecht, Unternehmensschutz und Arbeitskampfrecht. Versuch einer systemorientierten Harmonisierung, Berlin 1986

Spadinger, Bert, Kartellrechtliches Diskriminierungsverbot und Vertragsfreiheit. § 20 GWB als Fremdkörper in der Wettbewerbsordnung? Taunusstein 2003

Späth, Wolfgang, Zur zivilrechtlichen Haftung des Steuerberaters gegenüber Dritten, DStR 1996, 400 – 404

\- Haftung des Steuerberaters als gerichtlicher Sachverständiger, StB 2002, 387 – 390

Speckmann, Werner, Haftungsfreiheit für gerichtliche Sachverständige auf Kosten des Geschädigten? MDR 1975, 461 – 462

Stahl, Michael, Zur Dritthaftung von Rechtsanwälten, Steuerberatern, Wirtschaftsprüfern und öffentlich bestellten und beeidigten Sachverständigen, Frankfurt a.M. u.a. 1989
zitiert: *Stahl*, Dritthaftung

Steffen, Erich, Verkehrspflichten im Spannungsfeld von Bestandsschutz und Handlungsfreiheit, VersR 1980, 409 – 412

Stoll, Hans, Vertrauensschutz bei einseitigen Leistungsversprechen, Festschrift für Werner Flume zum 70. Geburtstag, Bd. 1, S. 741 – 773, Köln 1978

Stoll, Heinrich, Haftung aus Bescheinigungen, AcP135 (1932), 89 – 116

\- Abschied von der Lehre von der positiven Vertragsverletzung, AcP 136 (1932), 257 – 320

Stoll, Heinrich, Die Lehre von den Leistungsstörungen. Denkschrift des Ausschusses für Personen-, Vereins- und Schuldrecht, Tübingen 1936
zitiert: *Stoll*, Leistungsstörungen

Strauch, Dieter, Verträge mit Drittschutzwirkung, JuS 1982, 823 – 828

\- Rechtsgrundlagen der Haftung für Rat, Auskunft und Gutachten, JuS 1992, 897 – 902

Teichmann, Arndt, Strukturveränderungen im Recht der Leistungsstörungen nach dem Regierungsentwurf eines Schuldrechtsmodernisierungsgesetzes, BB 2001, 1485 – 1492

Thüsing, Gregor / Schneider, Stefan, Die Haftung für Rat, Auskunft, Empfehlung, JA 1996, 807 – 813

Ulmer, Peter, Volle Haftung des Gesellschafter/Geschäftsführers einer GmbH für Gläubigerschäden aus fahrlässiger Konkursverschleppung? NJW 1983, 1577 – 1582

Urban, Werner, „Vertrag" mit Schutzwirkung für Dritte und Drittschadensliquidation. Vergleichende Untersuchung zur Integration in ein System des vertraglichen Drittschutzes, Bergisch Gladbach, Köln 1989

Vollkommer, Max, Anwaltshaftungsrecht, München 1989

Wagner, Gerhard, Das Zweite Schadensersatzrechtsänderungsgesetz, NJW 2002, 2049 – 2064

\- Das neue Schadensersatzrecht, Baden-Baden 2002

Wagner, Gerhard / Thole, Christoph, Die zivilrechtliche Haftung des gerichtlichen Sachverständigen, FPR 2003, 521 – 525

Wasner, Gert, Die Haftung des gerichtlichen Sachverständigen, NJW 1986, 119 – 120

Weber, Martin, Die Haftung des Abschlussprüfers gegenüber Dritten, NZG 1999, 1 – 12

Weimar, Wilhelm, Haftung des Sachverständigen bei fehlerhaften Gutachten, VersR 1955, 263 – 265

Wellmann, Carl R., Der Sachverständige in der Praxis, 6. Auflage, Düsseldorf 1997

Westermann, Harm Peter, Vertragliche Dritthaftung im neuen Schuldrecht, Festschrift für Heinrich Honsell zum 60. Geburtstag, S. 137 – 152, Zürich, Basel, Genf, 2002

Wiegand, Anette, Die „Sachwalterhaftung" als richterliche Rechtsfortbildung, Berlin 1991
zitiert: *Wiegand,* Sachwalterhaftung

Zeuner, Albrecht, Haftung für Gutachten und sachverständigen Rat, Karlsruher Forum 1988, 3 – 12

Ziegltrum, Anna, Der Vertrag mit Schutzwirkung für Dritte – Vom „Fürsorgeverhältnis" zu „gegenläufigen Interessen", Frankfurt a.M., Bern 1992
zitiert: *Ziegltrum,* Der Vertrag mit Schutzwirkung für Dritte

Zimmermann, Peter, Neuregelung zur Haftung gerichtlich ernannter Sachverständiger für Falschbegutachtung, BuW 2003, 154 – 159

Zöllner, Wolfgang, Zivilrechtswissenschaft und Zivilrecht im ausgehenden 20. Jahrhundert, AcP 188 (1988), 85 – 100

Zugehör, Horst, Berufliche „Dritthaftung" – insbesondere der Rechtsanwälte, Steuerberater, Wirtschaftsprüfer und Notare – in der deutschen Rechtsprechung, NJW 2000, 1601 – 1609

Zumbansen, Peer, Drittschützende Wirkung eines Anwaltsvertrages und verdeckte Sacheinlage, JZ 2000, 442 – 446

Kommentare:

Reihe Alternativkommentare: Kommentar zum Bürgerlichen Gesetzbuch, Band 2, Allgemeines Schuldrecht, §§ 241 – 432, Neuwied, Darmstadt 1980

Anwaltkommentar Schuldrecht: Erläuterungen der Neuregelungen zum Verjährungsrecht, Schuldrecht Schadensersatzrecht und Mietrecht, Bonn, 2002 zitiert: AnwKomm-BGB/Bearbeiter

Bamberger, Heinz Georg / Roth, Herbert, Kommentar zum Bürgerlichen Gesetzbuch, Bd. 1, §§ 1 – 610, München, 2003

Baumbach, Adolf / Hopt, Klaus J., Handelsgesetzbuch Kommentar, mit GmbH & Co., Handelsklauseln, Bank- und Börsenrecht, Transportrecht (ohne Seerecht), 31. Auflage, München 2003

Münchener Kommentar zum Bürgerlichen Gesetzbuch, Band 1, Allgemeiner Teil, §§ 1 – 240, AGB Gesetz, 4. Auflage, München 2001

- Band 2 a, Schuldrecht, Allgemeiner Teil, §§ 241 – 432, 4. Auflage, München 2003
- Band 3, Schuldrecht, Besonderer Teil I, §§ 433 – 606, Finanzierungsleasing, VerbrKrG, HausTWG, Erbschafts- u. Schenkungsteuergesetz, MHG, HeizkostenV, 3. Auflage, München 1995
- Band 4, Schuldrecht, Besonderer Teil II, §§ 607 – 704, 3. Auflage, München 1997
- Band 5, Schuldrecht, Besonderer Teil III, §§ 705 – 853, Partnerschaftsgesellschaftsgesetz, Produkthaftungsgesetz, 4. Auflage, München 2004

Münchener Kommentar zur Zivilprozessordnung, Band 1, §§ 1 – 354, Einleitung, Zwischenstaatliches Zustellungsrecht, 2. Auflage, München 2000

- Band 2, §§ 355 – 802, Haager Beweisaufnahmeübereinkommen, 2. Auflage, München 2000

Palandt, Bürgerliches Gesetzbuch, Kommentar, 63. Auflage, München 2004

Schönke, Adolf / Schröder, Horst, Strafgesetzbuch Kommentar, 26. Auflage, München 2001

Soergel, Kommentar zum Bürgerlichen Gesetzbuch, Band 2, Allgemeiner Teil 2, §§ 104 – 240, 13. Auflage, Stuttgart u.a. 1999

- Band 2, Schuldrecht I, §§ 241 – 432, 12. Auflage, Stuttgart u.a. 1990
- Band 4/2, Schuldrecht III/2, §§ 651 a – 704, 12. Auflage, Stuttgart u.a. 1999
- Band 5/2, Schuldrecht IV/2, §§ 823 – 853, Produkthaftungsgesetz, Umwelthaftungsgesetz, 12. Auflage, Stuttgart u.a. 1998

J. von Staudingers, Kommentar zum Bürgerlichen Gesetzbuch, §§ 164 – 240 BGB, Neubearbeitung, Berlin 2001

- §§ 328 – 361b BGB, Neubearbeitung, Berlin 2001
- §§ 652 – 704 BGB, 13. Bearbeitung, Berlin 1995
- §§ 839, 839 a BGB, 13. Bearbeitung, Berlin 2002

Stein, Friedrich / Jonas, Martin, Kommentar zur Zivilprozessordnung ,Band 4, Teilband 2, §§ 348 – 510 b, 21. Auflage, Tübingen 1999

Thomas, Heinz / Putzo, Hans, Kommentar Zivilprozessordnung, 25. Auflage, München 2003

Tröndle, Herbert / Fischer, Thomas, Kommentar Strafgesetzbuch und Nebengesetze, 52. Auflage, München 2004

Zöller, Richard, Kommentar zur Zivilprozessordnung, 24. Auflage, Köln 2004

HAFTUNGS- UND VERSICHERUNGSRECHT

Rechtliche Probleme der vertraglichen und außervertraglichen Haftung sowie des Versicherungsrechts

Herausgegeben von Prof. Dr. Dr. h.c. mult. Erwin Deutsch,
Prof. Dr. Hans-Peter Schwintowski und
Prof. Dr. Jochen Taupitz

Band 1 Jochen Taupitz: Zivilrechtliche Haftung bei Kreditkartenmißbrauch. 1995.

Band 2 Sabine Scheiper: Der Versicherungsmakler. Aufgabe und Vergütungssystem im Wandel. 1996.

Band 3 Thomas Kritter: Der Ausschluß des Arztes von der Rechnungserstattung in der privaten Krankenversicherung. 2000.

Band 4 Torsten Kretschmer: Die zeitliche Abgrenzung des Versicherungsschutzes in der Allgemeinen Haftpflichtversicherung. Unter besonderer Berücksichtigung des AGB-Gesetzes und internationaler Deckungskonzepte. 2002.

Band 5 Seok-Chan Yoon: Die Gefährdungshaftung für moderne Techniken. Zugleich eine Stellungnahme zum neuen Schadensersatzrecht. 2002.

Band 6 Wolfram Irmer: Sekundärrechtsschutz und Schadensersatz im Vergaberecht. Die Notwendigkeit der Neuordnung des Primär- und Sekundärrechtsschutzes im Vergaberecht. 2004.

Band 7 Tabea Quiring: Die Dritthaftung von Sachverständigen. Nach der Schuldrechtsreform und der Neuregelung des § 839 a BGB. 2006.

www.peterlang.de

Kolibri 360 GmbH
Ferdinand-Jühlke-Straße 7
99095 Erfurt, Deutschland
produktsicherheit@kolibri360.de

Druck:
CPI Druckdienstleistungen GmbH
im Auftrag der
Kolibri 360 GmbH
Ferdinand-Jühlke-Str. 7
99095 Erfurt